Alfred Dübendorfer

Auf Wanderwegen im Zürcher Oberland und Tösstal

Herausgegeben von der Zürcherischen
Arbeitsgemeinschaft für Wanderwege (ZAW)

Buchverlag
Neue Zürcher Zeitung

Umschlagbild
Blick von der Scheidegg zur Boalp, zur Höchhand und zum Säntis
Foto von Arnold Knapp, Laupen ZH

© 1982, Verlag Neue Zürcher Zeitung, Zürich
9. Auflage
Druck: B + K Offsetdruck, Ottersweier
Einband: Grossbuchbinderei Spinner, Ottersweier
ISBN: 3-85823-063-4

Inhalt

Vorwort des Verfassers	5
Geleitwort zur 9. Auflage	7
Routenverzeichnis	8
Routenbeschreibungen	
Rundwanderungen (Routen 1–62)	14
Höhenwanderungen (Routen 63–73)	155
Skiwanderungen	178
Heimatkundliche Anmerkungen	180
Literaturverzeichnis	196
Kartenverzeichnis	199
Ortsverzeichnis	199

Vorwort des Verfassers

Vor 15 Jahren beauftragten mich der inzwischen leider verstorbene Emil Erb als früherer Verfasser und der Vorstand der ZAW, das Oberländer Wanderbüchlein neu zu bearbeiten. Seither erschienen fünf Neuauflagen, die vielen Wanderern die Schönheiten des Tösstales und des Zürcher Oberlandes näherbrachten. In der vorliegenden Ausgabe berücksichtigte ich die zahlreichen Aenderungen, die sich durch Strassenbauten, Güterzusammenlegungen und Neumarkierungen ergeben hatten. Die Gliederung des Büchleins behielt ich bei. Den Hauptteil bilden weiterhin 62 Rundwanderungen, die vorwiegend von den Ortschaften ausstrahlen. Der Automobilist wird diese Gestaltung schätzen. Doch bringen auch die öffentlichen Verkehrsmittel den Wanderer an den Ausgangspunkt der meisten Routen. Die 11 Höhenwanderungen gehören zum Schönsten, was der rüstige Wanderer an Tagestouren in dieser Gegend unternehmen kann. Da sämtliche Routen auf bezeichneten Wanderwegen verlaufen, konnte ich darauf verzichten, jede Abzweigung anzugeben. Die Markierung mit gelben Richtungsweisern und Rhomben wird es auch dem Ortsunkundigen erlauben, seinen Weg zu finden. Als Ergänzung zu den Routenbeschreibungen dienen die Hinweise auf Rundwanderungen von Parkplätzen aus, die in letzter Zeit vermehrt angelegt worden sind.

Besonderes Gewicht legte ich auf die heimatkundlichen Anmerkungen. Kürzere Hinweise sind in den Routenbeschreibungen eingestreut, während ich umfassendere Darstellungen in einem besondern Kapitel vereinigte. Ueber jede Gemeinde vermittelt ein Abschnitt Wissenswertes. Wer sich in die Heimatkunde vertiefen will, greife zu den Werken, die im Literaturverzeichnis aufgeführt sind. Diesen Schriften verdanke auch ich meine heimatkundlichen Angaben. Wertvolle Dienste leisteten mir vor allem folgende Werke: „Die Gemeinden im Kanton Zürich", herausgegeben vom Verein Zürcherischer Gemeinderatsschreiber und Verwaltungsbeamter, der Kunstdenkmälerband über die Bezirke Pfäffikon und Uster von Hans Martin Gubler und „Naturschutz im Zürcher Oberland" von Hansruedi Wildermuth.

Danken möchte ich Jakob Zollinger in Herschmettlen und dem Markierungschef der ZAW, Arthur Hilpertshauser, für ihre Unterstützung. Wenn es dem Büchlein weiterhin gelingt, viele Wanderfreunde zu genussreichen und erholsamen Streifzügen im Tösstal und im Zürcher Oberland anzuregen, erfüllt mich das mit grosser Freude.

Wetzikon, Frühling 1982　　　　　　　　　　　　*Alfred Dübendorfer*

Geleitwort zur 9. Auflage

Es freut mich, dass das wertvolle Zürcher Oberländer Wanderbüchlein seine 9. Auflage erlebt. Das Zürcher Oberland bildet mit seiner herben, durch tiefe Tobel durchschnittenen Landschaft eine besondere Kostbarkeit des Kantons. Freunde unberührter Natur finden hier ein weites Gebiet, das zu lohnenden Wanderungen einladet. Es ist das Verdienst des aktiven Sekretärs der Zürcherischen Arbeitsgemeinschaft für Wanderwege, Alfred Dübendorfer, wenn diese erfreuliche Neuausgabe verwirklicht werden konnte. Die technischen Angaben sind durch knappe heimatkundliche Erklärungen ergänzt. Zuversichtlich wünsche ich dem schmucken Buch eine gute Aufnahme beim Publikum.

Zürich, im Sommer 1982 *Zürcherische Arbeitsgemeinschaft für Wanderwege (ZAW)*

Der Präsident:
Dr. Sigmund Widmer

Routenverzeichnis

Rundwanderungen

Ausgangspunkt Uster   Wanderzeit   Seite
1. Um den Greifensee   4 Std. 10 Min.   15
2. Egg   3 Std.   18
3. Römerbrünneli – Wermatswil – Freudwil   3 Std.   19
4. Sulzbach – Bertschikon – Seewadel   3 Std. 35 Min.   21

Ausgangspunkt Mönchaltorf
5. Pfannenstiel   4 Std.   24

Ausgangspunkt Grüningen
6. Aabach-Uferweg – Liebenberg   2 Std. 45 Min.   29
7. Gossau – Seewadel – Altrüti   2 Std. 20 Min.   30
8. Lützelsee – Bochslenhöchi   2 Std. 35 Min.   32

Ausgangspunkt Oetwil am See
9. Türli – Ütziker Riet   2 Std. 10 Min.   34

Ausgangspunkt Pfäffikon
10. Römerbrünneli – Egg   3 Std. 40 Min.   38
11. Um den Tämbrig   4 Std. 10 Min.   41
12. Luppmentobel – Rosinli   4 Std. 20 Min.   43
13. Um den Pfäffikersee   2 Std. 40 Min.   44

Ausgangspunkt Russikon
14. Furtbüel – Weisslingen – First   4 Std. 20 Min.   47

Ausgangspunkt Hittnau
15. Rosinli – Stoffel   3 Std.   49

Wetzikon
Ausgangspunkt Oberwetzikon
16. Um den Pfäffikersee   3 Std. 10 Min.   54

Ausgangspunkt Kempten
17. Chämtnertobel – Rosinli –
    Strandbad Auslikon   3 Std. 10 Min.   55
18. Chämtnertobel – Ringwil   2 Std. 50 Min.   56

Ausgangspunkt Bahnhof Wetzikon
19 Seewadel – Alt-Hellberg   2 Std. 15 Min.   57

Ausgangspunkt Seegräben
20 Pfäffikersee – Römerbrünneli   1 Std. 25 Min.   61

Ausgangspunkt Hinwil
21 Alt-Hellberg – Grüningen   4 Std. 15 Min.   65
22 Wildbachtobel – Allmen – Egg   3 Std. 45 Min.   66
23 Bachtel   3 Std. 40 Min.   70

Ausgangspunkt Hadlikon
24 Hasenstrick   1 Std. 45 Min.   71

Ausgangspunkt Girenbad
25 Egg – Bachtel   2 Std. 10 Min.   72
    Weitere Rundwanderungen von Girenbad aus

Ausgangspunkt Ober-Orn
26 Vorderer Sennenberg – Bachtel   2 Std.   73
    Weitere Rundwanderungen von Ober-Orn aus

Ausgangspunkt Bubikon
27 Schwösterrain – Egelsee   2 Std. 15 Min.   75

Ausgangspunkt Rüti
28 Schwösterrain – Lützelsee – Ritterhus 4 Std. 25 Min.   81
29 Bachtel   5 Std.   83
30 Grossweier – Güntisberg – Tannertobel 3 Std. 10 Min.   85
31 Aspwald – Usser-Wald (wegen Strassen-
    baus zur Zeit nicht durchgehend begehbar)   87

Ausgangspunkt Wald
32 Bachtel   3 Std. 15 Min.   89
33 Scheidegg – Oberegg   4 Std. 20 Min.   92
34 Sagenraintobel – Schwarzenberg – Farner 4 Std. 25 Min.   93
35 Güntisberg – Eggwald   3 Std.   95

Ausgangspunkt Wolfsgrueb
36 Tössscheidi – Schnebelhorn –
    Schindelberg   4 Std. 20 Min.   98
37 Um den Tössstock   1 Std. 45 Min.   100
    Weitere Rundwanderungen von der Wolfsgrueb aus

Ausgangspunkt Hinter-Goldingen
38 Chrüzegg   3 Std. 10 Min.   101

Ausgangspunkt Schutt
39 Tweralpspitz – Atzmännig   3 Std.   102
    Rundwanderungen von der Chrinnen aus

Ausgangspunkt Bäretswil
40	Rosinli – Känzeli – Grifenberg	3 Std. 15 Min.	106
41	Grifenberg – Hohenegg – Ghöchweid	4 Std. 10 Min.	107
42	Täuferhöhle – Allmen	3 Std. 15 Min.	109

Ausgangspunkt Neuthal
43	Känzeli	1 Std. 10 Min.	110

Weitere Rundwanderungen von Neuthal aus
Rundwanderungen vom Ghöch aus

Fischenthal
Ausgangspunkt Gibswil
44	Bachtel	2 Std. 45 Min.	116

Weitere Rundwanderungen von Gibswil aus

Ausgangspunkt Fischenthal
45	Ghöchweid – Bank	2 Std. 45 Min.	118
46	Oberegg – Hüttchopf	3 Std. 40 Min.	119

Rundwanderungen von der Aurüti aus

Ausgangspunkt Steg
47	Ghöchweid	3 Std. 45 Min.	121
48	Hörnli – Hörnligübelweg	2 Std. 35 Min.	122
49	Schnebelhorn	4 Std. 45 Min.	123
50	Stralegg – Dägelsberg	5 Std. 30 Min.	125

Rundwanderungen von Bärloch-Stralegg aus

Ausgangspunkt Bauma
51	Stoffel	2 Std. 30 Min.	130
52	Altlandenberg – Chämmerli – Hochlandenberg	3 Std. 30 Min.	132
53	Hagheerenloch – Sternenberg	3 Std. 10 Min.	133
54	Hörnli	4 Std.	136
55	Ghöchweid	3 Std. 45 Min.	137
56	Hohenegg	2 Std.	138

Rundwanderungen vom Gfell aus

Ausgangspunkt Wila
57	Hochlandenberg – Sitzberg	5 Std. 30 Min.	144

Rundwanderungen von Tablat aus

Ausgangspunkt Turbenthal
58	Ober-Luegeten	3 Std.	147
59	Schauenberg	2 Std. 45 Min.	148
60	Ramsberg – Bichelsee – Schnurberg	3 Std. 45 Min.	149

Zell
Ausgangspunkt Rikon
61	Neschwil – Gündisau – Ober-Luegeten	5 Std. 45 Min.	151

Ausgangspunkt Kollbrunn
62	Tüfels-Chilen	2 Std. 20 Min.	154

Höhenwanderungen

63 Ober-Luegeten – Hermatswil – Isikon
   Ausgangspunkt Turbenthal
   Endpunkt Pfäffikon — 4 Std. 25 Min. — 155
64 Ober-Luegeten – Hermatswil – Fälmis
   Ausgangspunkt Turbenthal
   Endpunkt Bauma — 4 Std. 35 Min. — 158
65 Sitzberg – Hörnli
   Ausgangspunkt Turbenthal
   Endpunkt Steg — 5 Std. 25 Min. — 159
66 Hochlandenberg – Sternenberg – Hörnli
   Ausgangspunkt Wila
   Endpunkt Bauma — 5 Std. 20 Min. — 163
67 Ghöchweid – Allmen – Bachtel
   Ausgangspunkt Bauma
   Endpunkt Wald — 4 Std. 45 Min. — 165
68 Hörnli – Schnebelhorn
   Ausgangs- und Endpunkt Steg — 6 Std. 40 Min. — 167
69 Schnebelhorn – Chrüzegg
   Ausgangs- und Endpunkt Steg — 6 Std. 50 Min. — 169
70 Hüttchopf – Scheidegg
   Ausgangspunkt Steg
   Endpunkt Wald — 4 Std. — 171
71 Farner – Schwarzenberg – Höchhand
   Ausgangspunkt Wald
   Endpunkt Steg — 5 Std. 50 Min. — 173
72 Hörnli – Grat
   Ausgangs- und Endpunkt Fischingen — 4 Std. 30 Min. — 175
73 Schnebelhorn
   Ausgangs- und Endpunkt Mosnang — 5 Std. — 177

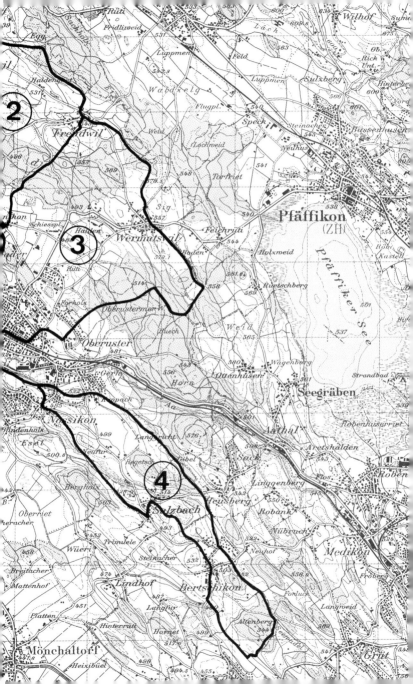

Rundwanderungen

Ausgangspunkt Uster

Die Stadt Uster (Fläche 28,44 km²) umfasst die nachmittelalterliche Kirchgemeinde und wuchs aus elf, im Jahre 1927 aufgehobenen Zivilgemeinden zusammen. Sie liegt in der vom Linthgletscher geformten Landschaft zwischen dem Greifensee und dem Moränenzug gegen das Kempttal. Die Gemeindeteile Kirchuster und Oberuster bilden das städtisch geprägte Kerngebiet. In einem ersten, eng angeschlossenen Ring finden wir Niederuster mit dem «Wil», Nossikon, Winikon und Werrikon, in einem zweiten, weiter gezogenen die Fraktionen Nänikon, Freudwil, Wermatswil, Sulzbach und Riedikon. Spärliche Funde aus den meisten Epochen von der mittleren Steinzeit bis zu den Römern belegen eine frühe Besiedlung. Erste alemannische Spuren finden sich im 7. Jahrhundert in Oberuster und in Nossikon. Der Name «Ustra» taucht 775 auf, eine sichere Deutung des Namens ist allerdings nicht möglich. Die Herren von Uster, als Klostervögte von Einsiedeln nachgewiesen, starben vermutlich schon in der zweiten Hälfte des 11. Jahrhunderts aus. Das Gebiet von Uster gehörte vorwiegend zur Herrschaft Greifensee, die über die Landenberger und die Grafen von Toggenburg in den Besitz der Stadt Zürich gelangte. Einzelne Weiler waren den Herrschaften Kyburg und Grüningen zugeteilt. 1832 wurde Uster als Bezirkshauptort bestimmt.

Die Wasserkraft des Aabaches, auch «Millionenbach» genannt, ermöglichte eine frühe Industrialisierung der Gemeinde. Längs des Flüssleins reihte sich Fabrik an Fabrik, die zusammen mit der Ansiedlung weiterer Industrien und neuerer Dienstleistungsbetriebe die Entwicklung zur drittgrössten Gemeinde des Kantons begünstigten. Bevölkerungszahlen. 1836: 4'496; 1900: 7'623; 1930: 9'660; 1950: 12'350; 1980: 23'702.

Als Wahrzeichen von Uster sind die Burg und die reformierte Kirche von weitem sichtbar. Die Burg wurde vermutlich am Anfang des 11. Jahrhunderts erbaut, erfuhr 1529 einen Umbau und wurde 1752 erneuert und durch den Bau eines Wohnhauses erweitert. Im 19. Jahrhundert und anfangs des 20. Jahrhunderts folgten weitere einschneidende Umbauten. 1916 ging die Anlage an den Fabrikanten Jakob Heusser-Staub über, der sie der Gemeinde schenkte. Seit 1919 ist darin eine Haushaltungsschule eingerichtet. Rittersaal und Turm sind vom 1. April bis 31. Oktober an Sonntagen zwischen 14 und 18 Uhr der Oeffentlichkeit zugänglich. Die heutige reformierte Kirche wurde 1824 an Stelle einer romanischen Vorgängerkirche aus dem Ende des 11. Jahrhunderts errichtet. Johannes Volkart schuf den klassizistischen Querbau, der über eine breite Freitreppe erreicht wird. Auf drei Seiten rahmen die Emporen einen ungefähr quadratischen Mittelraum ein. Die Kanzel aus Stuckmarmor von 1838 ist das Werk von Johannes Josef Moosbrugger. Die katholische Kirche St. Andreas, nach Plänen von André Studer erbaut, stammt aus dem Jahre 1963. Typisch in Uster sind neben der noch erkennbaren mittelalterlichen Baustruktur am Burghügel die intakten Industrieanlagen am Aabach mit Fabriken, Arbeiterhäusern und Fabrikantenvillen, die städtische Bebauung des ausgehenden 19. Jahrhunderts im Bahnhofquartier und die drei parallelen Strassenzüge mit ursprünglich sozialem Gepräge: die Florastrasse mit ihren Villen, die Freiestrasse mit mittelständischen Wohn- und Gewerbebauten, die Neuwiesenstrasse hinter dem Bahnhof mit dem Arbeiterquartier.

Am «Ustertag» forderten 1830 gegen 10'000 Männer aus der Zürcher Landschaft für die Landbevölkerung gleiche Rechte wie für die Stadtbevölkerung. Auf der Anhöhe des «Zimiker» steht ein Gedenkstein. Jedes Jahr findet in der reformierten Kirche eine Erinnerungsfeier an den «Ustertag» statt. Zwei Jahre später, am 22. November 1832, zündeten erbitterte Oberländer Heimarbeiter die erste mechanische Weberei der Gegend in Oberuster an. Dieses Ereignis ging als «Brand von Uster» in die Geschichte ein und wurde von Jakob Stutz[9] als Drama gestaltet.

Am letzten Donnerstag und Freitag im November trifft sich die Bevölkerung der weiteren Umgebung am «Ustermärt», der auf eine bald 900jährige Geschichte zurückblicken kann. Aus Wermatswil stammte der Musterbauer Jakob Gujer, «Kleinjogg» genannt[11].

Verkehrsverbindungen: SBB-Linie Zürich – Uster – Rapperswil, Autobuslinien nach Pfäffikon, Gossau, Oetwil am See, Niederuster und Volketswil-Schwerzenbach, Busnetz innerorts; Schiffskurse auf dem Greifensee von Niederuster nach Maur und Rundfahrten.

Route 1
Um den Greifensee

Mühelose Wanderung durch das Schutzgebiet am See.

	Höhe	Wanderzeit
Niederuster	436	
Greifensee	439	40 Min.
Glattsteg	436	1 Std. 15 Min.
Rohr	436	1 Std. 30 Min.
Schifflände Maur	438	2 Std. 20 Min.
Strandbad Egg	436	3 Std. 10 Min.
Riedikon	441	3 Std. 35 Min.
Niederuster	436	4 Std. 10 Min.

Wir beginnen die Wanderung um den Greifensee[10] bei der *Schifflände Niederuster* (Postautoverbindung mit dem Bahnhof Uster) und folgen dem Uferweg Richtung Norden. Bei der Kläranlage überschreiten wir die Aa und wandern auf dem teilweise asphaltierten Fussweg in der Nähe der Strasse nach *Greifensee*. Das Städtchen, in dem während der letzten Jahre manches Haus eine mustergültige Renovation erfahren hat, lohnt einen ausgedehnten Rundgang. Wir setzen die Wanderung auf dem neuangelegten Weg fort, gehen dem Schilfgürtel entlang und biegen bei P. 437 mit der Route von Schwerzenbach her gegen das Seeufer und zum *Steg* beim *Glattausfluss* ab. Der gutunterhaltene Weg führt jenseits des Flüssleins durch das Ried zur Einmündung des Rohrbaches und zur Schifflände Fällanden im *Rohr*, wo an Sonntagen und während der Ferien im Sommer die Motorboote auf den Rundfahrten anlegen. An der Jugendherberge und an verschiedenen Zeltplätzen vorbei kommen wir zum Weiler *Aschbach,* wo sich der Wanderweg längs des Baches zum Campingplatz der «Naturfreunde» hinabzieht und in unmittelbarer Nähe des Wassers zur Badanstalt und zur *Schifflände Maur* leitet. Ortsbezeichnung auf der Karte: Seehüser. Wer die Wanderung hier abbrechen möchte, kann das Kursschiff zur Ueberfahrt nach Niederuster benützen (während des ganzen Jahres täglich etwa 10 Fahrgelegenheiten). Der Fahrplan gibt auch Auskunft über die lohnenden Rundfahrten.

Unser Wanderweg geht am Landsitz Fluh vorbei und folgt dem Ufer in einiger Entfernung – rechts die Weiler Uessikon und Rällikon – zum *Strandbad* der Gemeinde *Egg.* Solange die Fortsetzung des Rundweges fehlt, halten wir längs des Aabaches zur Strasse, wo der Tierpark *Silberweide* zu einem Besuch einlädt. Dass ein durchgehender Wanderweg einer Notwendigkeit entspricht, werden wir bestätigen, wenn wir den Marsch auf der Strasse zum *Chis* und auf dem Fussweg neben der Strasse nach *Riedikon* hinter uns gebracht haben. Weil in diesem Weiler – er gehört zu Uster – schon im 18. Jahrhundert viele Einwohner mit Spinnen und Weben beschäftigt waren, finden wir neben größeren Bauernhäusern noch zahlreiche Flarze[5]. Ein Weg schlängelt sich durch das Dörfchen in die Wiese mit dem Baumgarten hinaus und führt zwischen einem Kiesgrubensee und dem heutigen Kieswerk hindurch, bevor er zum See abbiegt. Auf einem angenehmen Wanderweg dem Ufer entlang zum Strandbad und zur *Schifflände Niederuster* beschliessen wir den Seerundgang.

Mit dem Postauto ist der Bahnhof *Uster* in wenigen Minuten erreichbar, doch ist der Wanderweg längs der Aa – er darf als Muster eines Fussweges innerhalb einer Stadt bezeichnet werden – sehr empfehlenswert. Der Spaziergang zum Bahnhof beansprucht 35 Minuten.

Greifensee

Die Gemeinde Greifensee (Fläche 2,18 km^2) erstreckt sich am nordöstlichen Ufer des Greifensees und auf Schotterablagerungen des Linthgletschers. Funde weisen auf eine Besiedlung in der Jungsteinzeit, der Bronzezeit und der Hallstatt-Zeit hin. Seit dem 11. Jahrhundert war das Gemeindegebiet im Besitz der Herren von Uster und ihrer Nachfolger, der Herren von Rapperswil. Im ersten Viertel des 13. Jahrhunderts legte Ulrich von Rapperswil zu Greifenberg vermutlich das Städtchen an. 1260 wird der Name erstmals erwähnt. Ueber die Herren von Landenberg kamen Burg und Städtchen an die Grafen von Toggenburg, 1402 gelangte die Herrschaft an die Stadt Zürich. Diese richtete eine Landvogtei ein, die den grössten Teil des heutigen Bezirkes Uster und verschiedene Exklaven umfasste. Im Alten Zürichkrieg (1444) belagerten die Eidgenossen Greifensee. Nach heldenmütiger Verteidigung musste der Anführer, Wildhans von Breitenlandenberg, die Burg preisgeben. Die Besatzung von 62 Mann wurde auf der «Bluetmatt» bei Nänikon hingerichtet, während die Burg weitgehend zerstört wurde. Bereits 1520 baute man das Schloss wieder auf; bis 1798 regierten darin die Landvögte, und 1831 verlor Greifensee seine führende Rolle endgültig, als man Uster zum Hauptort des Bezirkes erkor. Von 1781 bis 1787 amtete hier als Richter Salomon Landolt, dem Gottfried Keller in seiner humorvollen Novelle «Der Landvogt von Greifensee» zu literarischem Ruhm verholfen hat. Im Laufe des 17. Jahrhunderts siedelten sich ausserhalb des Mauerringes einzelne Bauerngüter an. Die Bevölkerungszahl blieb lange Zeit sehr bescheiden. Die Strasse ins Oberland und die Bahnlinie führten am Rand der Siedlung vorbei. Erst in jüngster Zeit nahm die Einwohnerzal wegen der enormen Bautätigkeit explosionsartig zu (1836: 406; 1950: 279; 1960: 421; 1970: 2'674; 1980: 5'423).

Ein besonderes Schmuckstück ist das Kirchlein, das zwischen 1330 und 1340 von Elisabeth von Schellenberg, der Gattin Hermanns von Landenberg, gestiftet wurde. Sein Grundriss bildet ein rechtwinkliges Dreieck, dessen Langseite einen Teil der ehemaligen Stadtmauer darstellt und leicht gebogen ist. Ein gotisches Sterngewölbe über einer Mittelsäule und sieben seitlichen Halbsäulen, eine hölzerne Empore von 1638 und eine Rokokokanzel von 1780 zieren das Innere des Gotteshauses.

Das Schloss, 1520 erstellt, weist zum Teil noch Mauern der alten Turmburg auf, die mit ihren unbehauenen Findlingen bis 4,4 m dick sind. Es gehört dem Kanton Zürich und ist der Oeffentlichkeit zur Zeit nicht zugänglich. Andere bemerkenswerte Bauten innerhalb des geschützten Ortskerns sind u. a. das Pfarrhaus, ein stattlicher Riegelbau, das Haus «Zur alten Post» von 1624, die «Alte Kanzlei», der Sitz des Landschreibers, und das sogenannte Landenbergerhaus, vermutlich ein Palas aus dem mittleren 13. Jahrhundert mit romanischen Rundbogenfenstern.

Verkehrsverbindungen: Station Nänikon-Greifensee an der SBB-Linie Zürich–Uster–Rapperswil. An Sonntagen im Sommerhalbjahr und an Werktagen während der Sommerferien wird Greifensee auf den Rundfahrten angelaufen.

Route 2

Egg

Zu allen Jahreszeiten empfehlenswerte Wanderung durch Feld und Wald zur Egg mit der weiten Aussicht auf das Glattal.

	Höhe	Wanderzeit
Uster	464	
Winikon	475	25 Min.
Freudwil	544	1 Std.
Egg	575	1 Std. 25 Min.
Gutenswil	525	1 Std. 35 Min.
Winikon	475	2 Std. 35 Min.
Uster	464	3 Std.

Vom Bahnhof *Uster* weist uns die Markierung durch die Bankstrasse und die Dammstrasse an den Fuss des *Hasenbüel*. Bevor wir in den Wald eintreten, blicken wir zurück und freuen uns an der Silhouette von Burg und Kirche und an der Aussicht zum Pfannenstiel und in die Glarner und Urner Alpen. In *Winikon* bildet die sogenannte Statthalterei den Mittelpunkt. Statthalter Pfenninger liess das markante Haus 1805 erbauen. Das Glöcklein auf dem Dach soll jeweils geläutet haben, wenn im Hause Recht gesprochen wurde. Der Dorfbrunnen ist das Werk des Ustermer Bildhauers Walter Hürlimann. Die gelbe Tafel «Freudwil» weist uns ins freie Feld hinaus und durch das *Winiker Hard* leicht steigend zur Strasse Uster – Freudwil. Wegspuren leiten in bisheriger Richtung weiter durch den Wald und über die Wiese zur Anhöhe *Hacken,* P. 559, hinauf. Während des Aufstiegs und unter der Linde weiter Blick ins Glattal, auf den Greifensee und gegen die Forch. Wir freuen uns aber auch am Anblick des Dörfchens *Freudwil,* das mit seinen stattlichen Bauernhäusern den ländlichen Charakter bewahren konnte. Längs des Baches verlief im Dorf seinerzeit die Grenze zwischen den Landvogteien Kyburg und Greifensee. Der Brunnen, von der aus Freudwil stammenden Familie Bühler gestiftet, wurde von Hans Bühler gestaltet. Wir steigen durch den oberen Dorfteil zum Waldrand hinauf und folgen dem Strässchen ebenaus durch das Buechholz zum Wegstern bei P. 577. Wir verlassen den Wald und kommen zur *Egg*, P. 575. Umfassende Aussicht auf den Greifensee, zum Pfannenstiel und ins Glattal bis nach Oerlikon und zur Lägeren. Bei klarem Wetter zeigen sich im Hintergrund die Schneeberge.

Das Strässchen zieht sich dem Sonnenhang entlang nach *Gutenswil* hinab. Das Dorf, zur Gemeinde Volketswil gehörend, wurde nach einem verheerenden Brand von 1803, dem die meisten Häuser zum Opfer fielen, neu überbaut. Bei der landwirtschaftlichen Genossenschaft zeigt der Wegweiser auf ein Flursträsschen, das über die Anhöhe Berg zum Waldrand hinableitet. An der nahen Waldecke stösst der Wanderweg von Effretikon her zu unserer Route. Wir wandern durch das ausgedehnte *Näniker Hard* und biegen beim Magazin, P. 479, auf einen Querweg ab. Zunächst kreuzen wir die Strasse Gutenswil – Nänikon und dann am Waldrand die Hauptstrasse, die von Uster über Gutenswil Richtung Winterthur führt. Die Umfahrung von Uster, die das fruchtbare Wies- und Ackerland zerschneidet, wird in nächster Zeit auch unsere Routenführung betreffen, doch ist die Verbindung nach *Winikon* gewährleistet. Den Weg über den *Hasenbüel* zum Bahnhof *Uster* kennen wir bereits.

Der Automobilist kann als Ausgangspunkt *Winikon* wählen und benötigt für die Wanderung 2 Std. 10 Min.

Route 3
Römerbrünneli – Wermatswil – Freudwil

Auf dieser Wanderung entdecken wir das Erholungsgebiet und die ländlich gebliebenen Aussenwachten der Stadt Uster.

	Höhe	Wanderzeit
Uster	464	
Römerbrünneli	540	1 Std.
Wermatswil	557	1 Std. 25 Min.
Freudwil	544	2 Std.
Winikon	475	2 Std. 30 Min.
Uster	464	3 Std.

Vom Bahnhof *Uster* leitet uns die Markierung anfänglich der Bahnlinie nach und dann auf der Kreuzstrasse – in der Nähe die katholische Kirche – zur Einmündung der Wermatswilerstrasse bei P. 475. Später biegt der Hegetsbergweg vom Talweg ab und steigt durch die neue Ueberbauung zur *Höchi* (alte Karte: Hegetsberg) hinauf, wo wir eine weite Aussicht auf die Stadt, das Glattal, zum Pfannenstiel und zu den Alpen geniessen. Zahlreich sind die Wege und Pfade im *Oberustermer Wald,* so dass wir zum *Römerbrünneli* gerne der gelben Markierung vertrauen. In der Nähe der mit Steinen eingefassten Quelle grub in den neunziger Jahren Jakob Messikommer[13] eine römische Badewanne aus und deckte sie später wieder zu. Der genaue Fundort ist heute unbekannt. Zur Erinnerung an diesen Fund erstellte der Verkehrsverein Uster die Anlage um die Quelle und nannte sie Römerbrünneli.

Wir folgen der Angabe «Pfäffikon» auf dem Wegweiser und gehen auf Wegspuren zur nahen Lichtung hinauf, wo wir auf die Route Wetzikon – Effretikon treffen. Wir queren die grosse Lichtung und wandern nach einer Waldpartie über den aussichtsreichen Höhenrücken, der sich zwischen Greifensee und Pfäffikersee hinzieht. *Wermatswil* ist eine Aussenwacht von Uster. Ein Brunnen, von Walter Hürlimann geschaffen, erinnert an Jakob Gujer, genannt «Kleinjogg»[11]. In der Nähe entdecken wir ein Bauernhaus von 1740 mit Falläden, ornamentalen Wandmalereien und Inschriften.

Wir halten am Auenhof vorbei auf den Waldrand zu und lassen uns von der sorgfältigen Markierung teils auf Wegspuren, teils auf deutlicheren Wegen durch den Wald führen. In *Freudwil,* wo uns stattliche Bauernhäuser, meist aus dem 18. und 19. Jahrhundert, und das Schulhaus mit dem Dachreiter auffallen, verlassen wir die Route Richtung Effretikon, gehen am Bühlerbrunnen mit dem Bronzepferd vorbei und steigen zur Anhöhe *Hacken,* P. 559, mit der Linde hinauf. Von hier aus blicken wir auf den Greifensee und gegen die Forch, etwas später über das mittlere Glattal hinweg bis zur Lägeren und einzelnen Höhenzügen im Unterland. Wir kreuzen im Wald die Strasse, die Freudwil mit Uster verbindet, und kommen durch das *Winiker Hard* zum Weiler *Winikon.* Der Weg über den Hasenbüel zum Bahnhof *Uster* ist leicht zu finden.

Route 4
Sulzbach – Bertschikon – Seewadel

Genussreiche Wanderung durch die Drumlinlandschaft mit ihren Höhenzügen und lauschigen Waldtälchen.

	Höhe	Wanderzeit
Uster	464	
Sulzbach	500	1 Std.
Bertschikon	503	1 Std. 20 Min.
Seewadel	515	1 Std. 50 Min.
Bertschikon	520	2 Std. 20 Min.
Langgricht	536	2 Std. 50 Min.
Uster	464	3 Std. 35 Min.

Vom Bahnhof *Uster* suchen wir unsern Weg durch die Strassen der Stadt gegen die reformierte Kirche. Auf dem Schlossweg steigen wir längs der Kirchenmauer zur Burg hinauf (Näheres siehe Seite 14). Auf der Terrasse beim Restaurant ein Alpenpanorama, das der Verkehrsverein erstellen liess. Der Weg zieht sich über den aussichtsreichen Höhenrücken und senkt sich zum Ortsteil *Nossikon*. Das Gasthaus zur Krone, im 17. Jahrhundert als Taverne bezeugt, ist ein unverputzter Massivbau von 1806. Bald biegen wir auf die Alte Sulzbacherstrasse ab, die an den letzten Häusern vorbei ins freie Feld hinausleitet. Bei der ersten Gabelung bietet sich Gelegenheit zu einem Abstecher zur Bank auf der Anhöhe, P. 510, mit weiter Aussicht auf den Greifensee und über den Wald hinweg zum Glärnischmassiv. Der Flurweg zieht sich dem Verenenrain entlang, berührt ein Ried und setzt sich als Waldweg durch das Chilenholz fort. In *Sulzbach,* einer Aussenwacht von Uster, wo neben den neuen Einfamilienhäusern die alten Flarzgruppen[5] typisch sind, steigen wir beim «Löwen» ins Oberdorf hinauf, halten vor dem Schulhäuschen rechts und wandern auf Wiesenwegen über den Rücken Richtung *Bertschikon*. Wer die Wanderung um ¾ Stunden kürzen möchte, folge gemäss dem gelben Wegweiser «Uster» der Strasse an der «Alten Post» vorbei gegen die neue Ueberbauung im östlichen Teil des Weilers.

Wir andern benützen von der Kreuzung in Bertschikon, P. 503, die Strasse Richtung Gossau und gehen auf einem leider asphaltierten Feldsträsschen an den Höfen Bänklen und Rifrüti vorbei. Grossartig ist der Blick über das Dorf Gossau hinweg zum Alpenkranz vom Mürtschen bis zum Pilatus. Während die Route nach Gossau rechts durch den Hang absteigt, halten wir links zum bewaldeten *Altenberg* hinauf, einem typischen Drumlin[2], wo wir im Föhrenwald eine ausgeprägte Trockenflora vorfinden. In der nahen Mulde des *Seewadel,* eines Naturschutzgebietes, haben sich seltene Sumpfpflanzen behaupten können. Unser Weg zielt nordwärts, quert in der Hegsrüti die Strasse Grüt – Bertschikon und leitet später durch ein Wiesentälchen nach *Bertschikon* zurück. Diese «Wacht» von Gossau ist in den letzten Jahren ein bevorzugtes Wohngebiet geworden. Beim Unterwerk der EKZ in der Nähe des Weilers Heusberg, einer Exklave der Gemeinde Mönchaltorf, kreuzt der Wanderweg die Strasse Sulzbach – Aathal und führt bald durch den Wald, bald sonnigen Waldrändern entlang zum Hof *Langgricht*. Im Koppach sind wir bereits in einem Aussenquartier der Stadt Uster. Auf einem Treppenweg steigen wir zum Tämbrig hinauf, der sich mit den Wiesen und dem Rebhäuschen von 1737 wie eine ländliche Oase ausnimmt. Nachdem wir die Strasse Nossikon – Oberuster gekreuzt haben, schliessen wir auf der Anhöhe unseren Kreis und kehren über die Burg in die Stadt zurück.

Ausgangspunkt Mönchaltorf

Die Gemeinde Mönchaltorf (Fläche 7,40 km^2) liegt in der früher versumpften Ebene des oberen Glattales. Die ungünstige Topographie mag ein Grund für die späte Besiedlung sein. 741 wird der Name «Altorf» erwähnt. Neben Dürnten war Mönchaltorf der bedeutendste Verwaltungshof des Klosters St. Gallen im Zürcher Oberland. So lässt sich auch der Name «Altorf monachorum» = Mönchaltorf erklären. 1408 kam der Ort an die Stadt Zürich und gehörte bis 1798 zur Herrschaft Grüningen. Heute bildet er einen Teil des Bezirks Uster. 1927 wurden die Zivilgemeinden Brand und Heusberg aufgehoben. Mönchaltorf war bis ungefähr 1945 ein Bauerndorf. Bedeutungsvoll für die Landwirtschaft gestaltete sich die Trockenlegung der grossen Riedgebiete während des Zweiten Weltkrieges. Seither entwickelte sich das Dorf zur Wohngemeinde mit zahlreichen Ein- und Mehrfamilienhäusern. Die Bevölkerungszahlen belegen diese Entwicklung (1850: 1'148 Einwohner; 1941: 706 Einwohner; 1980: 2'863 Einwohner). 902 wird eine Kirche zu Mönchaltorf im Besitz des Klosters St. Gallen erwähnt. Das heutige Gotteshaus wurde in den Jahren 1519 – 1522 erbaut, wobei Teile der früheren Kirchen Verwendung fanden. Prunkstück ist die spätgotische Holzdecke mit dekorativen und figürlichen Flachschnitzereien, ein Werk von Ulrich Schmid. Im Gasthof «Löwen», 1848 als klassizistischer Bau erstellt, war seinerzeit ein Badebetrieb eingerichtet. Von 1909 bis 1949 ratterte die Uster–Oetwil-Bahn, eine elektrische Strassenbahn, durch das Dorf. Sie wurde damals von der Autobuslinie der Verkehrsbetriebe Zürcher Oberland (VZO) abgelöst.

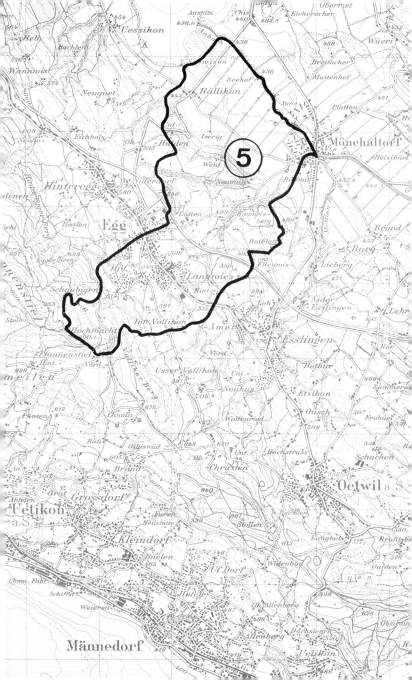

Route 5
Pfannenstiel

Abwechslungsreiche Wanderung zur bekannten Aussichtswarte mit ihrer weiten Schau ins Oberland, auf die Seen und den Alpenkranz.

	Höhe	Wanderzeit
Mönchaltorf	441	
Strandbad Egg	436	40 Min.
Egg	545	1 Std. 35 Min.
Pfannenstiel	800	2 Std. 30 Min.
Inner-Vollikon	572	3 Std.
Mönchaltorf	441	4 Std.

Beim «Löwen» in *Mönchaltorf* gehen wir über die Brücke der Aa und folgen dem linken Ufer des Flüssleins. Das Strässchen bleibt in der Nähe des Baches und führt beim Seehof an einer heute verwilderten Bachschlinge eines Altlaufes der Aa vorbei zum Tierpark *Silberweide*. Wir queren die Strasse Uster – Egg und gehen weiter der Aa entlang. Während der Wanderweg geradeaus den Aaspitz bei der Schiffstation Mönchaltorf zum Ziele hat, biegen wir nach links zur *Badeanlage* der Gemeinde *Egg* am Greifensee[10] ab. Der Wanderweg zieht sich längs des Baches hin, kreuzt in der Nähe des Weilers Rällikon die Strasse und leitet durch das Rälliker Holz zum Weiler *Unter-Halden* hinauf. Er ist bei den Einheimischen als «Egger Badiweg» bekannt und mag wohl früher die Badelustigen auf dem Heimweg arg zum Schwitzen gebracht haben. Wir wandern über eine Hochebene, steigen zum Steg im Waldtobel hinab und überschreiten beim Büelholz die neue Forchstrasse auf einer Brücke. Die Markierung leitet uns durch das Dorf *Egg*.

Der Weg führt in der Nähe der katholischen Kirche vorbei und steigt stellenweise recht steil bergan. Er folgt später dem Bach und erreicht über den einzelnstehenden Hof in *Schaubigen* das Gasthaus bei der *Hochwacht*[8] auf dem *Pfannenstiel*. Hier und auf der nahen *Okenshöhe* erfreuen wir uns an der prächtigen Aussicht ins Oberland, auf den Zürichsee und zum Alpenkranz vom Säntis bis zum Pilatus. Altes Panorama von Albert Bosshard, neues Panorama von Eugen Zeller, beide von der Mittwochgesellschaft Meilen herausgegeben. Der Sernifit-Block erinnert an Lorenz Oken, den grossen Naturforscher und ersten Rektor der Universität Zürich. Bei der Okenshöhe beginnt der Abstieg zum *Vorderen Pfannenstiel*. Die Tafel «Mönchaltorf» weist uns an der Wirtschaft vorbei zur Höhenstrasse hinüber. Eine neue Strasse holt im Wald des Volliker Berges weit nach links aus und leitet zwischen einer Baumschule hindurch zum Haus Mittlisberg hinab. Leider ist für uns Wanderer das Strässchen über *Inner-Vollikon* zur Haltestelle *Emmat* der Forchbahn und über den Hof *Asp* zum Weiler *Rotblatt* mit einem Hartbelag versehen, doch tröstet uns der weite Ausblick ins Oberland über diesen Missstand hinweg. Das letzte Teilstück verläuft auf weicheren Naturwegen am einzelnen Hof vorbei und durch den Wald oberhalb des Tobels des Tüftalerbaches zu den ersten Häusern von *Mönchaltorf*.

Egg

Verstreut auf einer dem Pfannenstiel vorgelagerten Moränen- und Molasseterrasse finden wir die Siedlungen der Gemeinde Egg; Schwerpunkte der 14,47 km^2 grossen Gemeinde zwischen Greifensee und Pfannenstiel bilden die Ortsteile Hinteregg, Egg (früher Kirchegg) und Esslingen. 775 erhielt das Kloster St. Gallen von Oto «in Eccha» (Egg) erste Güter in diesem Gebiet. Bis 1798 gehörte Egg zum Amt Grüningen, Esslingen zur Obervogtei Stäfa. Seit 1831 zählt die Gemeinde zum Bezirk Uster. Im 17. und 18. Jahrhundert war die Heimindustrie, vor allem die Seidenweberei, sehr bedeutend, doch entstanden im 19. Jahrhundert keine Fabriken, weil die Wasserkraft fehlte. Stark nahm die Bevölkerung seit 1950 zu (1950: 2'439 Einwohner; 1960: 3'018 Einwohner; 1980: 6'074 Einwohner). Seit 1912 verbindet die Forchbahn Egg mit der Stadt Zürich. Die in den letzten Jahren modernisierte Vorortsbahn erleichtert den vielen Pendlern den Weg zur Arbeit. Eine Kirche wird in Egg erstmals 853 erwähnt. Der heutige Bau geht auf das Jahr 1742 zurück. 1821 wurden das Langhaus nach Osten verlängert und das gotische Chor abgebrochen. Deutlich erkennt man heute die Teile aus drei Bauepochen: Der Käsbissenturm ist spätgotisch, das Langhaus an der West- und Nordseite barock, die West- und Südseite sowie die Stukkaturen sind klassizistisch. 1921 erhielten die Katholiken ein eigenes Gotteshaus, eine einfache Holzkirche. Nach der Schenkung einer Reliquie des heiligen Antonius von Padua wurde der Bau erweitert und 1939 wegen des regen Pilgerverkehrs mit einer Pilgerhalle ergänzt. Der Ausbau der Forchstrasse hat in den Hauptdörfern einschneidende Aenderungen der Bebauung bewirkt. An Einzelbauten seien in Egg die stattlichen Häuser Pfannenstielstrasse 7 und Dorfstrasse 5 aus der 2. Hälfte des 18. Jahrhunderts erwähnt.

Ausgangspunkt Grüningen

Die Gemeinde Grüningen (Fläche 8,74 km^2) liegt im oberen Glattal, gehörte früher zur ausgedehnten Ried- und Torfregion dieses Gebietes und umfasst noch die ehemaligen Zivilgemeinden Binzikon und Itzikon sowie die Weiler Bächelsrüti, Holzhusen und Adletshusen. Einige Grabhügel im Strangenholz bezeugen eine Besiedlung in der Hallstattzeit. 1038 taucht der Name Gruoningen (= bei den Nachkommen des Gruoni) auf. Die Freiherren von Regensberg erbauten vermutlich im 13. Jahrhundert Schloss und Städtchen auf dem Hügelrücken über dem Aabach. Nach verschiedenen Handänderungen im 14. Jahrhundert verpfändete Ritter Hermann Gessler 1408 die Burg und die Herrschaft an die Stadt Zürich. Bis 1798 war das Schloss Sitz eines Landvogtes, der im Auftrag des Rates von Zürich regierte. Die Landvogtei Grüningen umfasste im grossen ganzen den heutigen Bezirk Hinwil sowie Mönchaltorf, Egg und Hombrechtikon. Während der Helvetik war Grüningen Hauptort eines Distriktes und zwischen 1814 und 1831 Hauptort des gleichnamigen Oberamtes. Seit 1831 gehört es zum Bezirk Hinwil. 1551 und 1685 zerstörten Feuersbrünste Teile des Städtchens. 1416 erhielt Grüningen das Marktrecht. Die heutigen historischen Märkte üben eine grosse Anziehungskraft aus. Bevölkerungsentwicklung: 1836: 1'583; 1950: 1'450; 1980: 2'185.

Das Ortsbild des Städtchens steht unter Schutz. 1976 erhielt Grüningen vom Schweizer Heimatschutz den Henri-Louis-Wakker-Preis in Anerkennung der vorbildlichen Erhaltung und Pflege des Ortsbildes. Vom alten Schloss blieben die unteren Teile des Bergfriedes und das Wohngebäude bestehen, das mit dem Turm unter einem Dach vereinigt ist. Die ehemalige Schlosskapelle von 1396, in die Nordostecke der Ringmauer eingebaut, musste 1783 einer neuen Kirche weichen. Ein Brand im Oktober 1970 zerstörte diese einfache klassizistische Saalkirche. Beim Wiederaufbau blieb das Aeussere den alten Formen angepasst, das Innere wurde vollständig neu gestaltet. Das Städtchen, vom Schloss früher durch einen künstlichen Burggraben getrennt, weist auf der Nordseite eine noch weitgehend erhaltene Häuserreihe auf, während die Häuser auf der Südseite lockerer gebaut sind. Im Osten, dem ursprünglich einzigen Zugang, bestand bis 1844 ein Torturm; damals wurde durch den Bau eines Dammes auch ein Zugang von Süden geschaffen.

Sehenswerte Häuser im Städtchen: das alte Pfarrhaus, ein Riegelhaus beim Stadtbrunnen, der Gasthof Bären, die ehemalige Zehntenscheune, das Haus zur Schlossdrogerie mit Rundbogenportal, das Gasthaus zum Hirschen mit Treppengiebeln, das Stadtmannhaus (heutiges Gemeindehaus), das ehemalige Gerichtshaus der Landvogtei. Im südlichen Teil der «Chratz», der ehemalige Marktplatz, mit einem Sodbrunnen und umgeben von schmucken renovierten Häusern. Ausserhalb des Städtchens sind zu erwähnen: der Weiher bei der ehemaligen Mühle am Aabach, ein Riegelhaus von 1726 an der Hauptstrasse in Binzikon, das Haus Altorfer auf der Büchlen mit reicher Barockmalerei auf den Dachuntersichten, der Gasthof zum Adler in Binzikon, ein klassizistischer Bau von 1832, mit einem prächtigen Wirtshausschild. Ueber Grüningen orientiert ein «Schweizerischer Kunstführer».

Sehr erfolgreich sind die Bestrebungen zum Schutze des Ortsbildes im alten Landvogteistädtchen Grüningen. *(Foto Karl Hofer)*

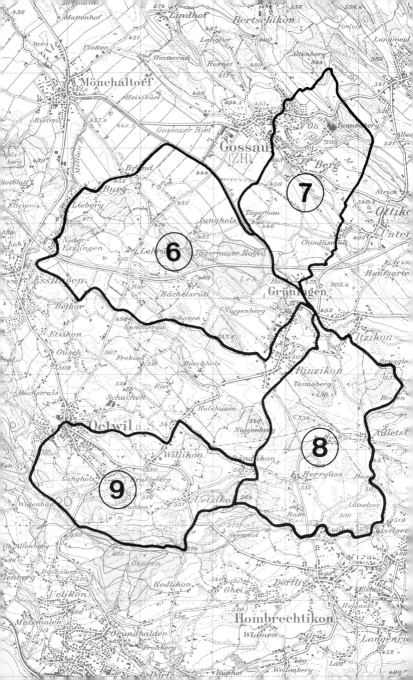

Heimatmuseum im Schloss mit Originalen und Modellen zur Geschichte Grüningens sowie einer Sammlung von Altertümern. Oeffnungszeiten: An Sonntagen vom 1. April bis 31. Oktober, 14 – 17 Uhr.

Der Botanische Garten, an der Strasse nach Adletshusen gelegen, gehört der Zürcher Kantonalbank und wird von der ETH betrieben. Er gibt einen Querschnitt durch einheimische und exotische Hölzer und Pflanzen.

Bis 1950 verkehrte die Wetzikon – Meilen-Bahn; sie wurde damals von den Autobussen der Verkehrsbetriebe des Zürcher Oberlandes (VZO) abgelöst, die ihren Sitz in Grüningen hat. Verschiedene Haltestellen an der Linie Wetzikon – Männedorf.

Route 6
Aabach-Uferweg – Liebenberg

Leichte Wanderung dem Aabach entlang durch das melioriorte Gossauer Riet und durch fruchtbares Bauernland. Da sie vorwiegend durch offenes Gelände führt, ist sie besonders bei kühlem Wetter empfehlenswert.

	Höhe	Wanderzeit
Grüningen	492	
Brand	452	1 Std.
Nider-Esslingen	474	1 Std. 30 Min.
Grüningen	492	2 Std. 45 Min.

Im Städtchen *Grüningen* steigen wir beim «Hirschen» über die Treppe zum Strässchen hinunter, das sich von der Haltestelle «Im Haufland», P. 492, im Norden der geschlossenen alten Häuserzeile in die Mulde hinabzieht. Beim Bau der neuen Forchstrasse haben die Ingenieure für den Aabach und den Wanderweg eine gelungene Unterführung geschaffen. Der Weg bleibt zunächst auf dem rechten Ufer des *Aabaches* und wechselt westlich des Weilers Tägernau auf das andere Ufer. Er führt durch die fruchtbare Ebene des *Gossauer Rietes,* das in den Jahren 1941 – 1945 entwässert und melioriert wurde. Die Ränder der im ganzen etwa 6 km langen Bäche erhielten in den folgenden Jahren Gebüschstreifen, wodurch der technische Eingriff ins Landschaftsbild etwas gemildert werden konnte. Auf dem Wanderweg von Gossau her erreichen wir den Weiler *Brand,* der zur Gemeinde Mönchaltorf gehört. Ueber die Häusergruppe *Burg* bis zum Weiler *Lieberg* im idyllischen Tälchen des Mettlenbaches müssen wir mit der Strasse vorliebnehmen. Südlich des Weilers Burg erhob sich seinerzeit die mittelalterliche Burg *Liebenberg,* im Unterschied zu Liebenberg bei Kollbrunn «im Brand» genannt. 1440 von den Schwyzern im Alten Zürichkrieg zerstört. Der etwa 22 m hohe Turm fiel erst 1851 zusammen. Mauerreste sind keine mehr sichtbar.

Ein Flurweg leitet durch das Wiesental zur Kläranlage von Esslingen und Oetwil und mündet in ein Strässchen, auf dem wir zum Weiler *Nider-Esslingen* und zur Brücke über die Forchstrasse gelangen. Beim nahen Hof *Mülirain* zweigt ein Nebensträsschen zum Weiler Hinter-Betpur ab. Es zieht sich längs des leicht erhöhten Rorbüel zur Summerau und zum Hof *Schoren*. Dem sonnig gelegenen Hang des Schlüssberges entlang wandern wir zu den ersten Häusern von *Binzikon* und finden dank der Markierung auf den etwas verwinkelten Strässchen dieses Ortsteiles den Weg nach *Grüningen* zurück.

Route 7
Gossau – Seewadel – Altrüti

Wanderung mit weiten Ausblicken, die besonders bei kühlerem Wetter ratsam ist.

	Höhe	Wanderzeit
Grüningen	492	
Gossau	460	50 Min.
Seewadel	515	1 Std. 15 Min.
Altrüti	515	1 Std. 45 Min.
Grüningen	492	2 Std. 20 Min.

Ausgangspunkte sind der «Hirschen» im Städtchen *Grüningen* oder die Strassenkreuzung, P. 492, wo sich die Haltestelle «Im Haufland» der VZO-Busse befindet. Der Weg folgt dem Aabach, dessen Lauf die Ingenieure beim Bau der Forchstrasse sehr ansprechend gestaltet haben, bleibt auf dem rechten Ufer des Baches und biegt beim Hornusserspielfeld nach rechts ab. Achtung auf fliegende Hornusse! Ein Steg, das Geschenk der Niederlassung Römerhof der Schweizerischen Bankgesellschaft, leitet über den Chindismülibach. In *Gossau* lohnt sich ein viertelstündiger Abstecher von der markierten Route zur nahen reformierten Kirche.

Die Markierung leitet uns auf Strassen durch das Dorf. Am Sonnenhang steigen wir durch eine Ueberbauung steil auf die aussichtsreiche Terrasse hinauf. Ueber den bewaldeten *Altenberg* wandern wir zum *Seewadel*, einem Naturschutzgebiet mit seltenen Sumpfpflanzen und Vögeln. Der Wanderweg Richtung Hinwil quert die erste Strasse, die von Gossau nach Wetzikon führt. Mit dem Wanderweg, der von Wetzikon her Grüningen als Ziel hat, biegen wir von der zweiten Strasse ab und gelangen durch das Moos zur *Altrüti,* dem Festplatz der Gossauer. Bei der Baumgruppe Anlage mit einem Panorama von Jakob Zollinger. Wie bei der Kirche Gossau und am Altenberg beeindruckt uns auch hier vor allem der Blick in die Glarner Alpen. Bei Schiessgefahr müssen wir auf der Strasse über die Kirche Gossau zur Altrüti gelangen. In der *Chindismüli* (Kindenmannsmühle) übte urkundlich bezeugt schon 1353 eine Familie Kindenmann das Müllerhandwerk aus. Der Mühlebetrieb wurde erst 1979 eingestellt. Wenn wir die Forchstrasse auf einer Brücke gequert haben, nähern wir uns durch den schmucken Weiler *Büel* dem Städtchen *Grüningen.*

Gossau

Die Gemeinde Gossau (Fläche 16,70 km^2) mit ihren fünf «Wachten» Gossau-Dorf, Bertschikon, Grüt, Ottikon und Herschmettlen liegt zum grössten Teil in der Drumlinlandschaft[2]. Vor der Melioration des Gossauer Rietes in den Jahren 1941 – 1945 zählte die Gemeinde zu den grossen Riedgebieten des Kantons. Grabhügel in der Gegend zwischen Grüt und Bertschikon weisen auf die erste Besiedlung in der Bronzezeit hin. Urkundlich erscheint Cozeshuova (Aue des Cozo, des Goten) im Jahr 859. Bis 1798 gehörte Gossau zur Landvogtei Grüningen, seit 1831 zum Bezirk Hinwil. Eine rege Bautätigkeit, vor allem in den Fraktionen Grüt, Dorf und Bertschikon, beeinflusste die Bevölkerungsentwicklung der letzten Jahre (1836: 3'118; 1941: 2'387; 1980: 6'205).

Die reformierte Kirche und das Pfarrhaus, ein Riegelbau von 1769, bilden eine markante Gruppe im erhöht gelegenen Ortsteil Berg. 877 schon wird in Gossau eine Kirche bezeugt. Prekäre Platzverhältnisse in der alten Kirche führten anfangs des 19. Jahrhunderts zu einem Neubau. Maurermeister Heinrich Vogel und Staatsbauinspektor Hans Caspar Stadler benützten für den Bau der klassizistischen Querkirche vermutlich Pläne von Johann Jakob Haltiner. Am 22. Juni 1820 fand das Richtfest statt. Unter der Last von Sängern und vielen Neugierigen stürzte die Kirchendecke ein, wobei 25 Menschen getötet und etwa 300 verletzt wurden. Gotthard Geisenhof aus Pfronten im Allgäu schuf Stukkaturen, die in der Formgebung von ausserordentlicher Qualität sind. Auch die Holzkanzel wurde nach Plänen von Geisenhof gestaltet. Der Turm geht in seinen unteren Teilen auf einen hochmittelalterlichen Chorturm zurück, der Spitzhelm stammt aus der Zeit um 1500. Die katholische Kirche Mariä Krönung wurde 1958/59 von Fritz Metzger erbaut. Im renovierten Dürstelerhaus in Ottikon, einem Denkmal ländlicher Baukunst aus dem 16. und 17. Jahrhundert, ist ein Ortsmuseum eingerichtet. Oeffnungszeiten: Je am ersten Sonntag des Monats, 10.30 – 12, 14 – 17 Uhr. Der spätere Regierungsrat und Bundesrat Ernst Brugger wirkte seinerzeit als Sekundarlehrer und Gemeindepräsident in Gossau. Früher an der Wetzikon – Meilen-Bahn[7] gelegen, wird Gossau heute von den Autobussen der VZO-Linien Wetzikon – Grüningen – Männedorf und Uster – Bertschikon – Gossau bedient.

Route 8
Lützelsee – Bochslenhöchi

Kurzweilige Wanderung an den idyllischen Lützelsee und auf den Ausläufer der Pannenstielkette.

	Höhe	Wanderzeit
Grüningen	492	
Adletshusen	517	40 Min.
Lützelsee	519	1 Std.
Dändlikon	525	2 Std.
Grüningen	492	2 Std. 35 Min.

Bei der Strassenkreuzung am östlichen Ausgang des Städtchens *Grüningen* (Autobushaltestelle «Im Haufland») beginnen wir die Wanderung. Nach der überbauten Anhöhe *Bürglen* steigen wir zum idyllischen Töbeliweiher hinab und kommen ins Dörfchen *Itzikon*. Das Feldsträsschen zieht sich gegen den Hof Brugglen hinaus. Wo am Rand der Altrüti der Wanderweg Richtung Bubikon in den Wald eintritt, gehen wir geradeaus zum Hof *Reipen* und später auf dem Fussgängerweg längs der Strasse zum Weiler *Adletshusen*. Auf einem aussichtsreichen Weg gelangen wir zu den Häusern von Hasel und benützen den Seerundweg in südöstlicher Richtung durch die Niederung gegen den Weiler *Lützelsee*. Der See und das benachbarte Lutiker Riet sind seit 1966 geschützt. Schwimmende Inseln. Interessanter Verlandungsgürtel mit seltenen Pflanzen und einer reichen Tierwelt. Im Weiler *Lützelsee* erfreuen uns zwei Bauernhäuser. Das Haus Menzi, schmuck renoviert, ist ein typisches Weinbauernhaus aus der Mitte des 17. Jahrhunderts. Eine Freitreppe mit einem Rokokogeländer, die bemalten Falläden und die «Guggeere» wecken unsere Neugier. Das benachbarte Haus Hürlimann von 1703 weist bemalte Falläden und Dachuntersichten auf. Wohl führt ein Strässchen in der Nähe des gut eingerichteten Strandbades der Gemeinde Hombrechtikon vorbei zum Weiler Lutikon, doch wir ziehen von der Bachbrücke aus einen kleinen Umweg abseits der Strasse zur *Bochslenhöchi*, P. 529, vor (Name auf der Landeskarte nicht angegeben). Anlage des Verkehrsvereins Hombrechtikon. Aussicht auf den Zürichsee und in die Alpen.

In *Lutikon* finden wir das Eglihaus, einen selten schönen Riegelbau von 1666. Doppelwohnhaus, in der Mitte geteilt. Klebdächer an den Giebelfronten. Bemalte Falläden und Untersichten der Dachvorsprünge.

Von der Strassenkreuzung bei P. 524 macht der kunstgeschichtlich interessierte Wanderer gerne einen Abstecher zur nahen reformierten Kirche von *Hombrechtikon*. Die renovierte, prachtvolle Rokokokirche wurde 1759 von Jakob Grubenmann aus Teufen an der Stelle zweier älterer Gotteshäuser gebaut, wobei er den spätgotischen Turm beliess. Die flach gewölbte Stuckdecke ist mit reichem Rokokostuck dekoriert. Besonders erwähnenswert sind ausserdem der achteckige Taufstein und die Kanzel aus Nussbaumholz. Wenn wir auf den vielbegangenen Wanderweg zurückgekehrt sind, der von Rapperswil über Pfannenstiel und Forch nach Zürich führt, beachten wir die Wegweiser «Grüningen» und wandern durch eine kleinräumige Landschaft mit Wiesentälchen und Waldstreifen über das Herrenholz zum Weiler *Dändlikon,* dem Herkunftsort des Geschlechtes der Dändliker. Ein Strässchen leitet dem bewaldeten Niggenberg entlang, kreuzt den Grüninger Schiessplatz – Achtung bei Schiessgefahr! – und folgt dem Rand des Ortsteils *Binzikon*. Etwas abseits der Route der hübsche Riegelbau Altorfer. Noch bleibt uns, ins Tälchen der Aa hinabzusteigen, bevor wir den Ausgangs- und Endpunkt unserer Wanderung in *Grüningen* erreichen.

Ausgangspunkt Oetwil am See

Die Gemeinde Oetwil am See (Fläche 6,03 km^2) dehnt sich am südwestlichen Rand des oberen Glattales aus und klettert mit einzelnen Teilen zu den Ausläufern des Pfannenstiels hinauf. 972 als Otiniwilare erstmals erwähnt, kam Oetwil 1408 mit der Herrschaft Grüningen an die Stadt Zürich, die es 1450 der Obervogtei Stäfa zuteilte. 1776 wurde Oetwil von der Gemeinde Egg losgelöst und erhielt seine Selbständigkeit. Seit 1831 gehört es zum Bezirk Meilen. Dieser Zugehörigkeit verdankt es den Zunamen «am See». Das frühere Bauerndorf wandelte sich in den letzten Jahrzehnten zur Wohngemeinde mit zahlreichen Neubauten. Einwohnerzahlen: 1941: 1'136; 1980: 3'247. In Oetwil befindet sich die psychiatrische Klinik «Schlössli».

Die reformierte Kirche auf dem dominierenden «Chilerai» ist ein langrechteckiger Saalbau mit einem Frontturm, einem Käsbissen, und wurde 1725 anstelle einer vorreformatorischen St. Niklauskapelle erbaut. Aus Oetwil stammte Heinrich Kunz (1793 – 1859), der als späterer «Spinnerkönig» massgeblich zur Industrialisierung des Oberlandes beitrug. Die Malerein Helen Dahm (1878 – 1968) lebte seit 1918 in der Gemeinde. Von 1909 bis 1949 verkehrte die elektrische Uster-Oetwil-

Bahn und fand im Langholz Anschluss an die Wetzikon–Meilen-Bahn. Heute treffen sich in Oetwil die VZO-Autobuslinien Uster – Oetwil und Wetzikon – Grüningen – Männedorf.

Route 9
Türli – Ütziker Riet

Wanderung auf den Ausläufer des Pfannenstiels mit dem Blick auf den Zürichsee und durch die liebliche Landschaft um den Seeweidsee und das Ütziker Riet.

	Höhe	Wanderzeit
Oetwil am See	538	
Türli	613	20 Min.
Mülihölzli	598	35 Min.
Buechstutz	574	1 Std.
Dändlikon	525	1 Std. 25 Min.
Oetwil am See	538	2 Std. 10 Min.

Beim «Sternen» in *Oetwil am See* wählen wir die Strasse Richtung Männedorf und gehen bei der grossen Scheune der psychiatrischen Klinik «Schlössli» auf einem Abkürzungsweg steil aufwärts. Bis zum *Türli,* P. 613, sind wir auf die Strasse angewiesen. Der Name (auf der Karte nicht angegeben) ist auf ein früheres Weidgatter in der Grenzhecke zwischen den Gemeinden Männedorf und Stäfa zurückzuführen. Deshalb wird der Ort bald Männedorfer, bald Stäfner Türli genannt. Rechter Hand Anlage des Verkehrsvereins Männedorf mit Ruhebänken. Aussicht auf den See, zum Höhronen, zum Etzel und in die Schwyzer und Glarner Berge. In der Nähe Kehricht- und Klärschlamm-Aufbereitungsanlage, ein Gemeinschaftswerk verschiedener Gemeinden des Bezirkes Meilen. Wir schätzen uns glücklich, dass parallel zur Höhenstrasse Richtung Mülihölzli ein Fussweg angelegt worden ist. Beim *Mülihölzli,* P. 598, Haltestelle der Buslinie Männedorf – Grüningen – Wetzikon, queren wir die breite Strasse, die von Stäfa nach Oetwil hinüberführt, und folgen einem Waldweg. In der ersten Lichtung rechts bemerken wir das Reservoir der Gruppenwasserversorgung Zürcher Oberland. Vom Einschnitt des *Buechstutz* benützen wir die Strasse, die zwischen dem *Ütziker Riet* und dem *Seeweidsee* hindurch zur Hauptstrasse Hombrechtikon – Oetwil hinüberleitet. Die Seelein mit ihrer interessanten Pflanzen- und Kleintierwelt sind während der letzten Eiszeit, der Würm-Eiszeit, entstanden, als der Linthgletscher die Schwelle von Bubikon-

Hombrechtikon nur mit Mühe überwand, den nackten Molassefels blankscheuerte und die sogenannte Hombrechtiker «Passlandschaft» mit ihren Felsrippen, Rundhöckern und Wannen schuf. Schutzgebiet. Wir wandern durch das Herrenholz zum Weiler *Dändlikon,* der zur Gemeinde Hombrechtikon gehört. Ein wenig befahrenes Strässchen zieht sich über den sanften Rücken. Wo an einer Waldecke ein Weg zum Hof Heggen abzweigt, versteckt sich im Wald das romantische Heggentöbeli mit einem Giessen[3]. Später benützen wir zwischen den Weilern *Holzhusen* und *Willikon* ein kurzes Stück den Gehweg längs der breiten Strasse, die Grüningen mit Stäfa verbindet. Bald weisen uns die gelben Tafeln auf einem Nebensträsschen zum Werkhof eines Baugeschäftes und auf einem von der Gemeinde Oetwil angelegten Flurweg über einen Drumlin[2] hinweg. Die weithin sichtbare reformierte Kirche von *Oetwil* dient uns als Wegweiser ins Dorf zurück.

Ausgangspunkt Pfäffikon

Die Gemeinde Pfäffikon (Fläche 17,19 km[2] ohne Seeanteil) dehnt sich vom Pfäffikersee[12] über die südwestlich geneigten Hänge und die Terrassen der Allmenkette zum Tämbrig hinauf aus und greift mit den Siedlungen Hermatswil und Ravensbüel ins Einzugsgebiet der Töss hinüber. Funde belegen die ununterbrochene Besiedlung seit der Mittelsteinzeit. Besonders häufig treffen wir auf Funde aus der Jungsteinzeit. Von grosser Bedeutung sind die Zeugen der Römerzeit mit dem Kastell in Irgenhausen[14]. Eine stärkere Besiedlung erfolgte im frühen 7. Jahrhundert durch ein langsames Vordringen der Alemannen entlang der Römerstrasse Richtung oberer Zürichsee. Der Name «Faffinchova» (Hof zum Unterhalt von Kirche und Priester) erscheint 811. Das Kloster Disentis, das seit Mitte des 10. Jahrhunderts über umfangreichen Grundbesitz verfügte, übertrug die Güter im 13. Jahrhundert an das Kloster St. Gallen. Die Gemeindeteile Irgenhausen und Auslikon kamen 1414 mit der Herrschaft Greifensee, Pfäffikon selber 1425 mit der Grafschaft Kyburg an die Stadt Zürich. Pfäffikon bildete nun einen wichtigen Platz im «Oberen Amt», beherbergte bis 1671 eine der beiden kyburgischen Landschreibereien und war Marktort, wo vor allem das für die Viehzuchtgebiete des Oberlandes wichtige Salz gehandelt wurde. Die heutigen Jahrmärkte im Mai und um Martini erinnern an das alte Marktrecht. 1826 umfasste Pfäffikon noch zehn Zivilgemeinden, die 1928 und 1938 aufgehoben wurden und in der politischen Gemeinde Pfäffikon aufgingen. Seit 1832 ist es Bezirkshauptort. Neben einem vielseitigen Handwerk und einem gesunden Gewerbe entwickelten sich im Laufe der Zeit bedeutende Industriebetriebe, die zu einer stetigen Bevölkerungszunahme beitrugen. Einwohnerzahlen: 1836: 3'011; 1950: 4'784; 1980: 8'306.

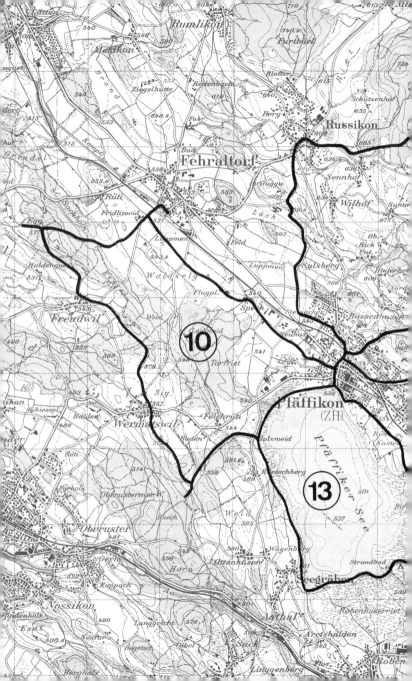

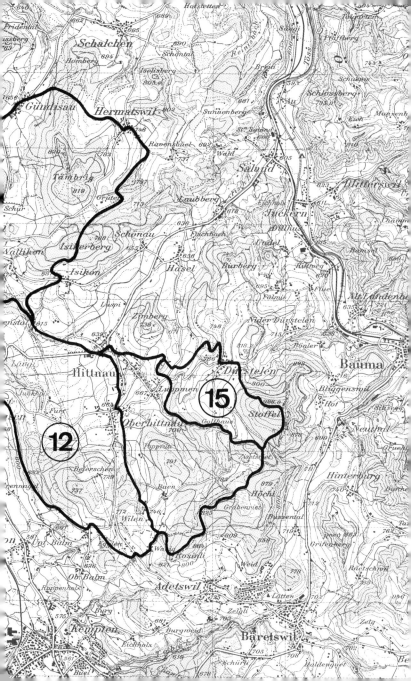

Den Dorfkern finden wir im «Cheer» und im «Platz» mit den Flarzbauten, Fischerhäusern mit Webkellern aus dem 18. und 19. Jahrhundert, denen sich von der Kirche an nordwärts die Einzelhäuser an der Seestrasse anschliessen, die nach der Brandkatastrophe von 1838 anstelle der früheren Bauernhäuser errichtet wurden. Erwähnenswert sind das ehemalige Pfarrhaus aus dem 17. Jahrhundert und der Gasthof «Hecht», als Taverne um 1500 erwähnt, um 1800 als Bau mit einem Mansardendach erstellt und mit einem klassizistischen Wirtshausschild ausgestattet.

Die heutige reformierte Kirche wurde 1484 – 1488 auf den Fundamenten eines romanischen Gotteshauses in spätgotischen Formen errichtet. Erhalten aus dieser Zeit sind der Chor mit dem Rippengewölbe und die Wandmalereien, die erst 1947 wiederentdeckt, freigelegt und restauriert wurden. Sie zeigen den heiligen Georg als Drachentöter, das Martyrium der Zürcher Stadtheiligen und die älteste Darstellung der Kyburg. Der neugotische Turm geht auf das Jahr 1890 zurück. Die katholische Kirche, ein moderner Bau von 1964 nach Plänen von Richard Krieg, ist dem heiligen Benignus geweiht. Das reichhaltige Ortsmuseum im «Cheer» lädt an einzelnen Sonntagen im Sommerhalbjahr zu einem Besuch ein (Auskünfte bei Ernst Schneider, Gartenstrasse 7, Pfäffikon). Verkehrsverbindungen: SBB-Linie Effretikon – Wetzikon – Hinwil, Postautokurse nach Uster, Russikon – Kollbrunn und Hittnau – Bauma.

Route 10
Römerbrünneli – Egg

Die Wanderung führt über den Höhenzug zwischen Pfäffiker- und Greifensee mit seinem Waldgeheimnis, dem Römerbrünneli, und zur Egg mit dem überraschenden Ausblick ins Unterland und zum Hochgebirgskranz.

	Höhe	Wanderzeit
Pfäffikon	547	
Römerbrünneli	540	50 Min.
Wermatswil	557	1 Std. 15 Min.
Freudwil	544	1 Std. 50 Min.
Egg	575	2 Std. 15 Min.
Speck	540	3 Std. 10 Min.
Pfäffikon	547	3 Std. 40 Min.
Variante:		
Fehraltorf	531	2 Std. 50 Min.

Vom Bahnhof *Pfäffikon* finden wir den Weg durch die Seestrasse zur reformierten Kirche und durch den «Cheer» zur Quaianlage. Der Wanderweg führt an der ehemaligen Fischzucht vor-

Der Kleinjogg-Brunnen in Wermatswil erinnert an den Musterbauern Jakob Gujer. (Foto Karl Hofer)

bei und auf einem Steg, einem Gemeinschaftswerk von Kanton, Gemeinde und «Pro Pfäffikersee», gegen das *Giwitzenriet* mit seinen Schilfbeständen. Vor der *Holzweid* verlassen wir den Seerundweg, queren die Strasse Pfäffikon – Seegräben und treten nach dem Transformerturm in den Wald ein. In der grossen Lichtung weisen uns die gelben Tafeln «Römerbrünneli» auf einem Pfad dem Waldrand entlang zum *Römerbrünneli* hinab. Näheres siehe Route 3. Wir kehren zu den Wegweisern in der Lichtung zurück, halten links und kommen durch ein Waldstück und dem aussichtsreichen Chapf entlang nach *Wermatswil*. Näheres siehe Route 3. Am Auenhof vorbei gehen wir auf den Waldrand zu und benützen im Wald anfangs Wegspuren, später einen breitern Weg. Unsere Route führt durch *Freudwil*, eine Aussenwacht der Stadt Uster, wo uns einige stattliche Bauernhäuser auffallen, und steigt gegen das Buechholz hinauf. Während der direkte Weg nach Fehraltorf nach rechts abbiegt, bleiben wir auf dem breiten Waldsträsschen und gehen beim Wegstern, P. 577, zum nahen Aussichtspunkt *Egg*, P. 575, hinüber. Linde mit Ruhebänken. Umfassende Aussicht in die Alpen, auf den Greifensee, das breite Glattal bis nach Oerlikon, zur Lägeren und zu den Schwarzwaldhöhen. Wir kehren zum Wegstern, P. 577, zurück und lassen uns von den Wegweisern «Fehraltorf» durch den Wald gegen das Schützenhaus leiten. Falls geschossen wird, müssen wir auf die markierte Umleitung ausweichen. Nordwestlich unserer Route, bei P. 532, der Burghügel «Rüti». Halbrunder Hügel, umgeben von drei ovalen Wällen und Gräben. Vermutlich ursprunglich eine Holzburg (Motte) aus dem frühen Mittelalter. Die markierte Route führt auf der Strasse nach *Fehraltorf,* wo wir für die Rückfahrt nach Pfäffikon den Zug besteigen können.

Wer auf einem allerdings mit einem Hartbelag versehenen Strässchen nach Pfäffikon zurückwandern will, biegt in der Nähe des Hofes Fridliweid von der Strasse ab und trifft später auf die markierte Route, die von Fehraltorf herkommt, längs des Talbaches verläuft und an den Anlagen des Flugplatzes der Flugsportgruppe Zürcher Oberland vorbei zum Weiler *Speck* leitet. Standort einer römischen Villa, keine Mauerreste mehr vorhanden. Auf Quartierstrassen gelangen wir nach *Pfäffikon*.

Fehraltorf

Fehraltorf dehnt sich mit einer Fläche von 7,85 km^2 in der weiten Ebene aus, die von der Kempt durchzogen wird. Die Gemeinde zählte im Jahre 1980 2'486 Einwohner. Einzelfunde in der Rüti deuten auf eine bronzezeitliche Siedlung hin, Grabfunde aus der Hallstattzeit und der La Tène-Zeit belegen spätere Siedlungen. Im «Speck» weisen Ausgrabungen auf eine römische Villa hin. Der Ort wird 1229 als Altorf erwähnt, 1341 erscheint er als Rüedgers-Altorf. Nach 1800 setzte sich der heutige Name allmählich durch. Den Kern des Dorfes prägen die reformierte Kirche, das ehemalige Pfarrhaus, der Gasthof «Hecht» und das alte Dorfschulhaus. Untersuchungen ergaben, dass vor der 1275 erwähnten Kirche zwei Vorgängerbauten bestanden haben. Umbauten in verschiedenen Epochen veränderten das Gotteshaus stark, doch stammt der Unterbau des Chorturmes vermutlich von der im 13. Jahrhundert genannten Kirche. Das frühere Pfarrhaus von 1583 dient heute als Gemeindehaus; der «Hecht», im 16. Jahrhundert als Taverne erwähnt, war Poststation und zur Zeit der Helvetik Sitz des Distriktsgerichtes Fehraltorf. Erwähnenswert ist das Wirtshausschild von 1825. Für Pferdefreunde ist Fehraltorf wegen der Rennen und Springen ein Begriff. Seit 1876 besitzt es eine Station an der Bahnlinie Effretikon – Wetzikon – Hinwil. Eine Postautolinie verbindet es mit Turbenthal.

Route 11
Um den Tämbrig

Wanderung in der wenig bekannten Hügelwelt zwischen Kempt- und Tösstal mit ihren herrlichen Aussichtspunkten.

	Höhe	Wanderzeit
Pfäffikon	547	
Russikon	608	1 Std.
Gündisau	656	1 Std. 45 Min.
Hermatswil	746	2 Std. 20 Min.
Isikon	681	3 Std. 10 Min.
Pfäffikon	547	4 Std. 10 Min.

Unsere Route quert nordwestlich des Bahnhofes *Pfäffikon* beim «Rössli» die Bahnlinie und führt an der Mühle und an der katholischen Benignus-Kirche vorbei an den Dorfrand. Im Auenfeld überschreiten wir die Luppmen, die später unter dem Namen Kempt das breite Tal entwässert. Wir achten im nahen Wäldchen gut auf die gelben Wegzeichen und gelangen einer Hecke entlang auf einen deutlicheren Weg, der sich zwischen den Anhöhen Luegeten und Guggu nach *Russikon* schlängelt. Näheres siehe Seite 45. Bei der Postautohaltestelle stossen wir auf die Route Fehraltorf – Turbenthal, die anfänglich sachte, später steiler auf der Sennhofstrasse und der leider asphaltierten Bergstrasse aufwärts führt. Weiter Ausblick gegen Westen und Süden. Bis zur Passhöhe nahe dem Hof Holenrain wechseln Riedwiesen und offene Partien mit schattigem Wald ab.

Das Dörfchen *Gündisau,* es gehört zur Gemeinde Russikon, liegt in einem stillen Wiesental. Das ursprünglich geschlossene Dorfbild, eine Mischung von Bauernhäusern und Flarzgruppen[5], ist in den letzten Jahren stark beeinträchtigt worden. An die gute alte Zeit erinnert das turmbewehrte Spritzenhäuschen.

Die Markierung leitet am jenseitigen Talhang zum Waldrand und im Wald stellenweise recht steil aufwärts. Während die Route nach Schalchen auf der Höhe links abbiegt, gehen wir am Schützenhäuschen vorbei durch das Niderfeld Richtung Hermatswil. Südlich von uns erhebt sich der *Tämbrig* (mundartliche Form für Tannenberg), der früher zwei Hochwachten[8] trug. Die Kuppe des Tämbrig ist heute mit hohen Bäumen bewachsen, so dass sich ein Aufstieg der Aussicht wegen nicht lohnt. In *Hermatswil,* einer Aussenwacht von Pfäffikon mit eigenem Schulhäuschen, folgen wir dem Strässchen aufwärts bis zur Passhöhe und zur Wasserscheide gegen das Tösstal. Das Reservoir auf dem «Hiwiler» – so nennen die Einheimischen die Anhöhe – bietet eine grossartige Aussicht. Ueber die Kämme und Gipfel des Tössberglandes hinweg schweift der Blick zum Säntis, zu den Churfirsten und zu den Glarner Alpen. Auf dem Strässchen wandern wir durch das Grossholz und durch die Waldungen des Isikerberges nach *Isikon* hinab. In diesem Dörfchen, das politisch zu Hittnau gehört und einige sehenswerte Einzel- und Flarzbauten aufweist, finden wir das Geburtshaus des Dichters Jakob Stutz[9] und den Gedenkbrunnen, geschaffen vom Fehraltorfer Bildhauer Richard Brun. Wir wählen das Strässchen zur Mühle *Balchenstal* hinab. Im 11. Jahrhundert im Besitz des Klosters Einsiedeln, seit 1572 nachweisbar eine Mühle mit zwei Mahlwerken. Der Guyer-Zeller-Weg[29] folgt der Luppmen im schattigen Tobel bald auf dem rechten, bald auf dem linken Ufer und berührt den Tobelweiher, wo wir noch gerne eine Rast einschalten. Später verlässt die Wegspur den breitern Weg und quert die Luppmen ein letztes Mal. Am Stauweiher und an der Haushaltungsschule «Lindenbaum» vorbei kommen wir in den Ortsteil *Bussenhusen* und zum Bahnhof *Pfäffikon.*

Route 12
Luppmentobel – Rosinli

Besonders zur Sommerszeit sehr empfehlenswerte Wanderung auf einem Guyer-Zeller-Weg durch ausgedehnte Waldungen zum beliebten Aussichtspunkt.

	Höhe	Wanderzeit
Pfäffikon	547	
Hittnau	639	1 Std. 10 Min.
Zisetsriet	830	2 Std. 20 Min.
Rosinli	821	2 Std. 55 Min.
Hofhalden	675	3 Std. 25 Min.
Pfäffikon	547	4 Std. 20 Min.

Die Markierung leitet uns vom Bahnhof *Pfäffikon* durch den Ortsteil *Bussenhusen* und an der Haushaltungsschule «Lindenbaum» vorbei zu einem Stauweiher kurz vor dem Wald. Der *Guyer-Zeller-Weg*[29] führt im Tobel der Luppmen entlang zum stillen Waldweiher und zur Mühle *Balchenstal*. Wir bleiben in der Nähe des Baches bis zu den ersten Häusern von *Hittnau*. Näheres über das Dorf siehe Seite 49. Bei der «Sonne» zeigen die Wegweiser von der Hauptstrasse weg, die von Pfäffikon nach Saland im Tösstal hinüberführt, und durch ein Wohnquartier an den Fuss des Burghügels der *Werdegg* hinauf, von den Einheimischen «Schloss» genannt. Im 13. Jahrhundert Eigentum der Ritter von Werdegg (Dienstleute des Klosters St. Gallen und der Grafen von Rapperswil). 1383 an Breitenlandenberg, später an die Ritter von Hinwil. 1444 im Alten Zürichkrieg von den Eidgenossen zerstört. Keine Mauern mehr sichtbar. Ein Gedenkstein erinnert an Albert Heer, den «Erforscher und Schenker der Werdegg», der von 1899 bis 1906 in Hittnau als Lehrer wirkte. Bei der Föhrengruppe eröffnet sich uns eine schöne Aussicht auf die Mulde von Hittnau mit ihren verstreuten Siedlungen und zum Pfannenstiel. Später verlassen wir die Strasse Luppmen – Dürstelen, gehen dem Waldrand entlang und kommen durch ein kurzes Waldstück zum *Luppmenweiher*. Die Bäume spiegeln sich im Wasser und ergeben besonders im Herbst ein selten buntes Bild. Wo der Luppmenbach in den Weiher mündet, steigen wir auf dem gutunterhaltenen Guyer-Zeller-Weg zum oberen Stauweiher hinauf. Der munter sprudelnde Bach führt viel Kalk mit sich und lagert ihn in Sinterterrassen von allen möglichen Formen ab. Bald gelangen wir in den Einzugsbereich des Golfplatzes Dürstelen. Auch die Golfspieler wissen die Schönheiten der aussichtsreichen Hänge und der Waldwiesen am Fusse des Stoffel zu schätzen. Nördlich des stellenweise trockengelegten *Zisetsrietes* trifft unser Weg auf die Route, die vom Rosinli über Känzeli und Stoffel Bauma zustrebt. Für die Fortsetzung wählen wir die Richtung gegen das Rosinli. Das Strässchen zieht sich ebenaus durch den Wald, quert das unter Schutz stehende *Grabenriet* und bietet beim Einschnitt von *Pulten* einen überraschenden Ausblick über das Oberland hinweg zu den Glarner Alpen. Ueber die bewaldete Anhöhe des Ebnerberges erreichen wir das *Rosinli*. Sommerwirtschaft, Rutschbahn. Blick auf Pfäffikersee, Greifensee, Zürichsee, ins Oberland und zum Alpenkranz. Auf dem Abstieg berühren wir den Weiler Wabig und benützen kurz die Strasse Adetswil – Hittnau, bevor wir bei einem Bauernhaus nach links abzweigen und nach *Hofhalden* hinabwandern. Der direkte Weg nach Pfäffikon zieht sich dem sonnigen Hang entlang zu den Häusern Owachs und Schnabel und führt durch den Wald nach dem in seinen Bauten weitgehend ländlich gebliebenen *Oberwil*. Auf der Strasse von Saland her erreichen wir *Pfäffikon*.

Route 13
Um den Pfäffikersee

Die Wanderung um den See mit seinen stillen Schilfufern und seiner geschützten Tier- und Pflanzenwelt bietet jedem Freund unberührter Natur hohen Genuss.

	Höhe	Wanderzeit
Pfäffikon	547	
Römerkastell	563	30 Min.
Strandbad Auslikon	538	1 Std.
Seegräben	537	1 Std. 30 Min.
Pfäffikon	547	2 Std. 40 Min.

Der Weg vom Bahnhof *Pfäffikon* durch die Seestrasse und an der reformierten Kirche vorbei zu den Quaianlagen ist gut bezeichnet. Bei der Plastik am See biegt der Wanderweg links ab und benützt zunächst Quartierstrassen, dann ein Feldsträsschen gegen das *Römerkastell Irgenhausen*[14]. Wir folgen dem Abhang des Ötschbüel und wandern durch das Ried zur Brücke über den *Chämtnerbach*. An der Mündung des Baches in den See liegt das idyllische *Strandbad Auslikon,* das der Gemeinde Wetzikon gehört. Der Wanderweg führt zwischen Strandbad und Campingplatz hindurch und setzt sich durch das Robenhuserriet zum Steg über die Aa und zur *Schifflände Seegräben* fort. Zu jeder Jahreszeit hat diese Wanderung durch das Naturschutzgebiet am *Pfäffikersee*[12] ihren besonderen Reiz. An der Badanstalt Seegräben vorbei folgt der schmale Weg dem Westufer des Sees und biegt nach dem Talhof scharf nach rechts ab. Durch das Giwitzenriet nähern wir uns *Pfäffikon,* dessen Kirchturm uns als Wegweiser dient. Ueber den neuerstellten Steg kommen wir zur ehemaligen Fischzuchtanstalt und zu den Quaianlagen. Bevor wir uns auf dem bekannten Weg zum Bahnhof wenden, blicken wir nochmals über den Wasserspiegel zum Dörfchen Seegräben hinüber und zu den Glarner Alpen, die sich bei klarem Wetter von hier aus besonders eindrücklich zeigen.

Ausgangspunkt Russikon

Die Gemeinde Russikon (Fläche 14,32 km^2) dehnt sich an den nach Südwesten abfallenden Hängen der Allmenkette aus und greift mit den Quertälern von Madetswil und Gündisau über die Wasserscheide gegen das Tösstal hinüber. Grabfunde aus der Hallstattzeit im Eggbüel und Funde auf dem Furtbüel – vermutlich war es eine bronzezeitliche Fluchtburg – deuten auf eine frühe Besiedlung hin. Im 7. und 8. Jahrhundert liessen sich die Alemannen nieder. 775 wird Hroadgisinchova (Russikon), 745 Madalolteswilare (Madetswil) erstmals erwähnt. Das Kloster St. Gallen gelangte später zu umfangreichem Grundbesitz. Das Gebiet ging 1424 an die Stadt Zürich über und bildete einen Teil des oberen Amtes der Grafschaft Kyburg. Heute gehört Russikon zum Bezirk Pfäffikon. 1928 vereinigten sich die Zivilgemeinden Russikon, Rumlikon, Madetswil, Ludetswil, Gündisau, Sennhof und Wilhof mit der politischen Gemeinde Russikon. Im ersten Viertel des 19. Jahrhunderts war etwa die Hälfte der Bevölkerung mit Heimindustrie beschäftigt. Vor allem die Baumwoll- und die Seidenweberei hielten sich hier als Heimarbeit sehr lange. Die grösste Bevölkerungszahl verzeichnete Russikon um 1850 mit 1'876 Einwohnern. Sie ging später bis auf rund 1'300 zurück. Erst nach 1945 stieg sie dank den zahlreichen Neubauten in Russikon und Rumlikon wieder an und erreichte 1980 2'810. Die reformierte Kirche – sie steht zusammen mit dem Pfarrhaus von 1769 in dominierender Lage über dem Dorf – behielt im Chor und im Langhaus den Charakter des gotischen Baus von 1523; allerdings erfuhr das Langhaus im 18. Jahrhundert starke Umbauten. 1724 baute man an seiner Hauptfront einen Emporenaufgang, 1792 den Turm in spätbarocken Formen mit der originellen Haube. Aus Madetswil stammte der Vater des bekannten Basler Bürgermeisters Johann Rudolf Wettstein, der durch Verhandlungen am Westfälischen Frieden (1648) massgeblich zur Unabhängigkeit der Eidgenossenschaft beitrug. Russikon ist Kreuzungspunkt der Postautolinien Fehraltorf – Turbenthal und Pfäffikon – Kollbrunn.

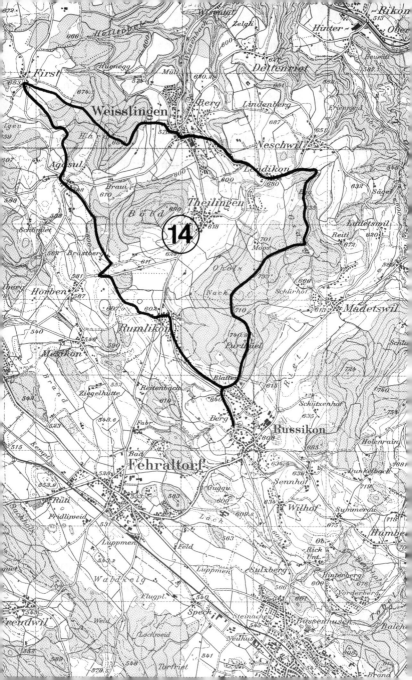

Route 14
Furtbüel – Weisslingen – First

Wanderung durch Feld und Wald im Hügelland zwischen Kempt- und Tösstal.

	Höhe	Wanderzeit
Russikon	608	
P. 710	710	40 Min.
Lendikon	680	1 Std. 30 Min.
Weisslingen	576	1 Std. 50 Min.
First	683	2 Std. 45 Min.
Agasul	598	3 Std. 10 Min.
Rumlikon	602	3 Std. 50 Min.
Russikon	608	4 Std. 20 Min.

Von der Kirche *Russikon,* Haltestelle der Postautolinie Pfäffikon – Kollbrunn, sind wir bis zum neuen Quartier *Blatten* auf das Trottoir längs der Strasse Richtung Rumlikon angewiesen. Die Blattenstrasse führt durch die Ueberbauung und am Hof Blatten vorbei gegen den Wald hinauf. Der höchste Punkt des *Furtbüel,* wo ein keltischer Wohnsitz aus der Bronzezeit festgestellt wurde, bleibt links unserer Route. Bei *P. 710* kreuzen wir das als Wanderweg markierte Strässchen Rumlikon – Madetswil. Wir lassen uns durch die sorgfältige Markierung durch das Oholz zur sumpfigen Lichtung im *Gsang* führen und treten oberhalb des Weilers Neschwil bei P. 688 ins freie Feld hinaus. Bei klarem Wetter schweift der Blick weit ins Weinland hinaus. Gegen Norden und Osten zeigen sich die Höhen um Wildberg und die Hügel der Hörnlikette. Wir halten links dem Waldrand entlang nach *Lendikon.* Auf dem Abstieg nach *Weisslingen* können wir die breite Strasse meiden, wenn wir auf die «Rebberg» genannte Quartierstrasse abbiegen.

Auf der Rössligasse verlassen wir das Dorf. Später steigt eine Wegspur durch die Wiese gegen den Wald hinauf. Die gelben Zeichen leiten vor dem Steilabfall auf der bewaldeten Terrasse nach links und dem Waldrand entlang. Bevor wir auf dem Hohlweg im Wald ansteigen, lohnt sich ein Blick auf Weisslingen und Umgebung. Die Route führt an einem Holzerhüttchen vorbei und benützt im *Hard* meist schmale Wege. Ein Feldsträsschen leitet über die freie Hochebene nach *First,* dem höchstgelegenen Weiler der Gemeinde Illnau-Effretikon. Bei der Wirtschaft «Zur frohen Aussicht» bietet sich ein Abstecher zum nahen Aussichtspunkt am *Tätschenrain*, P. 678, an. Der

Verkehrs- und Verschönerungsverein Winterthur hat seinerzeit den Rastplatz angelegt, von dem unser Blick ins Oberland, ins Unterland und zu den Alpen vom Säntis bis zum Pilatus reicht. Bei der Wirtschaft zweigt das neuerstellte Flursträsschen gegen den Wald ab. Auf einer Wegspur steigen wir zum Gütersträsschen hinunter, das sich *Agasul* nähert. Der Historiker Hans Kläui vermutet hinter dem kuriosen Namen, der dank Gottfried Keller mit dem «Schneck von Agasul» zu literarischer Erwähnung gekommen ist, den alemannischen Kurznamen Ago und das althochdeutsche Wort «sûlag» für Schweinestall. Nach der Post, deren Eingang zwei Wandbilder von Leo Kosa verschönern, zeigt der Wegweiser halblinks gegen den Waldrand. Das breite Waldsträsschen führt zum Hof *Brästberg*. Wenn wir der Markierung folgen, benützen wir einige Meter die Strasse Horben – Theilingen, bevor wir längs des Bannholzes und durch eine Mulde nach *Rumlikon* kommen. Am südöstlichen Rand des alten Dorfkerns zweigt die Geerenstrasse ins neue Wohnquartier an aussichtsreicher Lage ab. Auch wir geniessen den weiten Ausblick, wenn wir dem sonnigen Hang entlang zur Ueberbauung *Blatten* wandern und nach *Russikon* zurückkehren.

Weisslingen

Weisslingen (mundartlich: Wislig) gehört zum Bezirk Pfäffikon, ist aber geographisch nach dem Tösstal und wirtschaftlich vorwiegend nach Winterthur ausgerichtet. Die Gemeinde hat eine Fläche von 12,86 km^2 und zählte 1980 1'902 Einwohner. Funde aus der frühen Eisenzeit und der La Tène-Periode bezeugen eine frühe Besiedlung. 745 schenkte ein Lantberg Teile seines Landbesitzes in Hwisinwanc (Weisslingen) und Techilinwanc (Theilingen) dem Kloster St. Gallen. 1424 kam Weisslingen mit der Grafschaft Kyburg an die Stadt Zürich. Die Zivilgemeinden Weisslingen, Theilingen, Lendikon und Dettenried verschmolzen 1931 mit der politischen Gemeinde Weisslingen, Neschwil behielt seine Zivilgemeinde bei. Im 19. Jahrhundert verschaffte die Textilindustrie zusätzliche Verdienstmöglichkeiten. 1866 kaufte Caspar Moos eine Spinnerei, aus der sich ein Betrieb mit Buntweberei, Spinnerei und Färberei entwickelte. An der reformierten Kirche, einem spätgotischen Bau, fällt der Chorturm mit dem Käsbissen auf. Recht eindrücklich sind die Bretterdecke mit den Flachschnitzereien, 1509 von Peter Kälin aus Ulm geschaffen, und die reichgeschmückte Kanzel, ein Werk des einheimischen Tischmachers Ulrich Temperli aus dem Jahre 1687. Das vielgliedrige Strassennetz zeichnete die Bebauung des Haufendorfes vor. Im Dorfkern begegnen wir noch heute zahlreichen Flarzhäusern[5]. Weisslingen wird durch die Postautolinie Pfäffikon – Kollbrunn und durch die Linie Effretikon – Illnau – Weisslingen – Theilingen des Autobusbetriebes Effretikon – Illnau und Umgebung (AIE) bedient.

Ausgangspunkt Hittnau

Die Gemeinde Hittnau, in einer Einsattelung der Allmenkette zwischen dem Isikerberg und dem Stoffel gelegen, umfasst mehrere Fraktionen: Unterhittnau, Oberhittnau, Isikon, Schönau, Hasel, Dürstelen und die Höfe Wilen und Buen. Erst im 7. Jahrhundert wurde das Gebiet auf durchschnittlich 650 m Höhe besiedelt. Der Name «Hittenova» ist 905 durch eine Schenkung an das Kloster St. Gallen aktenmässig belegt. Nach der Erstellung der Burg Werdegg (siehe Route 12) gehörten weite Teile der heutigen Gemeinde zum Besitz der dort wohnhaften Ritter. Bedingt durch die starke Verbreitung der Heimindustrie, erlebte Hittnau im 18. Jahrhundert eine ausgeprägte Entwicklung, doch trat bereits nach 1836 eine Wende ein. Die Bevölkerungszahl sank bis ins erste Viertel unseres Jahrhunderts (1850: 1'817 Einwohner; 1920: 1'282 Einwohner). Die Zunahme der Bevölkerung in den letzten Jahrzehnten kam vor allem Unter- und Oberhittnau zugute (1980: 1'347 Einwohner). Der Rückgang der Bevölkerung hatte seinerzeit zur Folge, dass viele Bauten – es sind meistens Reihenflarze und Kleinbauernhäuser aus dem 18. Jahrhundert – lange überlebten, auch wenn sie in den letzten Jahren stark erneuert wurden. Nachdem die Heimindustrie verschwunden war, siedelten sich an der Luppmen die ersten Fabriken an. Noch heute sind die Textilindustrie, die Landwirtschaft und das Gewerbe die Grundpfeiler des Erwerbslebens. 1707 wurde Hittnau von der Mutterpfarrei Pfäffikon abgelöst. Schon im Herbst 1708 war die einfache Landkirche mit dem Dachreiter vollendet, die, teilweise umgebaut, zusammen mit dem Pfarrhaus aus der gleichen Zeit den Mittelpunkt von Oberhittnau bildet. Aus Isikon stammte der Dichter Jakob Stutz[9]. Verkehrsverbindungen: Postautolinien Pfäffikon – Hittnau – Oberhittnau und Pfäffikon – Hittnau – Saland – Bauma.

Route 15
Rosinli–Stoffel

Wanderung zum schönen Aussichtspunkt und durch die Wälder zwischen Rosinli und Stoffel mit ihren idyllischen Riedwiesen.

	Höhe	Wanderzeit
Hittnau	639	
Rosinli	821	1 Std.
Stoffel	928	2 Std.
Dürstelen	766	2 Std. 25 Min.
Hittnau	639	3 Std.

Bei der Post *Hittnau* wenden wir uns etwa 250 m auf der Hauptstrasse Richtung Pfäffikon. Ein Wegweiser «Rosinli» leitet uns über die Anhöhe zum Oberstufenschulhaus und nach *Oberhitt-*

nau. Der Weg verläuft südwärts und bleibt bis nach *Wilen* in der Nähe des Baches. In bisheriger Richtung erreichen wir den Waldrand mit weiter Aussicht ins Oberland und kommen durch den Wald zum *Rosinli.* Sommerwirtschaft, Kinderspielplatz mit grosser Rutschbahn. Prächtige Aussicht auf Pfäffikersee, Greifensee, Zürichsee, ins Glattal und in die Alpen. Im Wald wandern wir über den Ebnerberg zum Einschnitt von Pulten. Ein Strässchen hält nordwärts durch den Wald und berührt die Schutzgebiete des Grossrietes, des Grabenrietes und des Zisetsrietes. Das Zisetsriet gehört teilweise zum Golfplatz Dürstelen. Auf schmäleren Wegen steigen wir zum *Känzeli* hinauf. Bei der Bank über dem Steilabfall erhaschen wir einen Blick gegen Sternenberg und das Hörnli. Ein letzter Anstieg bringt uns auf das Hochplateau des *Stoffel.* Leider verunmöglichen die hochgewachsenen Bäume jegliche Aussicht. Ein Waldsträsschen senkt sich durch den Nordhang und geht später in einen Hohlweg über. Wir steigen über den aussichtsreichen Wiesenrücken nach *Dürstelen* hinab. Das Haufendorf birgt noch zahlreiche Flarzhäuser[5], die allerdings stark verbaut sind. Ein Strässchen zieht sich in weiten Kehren zum Hittnauer Schützenhaus hinab. Der Weg führt wenige Meter am Burghügel *Werdegg* vorbei – Näheres siehe Route 12 – und kommt zu den ersten Häusern von *Hittnau.*

Wetzikon

Die Gemeinde Wetzikon (Fläche 16,58 km^2) erstreckt sich von der Drumlinlandschaft[2] im Süden über die Ebene zwischen dem Pfäffikersee und Bossikon bis an die südwestlichen Abhänge der Allmenkette. Mit dem Robenhuserriet[12] und der Drumlinlandschaft im Unterwetziker Wald[15] besitzt Wetzikon als einzige Gemeinde des Kantons zwei „Landschaften von nationaler Bedeutung". Siedlungen aus der mittleren Steinzeit sind im Furtacher bei Robenhausen nachgewiesen. Berühmtheit erlangte Robenhausen durch die Entdeckung von Siedlungen aus der Jungsteinzeit. Jakob Messikommer[13] fand 1858 dort und im Himmerich am Pfäffikersee Spuren der sogenannten «Pfahlbauer». Aus allen Epochen seither sind auf dem Gemeindegebiet Spuren vorhanden. Erwähnt seien vor allem die Funde aus der Römerzeit in Kempten (Camputuna) an der Strasse von Winterthur nach Kempraten am Zürichsee. Um 700 bauten die Edlen von Kempten eine Burg hoch über dem Walenbächli, die Herren von Wetzikon eine solche in Oberwetzikon. Elisabeth von Wetzikon war von 1270 bis 1298 Aebtissin am Zürcher Fraumünster. 1044 erscheint der Name «Weihenchovan». Bis 1798 gehörte der grösste Teil der Gemeinde zur Landvogtei Grüningen; Robenhausen und Robank waren der Landvogtei Greifensee, Ettenhausen der Landvogtei Kyburg zugeteilt. Seit 1831 zählt die Gemeinde zum Bezirk Hinwil. In den ursprünglich sieben Zivilgemeinden war seinerzeit die Landwirtschaft vorherrschend. Vor allem in Unterwetzikon und Kempten setzte längs der Aa und des Chämtnerbaches sehr früh die Industrialisierung ein. Die Eröffnung der Glattallinie im Jahre 1858 und die Ansiedlung bedeutender Betriebe machten Wetzikon zu einem wichtigen Industrieort. Die Bevölkerungszahlen der Gemeinde, die nach und nach aus den einzelnen Teilen zusammenwuchs, belegen die Entwicklung zum heutigen Zentrum des Oberlandes. 1638: 675; 1836: 3'664; 1900: 5'690; 1930: 6'904; 1950: 8'017; 1970: 13'469; 1980: 15'859. Seit 1955 beherbergt Wetzikon die Kantonsschule Zürcher Oberland.

Das Schloss in Oberwetzikon, ursprünglich Sitz der Freiherren von Wetzikon, war seinerzeit eine von Wassergräben geschützte Anlage mit zwei Türmen. 1617 wurde der Westturm zu einem Wohnhaus umgebaut, 1823 der Ostturm abgebrochen. Die Anlage befindet sich in Privatbesitz. In Oberwetzikon steht auch die reformierte Kirche, die 1897 eingeweiht wurde. Das Gotteshaus, nach Plänen von Paul Reber erbaut, gilt als typisches Beispiel einer neugotischen Kirche und hat 1977/78 eine gelungene Innenrestauration erfahren. Vorgängerkirchen waren die 857 erwähnte «Rapoldskilch» und eine mittelalterliche Kirche aus dem 14. Jahrhundert.

Die Katholiken besitzen seit 1924 auf dem Guldisloo ein dem heiligen Franziskus geweihtes und in neuromanischen Formen gehaltenes Gotteshaus, 1975 kam die Heilig-Geist-Kirche beim Friedhof dazu. Das Ortsmuseum in der «alten Farb» in Oberwetzikon ist je am ersten Sonntag des Monats von 14 bis 17 Uhr geöffnet. Weitherum bekannt ist die Wetziker Chilbi am Sonntag nach Mariä Himmelfahrt. Aus Wetzikon stammten berühmte Männer[9]: der Dichter Heinrich Leuthold, die «Sängerväter» Johannes Schmidlin und Hans Georg Nägeli sowie der bereits erwähnte Forscher Jakob Messikommer[13].

Verkehrsverbindungen: SBB-Linien Zürich – Uster – Rapperswil und Effretikon – Wetzikon – Hinwil, Autobuslinien nach Grüningen – Männedorf, Bäretswil – Bauma und innerorts vom Bahnhof Wetzikon nach Kempten (anstelle der 1939 aufgehobenen Strassenbahn) und nach Robenhausen.

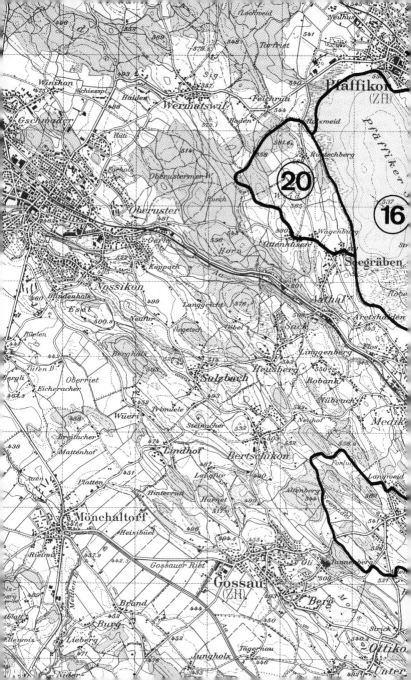

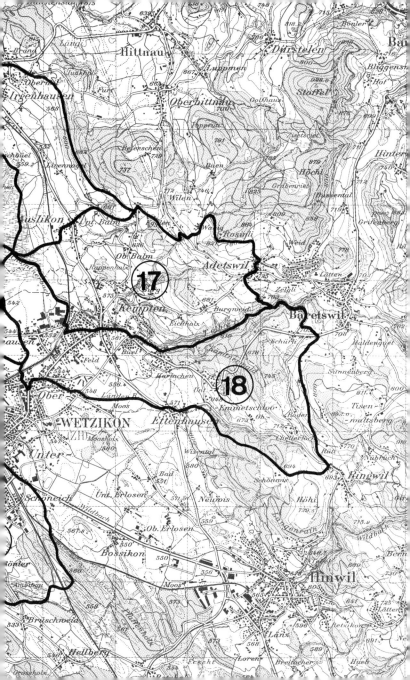

Ausgangspunkt Oberwetzikon

Route 16
Um den Pfäffikersee

Der Gang um den See bietet zu jeder Jahreszeit Erholung und Genuss.

	Höhe	Wanderzeit
Oberwetzikon	540	
Robenhausen	540	25 Min.
Seegräben	537	50 Min.
Pfäffikon	538	1 Std. 50 Min.
Römerkastell	563	2 Std. 10 Min.
Chämtnerbach	544	2 Std. 40 Min.
Oberwetzikon	540	3 Std. 10 Min.

Von der Haltestelle *Schloss* der Autobusverbindung Wetzikon Bahnhof – Kempten folgen wir den Wegweisern «Seegräben» durch das modern überbaute *Oberwetzikon* an der reformierten Kirche vorbei und auf der Strandbadstrasse unter der Bahnlinie hindurch. Ein Feldweg zieht sich im Grüngürtel zwischen Wohngebiet und Industriezone gegen die Hochhäuser an der Buchgrindelstrasse hinüber. Ein innerhalb des besiedelten Gebietes vorbildlich angelegter Fussweg führt zur Brücke über die Aa bei der alten «Badi». *Robenhausen* hat seinen Dorfkern mit den niedrigen Flarzhäusern weitgehend erhalten können. Am Ende der malerischen Dorfstrasse beginnt der Flurweg, der am Rande des *Robenhuserrietes*[12] zur Messikommereiche – sie erinnert an den Forscher Jakob Messikommer[13] – und zur Schifflände *Seegräben* führt. Die Beschreibung der Wanderung bis zum Chämtnerbach findet sich bei Route 13.

Falls wir uns nicht im nahen Strandbad Auslikon erfrischen wollen, gehen wir vom Brücklein über den *Chämtnerbach* auf der schmalen Fahrstrasse durch das Robenhuserriet. Der schlanke Turm der reformierten Kirche dient uns als Wegweiser nach *Oberwetzikon* und zur Bushaltestelle Schloss.

Ausgangspunkt Kempten

Route 17
Chämtnertobel – Rosinli – Strandbad Auslikon

Abwechslungsreiche Wanderung durch das romantische Tobel zum bekannten Ausflugsziel mit dem Blick auf drei Seen.

	Höhe	Wanderzeit
Kempten	552	
Rosinli	821	1 Std. 30 Min.
Hofhalden	675	2 Std.
Strandbad Auslikon	538	2 Std. 40 Min.
Kempten	552	3 Std. 10 Min.
Variante:		
Pfäffikon	547	3 Std.

Ausgangspunkte sind entweder die Station *Kempten* oder die Haltestelle «Ochsen» Kempten der Busverbindung vom Bahnhof Wetzikon her. Am «Ochsen», schon 1583 als Taverne erwähnt, verdient das Wirtshausschild aus der zweiten Hälfte des letzten Jahrhunderts unsere Beachtung. Die Mühlestrasse führt an der Sägerei vorbei. Bei der Nagelfabrik (Orientierungstafel über den Lehrweg) beginnt der Weg durch das *Chämtnertobel.* Bald erreichen wir den eindrücklichen *Grossen Giessen*[3], wo wir angesichts des Wasserfalls im Waldschatten gerne eine Rast einschalten. Der Chämtnerbach war für die Energiegewinnung sehr geeignet. So entstanden im Zuge der Industrialisierung um die Mitte des letzten Jahrhunderts zahlreiche Bauten und Installationen zur Wassernutzung, u. a. der Weiher und die Turbinentürme. Der obere Turm ist noch heute mit mechanischen Einrichtungen ausgerüstet. Früher geschah die Energieübertragung mit Drahtseilen zur Weberei am westlichen Tobelrand. Ein Exkursionsführer von Dr. Hansruedi Wildermuth macht auf die landschaftlichen und naturkundlichen Schönheiten längs des Lehrweges im Chämtnertobel aufmerksam. (Der Führer ist in den Wetziker Buchhandlungen und Papeterien erhältlich.) Später gabelt sich der Weg: Wir wählen den Aufstieg nach *Adetswil.* Im Dörfchen gewahren wir noch manche Zeugen der früheren Bebauung mit den typischen Flarzhäusern[5]. Gerne meiden wir im Oberdorf die Fahrstrasse zum *Rosinli* und weichen auf den Weg aus, der vom «Frohberg» durch das Chatzentöbeli aufsteigt und bald dem Waldrand entlang, bald innerhalb des Waldes zur Sommerwirtschaft hinaufleitet. Ausser der Rutschbahn lockt auch die schöne Aussicht Erwachsene und Kinder auf das Rosinli.

Ueber die Häuser von *Wabig* steigen wir zum Weiler *Hofhalden* hinab. Das leider asphaltierte Strässchen gewährt einen weiten Ausblick auf den Pfäffikersee und führt nach *Unter-Balm* und ins Dörfchen *Auslikon* hinunter, das politisch zu Pfäffikon gehört. Wir kreuzen die stark befahrene Hauptstrasse Pfäffikon – Kempten und gelangen unter der Bahnlinie hindurch zum Brücklein über den *Chämtnerbach* bei P. 544, von wo sich ein Abstecher zum nahegelegenen *Strandbad Auslikon* der Gemeinde Wetzikon lohnt. Der Weg zur Station *Kempten* folgt zunächst dem mit Bäumen gesäumten Lauf des Chämtnerbaches und bildet einen gediegenen Abschluss der Wanderung.

Variante: Wer den Marsch auf den mit einem Hartbelag versehenen Strassenstücken von *Hofhalden* bis zum Strandbad Auslikon meiden möchte, kann über *Oberwil* nach *Pfäffikon* wandern.

Route 18
Chämtnertobel – Ringwil

Die Wanderung führt durch das romantische Tobel zum aussichtsreichen Westhang der Allmenkette.

	Höhe	Wanderzeit
Kempten	561	
Neuegg	679	55 Min.
Ringwil	705	1 Std. 40 Min.
Ettenhausen	571	2 Std. 20 Min.
Oberwetzikon	544	2 Std. 50 Min.

Die Beschreibung des Weges vom *Kempten,* das vom Bahnhof Wetzikon und von Oberwetzikon aus im Autobus zu erreichen ist, durch das *Chämtnertobel* lesen wir bei Route 17. Statt im oberen Teil des Tobels nach Adetswil aufzusteigen, bleiben wir in der Nähe des Baches, kommen zur Kläranlage der Gemeinde Bäretswil und unter dem imposanten Viadukt der ehemaligen Uerikon–Bauma-Bahn[7] zur Strasse in der *Neuegg*. Zunächst folgen wir dieser Strasse an der Türenfabrik vorbei und benützen später einen Flurweg zur Strasse Wetzikon – Bäretswil im Stockacher. Ein Nebensträsschen steigt den Hang hinan und entpuppt sich bald als kleine «Oberländer Höhenstrasse», die der etwa 100 m höher verlaufenden bekannten Panoramastrasse allerdings keine Konkurrenz machen will. Sie ist zwar auch grösstenteils mit einem Hartbelag versehen, doch sind wir darauf glücklicherweise vom Motorfahrzeugverkehr verschont. Beim Hof *Hinterberg* zeigen sich bei klarem Wetter die Glarner Alpen in voller Pracht. Aber auch die Aussicht auf die Landschaft zwischen Bachtel, Zürichsee und Pfannenstiel vermag uns sehr zu erfreuen. Das Strässchen senkt sich – rechts abseits der Route die kantonale Arbeitskolonie – zu den ersten Häusern von *Ringwil*. Wir könnten durch das Dörfchen, das zahlreiche Flarzhäuser[5] aufweist, zum Ringweiler Weiher wandern und durch den unteren Teil des Wildbachtobels in 40 Minuten nach Hinwil gelangen. Diesmal wählen wir das Strässchen, das beim «Anker» gegen den aussichtsreichen Rücken Blatten abzweigt und sich als angenehmer Weg durch den Ettenhuser Wald abwärts fortsetzt. *Ettenhausen* gehört zu Wetzikon und hat seinen ländlichen Charakter weitgehend erhalten können. Ein Pfad folgt dem Ländenbach zu den modernen Wohnbauten von Wetzikon, das sich hier recht städtisch gibt. In *Oberwetzikon,* wo Altes und Neues dicht nebeneinanderstehen, geht die Wanderung zu Ende.

Ausgangspunkt Bahnhof Wetzikon

Route 19
Seewadel – Alt-Hellberg

Diese Wanderung macht uns mit der einmaligen Drumlinlandschaft zwischen Wetzikon und Gossau vertraut.

	Höhe	Wanderzeit
Wetzikon	531	
Seewadel	515	50 Min.
Alt-Hellberg	574	1 Std. 30 Min.
Wetzikon	531	2 Std. 15 Min.

Beim Bahnhof *Wetzikon* überschreiten wir die Gleise und steigen gegen den Morgen hinauf, von wo wir die mächtig gewachsene Oberlandstadt überblicken. Ein recht schmaler Grünstreifen trennt heute die Siedlungen von Wetzikon und Grüt, das politisch zu Gossau gehört. Eine gelbe Tafel «Gossau» weist uns bei den ersten Häusern von *Grüt* auf dem Guetshaldenweg ins neue Quartier hinauf. Zwischen Einfamilienhäusern steigen wir auf einer Treppe zur Strasse hinab, die wir nach dem Bauernhof in der Langweid auf einem Feldweg verlassen. Die Landschaft ist durch die langgezogenen bewaldeten Höhenrücken und die Wiesentälchen kurzweilig gegliedert. Während sich der Wanderweg Richtung Bertschikon bei einer Verzweigung geradeaus fortsetzt, wenden wir uns gemäss der Anschrift «Alt-Hellberg» nach links zum Waldrand, kreuzen bei P. 524 in der Hegsrüti die Strasse Grüt – Bertschikon und kommen in die Senke beim *Seewadel*. Naturschutzgebiet mit seltenen Sumpfpflanzen. Es handelt sich um einen der zahlreichen verlandeten Seen, die sich auf dem undurchlässigen Grundmoränenlehm in den Tälchen zwischen den Drumlins gebildet hatten.

Der Wanderweg quert oder benützt für wenige Meter die verschiedenen Strassen, welche die zahlreichen Ortsteile von Gossau mit Wetzikon verbinden. Er gewährt vor allem zwischen Allenwinden und Hundsruggen einen weiten Ausblick gegen die Glarner Alpen und die Schwyzer Berge. Vom Weiler *Hundsruggen* mit seinen Flarzhäusern leitet ein Feldweg zum Aussichtspunkt *Alt-Hellberg* beim Reservoir hinauf. Wenn auch schon die bisherige Wanderung durch die einmalige *Drumlinlandschaft*[2] führte, so lernen wir jetzt das geschützte Kerngebiet[15] dieser Landschaft kennen, das durch den geplanten Bau der Oberland-Autobahn ernsthaft beeinträchtigt werden dürfte. Wir queren das Ambitzgiriet, überschreiten das Gleis der Bahnlinie Wetzikon – Bubikon und gelangen an den besonnten Rand des *Unterwetziker Waldes*. Die Route verläuft über den bewaldeten Drumlin der Schwändi zum Bahnübergang der Linie Wetzikon – Hinwil und über den Husbüel mit seiner Aussicht auf Wetzikon und die Allmenkette zur Kunsteisbahn. Auf der Rapperswilerstrasse erreichen wir den Bahnhof *Wetzikon*.

Ausgangspunkt Seegräben

Die Gemeinde Seegräben, sowohl von der Fläche (3,33 km^2) als auch von der Einwohnerzahl her (1836: 375; 1941: 676; 1980: 1'121) die kleinste Gemeinde des Bezirks Hinwil, umfasst die Fraktionen Seegräben, Aathal, Ottenhusen, Wagenburg und Sack. Sie reicht vom Westufer des Pfäffikersees über das Aatal zum Ortsteil Sack hinüber. Urkundlich erscheint «Segrebre» (bei den Gräbern am See) 1219, doch bezeugen Funde eine frühere Besiedlung. Die Heidenburg, am Wanderweg Aathal – Uster gelegen, war zur Bronzezeit ein Refugium (Fluchtburg),

Im Pfäffikersee spiegelt sich der Turm des Kirchleins von Seegräben.
(Foto Karl Hofer)

Das Römerkastell Irgenhausen diente als Sperrfort an der Verbindungsstrasse von Vitodurum (Oberwinterthur) nach Kempraten am Zürichsee. (Foto Karl Hofer)

von dem noch heute deutliche Gräben und Schutzwälle sichtbar sind. Im Höckler entdeckte man einen Grabhügel aus der Hallstattzeit, in der Bürglen Ueberreste einer römischen Siedlung. Die heutige reformierte Kirche wurde 1885 als einfacher langrechteckiger Saalbau mit einem Dachreiter erstellt. Sie bildet zusammen mit dem Haslerhof, dem Messikommerhof und andern Gebäulichkeiten ein schönes Ortsbild, das Eingang ins nationale Inventar gefunden hat. Vom Friedhof aus bietet sich ein weiter Ausblick auf den Pfäffikersee, das Robenhuserriet und zur Allmenkette. Im Gemeindeteil Aathal, wo früher der «Millionenbach» eine Mühle angetrieben hatte, baute 1823 einer der Müllerssöhne Schellenberg eine mechanische Baumwollspinnerei, die sich im Laufe der Jahrzehnte zur heutigen Spinnerei Streiff entwikkelte. Aathal ist Station der SBB-Linie Zürich – Uster – Rapperswil.

Route 20
Pfäffikersee – Römerbrünneli

Kurzweiliger Rundgang für Automobilisten, der sich für jede Jahreszeit eignet.

	Höhe	Wanderzeit
Seegräben	561	
Holzweid	541	35 Min.
Römerbrünneli	540	55 Min.
Seegräben	561	1 Std. 25 Min.

Auf einem grosszügig angelegten Parkplatz in *Seegräben* können die vielen Freunde des Pfäffikersees[12] ihr Auto abstellen. Eine Orientierungstafel zeigt die Möglichkeiten für Spaziergänge in dieser vielbesuchten Landschaft. Wir halten am Brunnen vorbei zur Schifflände hinab und folgen dem Uferweg an der Badanstalt vorbei zur *Holzweid*. Nachdem wir die Strasse Seegräben – Pfäffikon gequert haben, treten wir nach dem Transformerturm in den Wald ein. In der weiten Lichtung weist eine gelbe Tafel auf den Wegspuren längs des Waldrandes zum *Römerbrünneli* hinab. Näheres siehe Route 3. Der Weg zieht sich dem Hang entlang leicht aufwärts an den Waldrand. In der Nähe fand man im Wald seinerzeit die Ruinen einer römischen Siedlung, die 8 – 10 Gebäude umfasste. Wenn wir uns auf dem Feldsträsschen über den aussichtsreichen Rücken dem Weiler *Ottenhusen* nähern, schweift unser Blick zur Allmenkette und bei klarem Wetter in die Glarner Alpen. In Ottenhusen, einem Ortsteil von Seegräben, der bis 1874 zur Gemeinde Pfäffikon gehörte, fallen uns einige stattliche Bauernhäuser auf. Für die Rückkehr über *Wagenburg* nach *Seegräben* müssen wir mit der Strasse vorlieb nehmen.

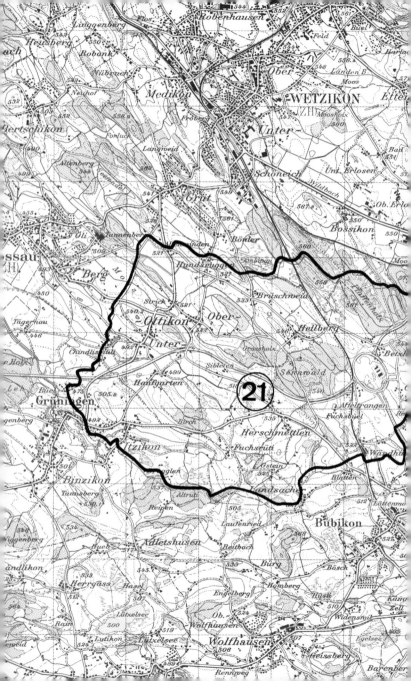

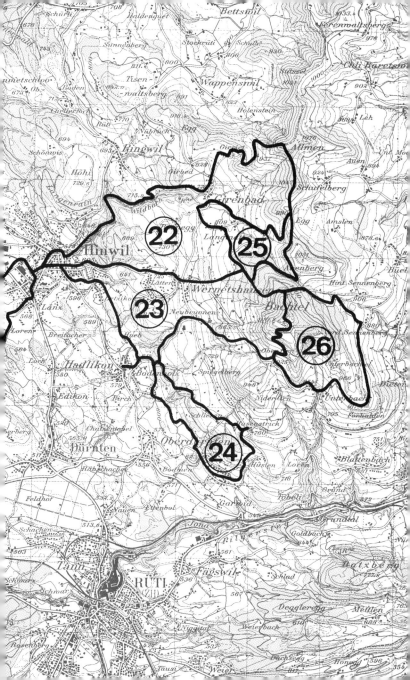

Ausgangspunkt Hinwil

Das Zentrum des Bezirkshauptortes Hinwil liegt am Fusse des Bachtel[17]. Die weitläufige Gemeinde (Fläche 22,31 km^2) dehnt sich mit den Wachten Bossikon, Erlosen, Ringwil, Girenbad, Wernetshausen, Unterbach, Hadlikon und Unterholz einesteils über die Hänge der Allmenkette bis zum Bachtel und zum Allmen, anderntteils in die Drumlinlandschaft[2] aus. Die Gegend war schon in der Hallstattzeit besiedelt, bei Ausgrabungen auf dem Kirchhügel fand man Ueberreste eines römischen Gutshofes. Der Name «Hunichinwilare» (Hof des Alemannen Hunicho) erscheint 745. Im Mittelalter erhoben sich im Gemeindegebiet mehrere Burgen. Die Freiherren von Hinwil bewohnten auf dem Büel nordöstlich der Kirche einen Turm, den sie schon um 1320 verliessen und von dem heute keine Spuren mehr sichtbar sind. Von den Burgen ist einzig die Ruine Bernegg erhalten (siehe Route 25). Zwischen 1408 und 1798 gehörte Hinwil zur Landvogtei Grüningen, 1831 wurde es Bezirkshauptort. Zu Beginn des 19. Jahrhunderts erfasste die Industrialisierung auch Hinwil, doch blieb das Dorf bis Ende des Zweiten Weltkrieges stark von der Landwirtschaft und vom Gewerbe geprägt. Seither entwickelte es sich zu einem bedeutenden Industrieort und dank den sonnigen Hanglagen zu einer geschätzten Wohngemeinde. Bevölkerungszahlen: 1850: 2'697; 1941: 3'040; 1980: 7'554.

Die reformierte Kirche, 1786/87 von Franz Schmid aus Lindenberg im Allgäu erbaut, ist eine Querkirche mit Stuckdekor im Stil des ausgehenden Rokoko. Das Schiff steht auf den Fundamenten einer hochmittelalterlichen Kirche, der zwei Gotteshäuser im 8. Jahrhundert und um 1000 vorangegangen waren. Der gotische Turm stammt von 1456. Seit 1920 besitzen die Katholiken eine eigene Kirche.

Das reichhaltige Ortsmuseum, in einem schmucken Fachwerkbau von 1719 eingerichtet, zeigt bäuerliche Wohnkultur des 18. und 19. Jahrhunderts. Besonders erwähnenswert ist die in ursprünglichem Zustand erhaltene Bauernküche. Oeffnungszeiten: Erster Sonntag der Monate Mai bis Oktober, 14 – 17 Uhr. Auskünfte erteilt Dr. Adrian Meili, Langenrainstrasse 7, Hinwil.

Verkehrsverbindungen: SBB-Linie Effretikon – Wetzikon – Hinwil, Autobuslinien der VZO nach Rüti und Wernetshausen-Girenbad, Dampfbahnlinie Bauma – Hinwil.

Route 21
Alt-Hellberg – Grüningen

Wanderung durch Wald und Feld und über aussichtsreiche Höhenzüge der Oberländer Drumlinlandschaft ins ehemalige Landvogteistädtchen.

	Höhe	Wanderzeit
Hinwil	565	
Alt-Hellberg	574	1 Std.
Altrüti	515	1 Std. 35 Min.
Grüningen	492	2 Std. 10 Min.
Sennschür	527	3 Std. 5 Min.
Rotenstein	531	3 Std. 40 Min.
Hinwil	565	4 Std. 15 Min.

Von der Station *Hinwil* ist die Route an der Sauerkrautfabrik vorbei zum Armee-Motorfahrzeugpark gut gewiesen. Der seinerzeit beim Bau der Versuchsstrecke neuangelegte Wanderweg kreuzt die Panzerpiste einmal und benützt ein andermal eine Unterführung. Im Pilgerwegholz queren wir das Strässchen, den ehemaligen Pilgerweg nach Einsiedeln. Am Naturschutzgebiet im *Hiwiler Riet*[15] vorbei gelangen wir zu einzelnen Torfhüttlein und wandern bald durch Waldstreifen, bald durch die dazwischen verlaufenden Rieder an den Rand des *Unterwetziker Waldes*. Das Ambitzgiriet gehört zum Kerngebiet der geschützten Landschaft[15], die durch den geplanten Bau der Oberland-Autobahn in ihrer Urtümlichkeit gefährdet ist. Auf Wegspuren steigen wir zum Reservoir auf dem aussichtsreichen Drumlin[2] von *Alt-Hellberg* hinauf. Besonders auf dem offenen Rücken zwischen dem Weiler *Hundsruggen* und *Allenwinden* eröffnet sich uns abermals ein weiter Ausblick. Mit der Route von Wetzikon her verlassen wir später die Strasse, die am Friedhof Gossau vorbei in den Ortsteil Berg führt, und halten nach dem Waldstück durch die breite Mulde im Moos mit dem Schiessplatz zur *Altrüti* hinüber, dem Festplatz der Gossauer Vereine. Bei der Baumgruppe Anlage mit Panorama. (Bei Schiessgefahr müssen wir der breiten Strasse nach Gossau-Berg folgen, um an der reformierten Kirche vorbei die Altrüti zu erreichen.) In die Nische des Ottikerbaches ducken sich die Gebäulichkeiten der *Chindismüli* – die Bezeichnung «Chindlismüli» auf der Landeskarte ist falsch –, wo schon 1353 ein Johann Kindima als Müller bezeugt ist. Später folgt der Wanderweg für kurze Zeit der Forchstrasse, bevor wir über den Weiler

Büel im Angesicht der Nordfront des Städtchens unser Ziel, *Grüningen*, erreichen. Näheres siehe Seite 25.

Nach einem Rundgang durch das malerische Städtchen setzen wir die Wanderung bei der Strassenkreuzung, P. 492, fort, wo bei der Haltestelle «Im Haufland» des VZO-Busses auch verschiedene Wanderrouten ausstrahlen. Wir wählen den Weg über die überbaute Anhöhe der *Bürglen* zum Töbeliweiher und nach *Itzikon*. Ein Feldsträsschen zieht sich zum Hof Brugglen und gegen den Wald der *Altrüti*. Die gelben Wegzeichen leiten uns durch diesen Wald oder auf einem kleinen Umweg dem *Itziker Riet* entlang zum Wäldchen mit der Hütte der Jagdgesellschaft Grüningen. In unmittelbarer Nähe befinden sich der *Giessen*[3] und ein stiller Waldweiher, wo sich gut rasten lässt. Recht abgelegen und unheimlich muss früher die sumpfige Niederung des Reitbacher Rietes im Grenzgebiet der Gemeinden Grüningen, Gossau und Bubikon gewesen sein. Von der *Sennschür* über *Landsacher* und die sanfte Anhöhe gelten für uns die Wegweiser «Hinwil». Durch den Bau des Verkehrsknotenpunktes im Betzholz, des sogenannten «goldenen Eis», und die Verlegung von Strassen haben sich auch bei der Führung des Wanderweges Aenderungen ergeben. Wenn wir die Markierung beachten, kommen wir bei *Brach* in der Nähe des Heimes Platte vorbei, gehen bei Wändhüslen unter der Bahnlinie durch und wenden uns später auf dem Strässchen, das vom Friedheim, einem evangelischen Schülerheim, herkommt, gegen die Autobahn. Jenseits der Strasse zieht sich vom *Rotenstein* ein Weg zum Weiler *Oberhof* und durch das Ried gegen den bewaldeten Drumlin Schweipel. Durch Wohnquartiere kehren wir zur Station *Hinwil* zurück.

Route 22
Wildbachtobel – Allmen – Egg

Wanderung durch das schattige Wildbachtobel und über voralpine Weiden zum bewaldeten Gipfel auf der Allmenkette.

	Höhe	Wanderzeit
Hinwil	565	
Girenbad	779	1 Std.
Allmen	1076	2 Std.
Egg	990	2 Std. 15 Min.
Wernetshausen	725	3 Std. 10 Min.
Hinwil	565	3 Std. 45 Min.

Von der Station *Hinwil* folgen wir den Wegweisern «Girenbad» durch das Dorf, kommen am «Hirschen» und am schmucken Riegelbau mit dem Ortsmuseum vorbei und biegen auf die Tobelstrasse ab. Nach der Fabrik geht die Strasse in einen Fussweg über, der, 1935 vom Freiwilligen Arbeitsdienst ausgebaut, von den Helfern des Verkehrsvereins Hinwil jährlich ausgebessert werden muss. Er steigt längs des Baches im urtümlich gebliebenen *Wildbachtobel* leicht an und verlässt das Tobel auf dem Weg, der vom Weiler Bernegg herkommt. Im *Girenbad*[18] beachten wir an der «Waldegg» die Gedenktafel für den berühmten Sänger Joseph Schmidt, der hier als Flüchtling am 16. November 1942 gestorben ist. Das Strässchen führt am Badgasthof vorbei zu den Häusern von *Girriet* und windet sich in Kehren zum Hof *Allmen* hinauf. Wir geniessen den freien Blick auf die Seen, bevor wir am nahen Waldrand den letzten, steilen Aufstieg durch den Bergwald zur Kuppe des *Allmen* in Angriff nehmen. Der Allmen, welcher dem ganzen Höhenzug vom Bachtel über den Stoffel bis gegen Kyburg den Namen gegeben hat, bietet heute der hochgewachsenen Bäume wegen keine Aussicht mehr.

Wir wenden uns südwärts. Waldpartien, Weiden und Wiesen wechseln miteinander ab, wenn wir über die *Egg,* wo wir das Bergsträsschen Gibswil – Hinwil kreuzen, dem Höhenweg Richtung Bachtel folgen, dessen Turm wir schon seit einiger Zeit gewahrt haben. Unser Blick schweift zu den Kuppen jenseits des Jonatales und in die Alpen. Wer dem «Oberländer Rigi» einen Besuch abstatten will, steigt bei der Wegspinne im Sattel zwischen Auenberg und Bachtel auf steilem Pfad zum Turm hinauf. Andere sparen sich den Bachtel für ein andermal auf und lassen sich von den Wegweisern «Wernetshausen» auf dem Waldsträsschen abwärts leiten. Ein steilerer Weg führt später durch den Wald und dem Bächlein entlang nach *Wernetshausen* hinab. Der letzte Teil des Abstiegs über den Weiler *Sack* nach *Hinwil* ist gut gewiesen.

Hoflandschaft am Nordhang des Bachtel mit Schufelberg (Vordergrund), Amslen (Mitte) und Sennenberg (Hintergrund)
Federzeichnung von Jakob Zollinger
(aus «Zürcher Oberländer Dorfbilder», Verlag Druckerei Wetzikon AG)

Route 23
Bachtel

Der kürzeste Aufstieg auf den Bachtel führt im oberen Teil durch den Wald, der Abstieg verläuft über den aussichtsreichen Sonnenhang.

	Höhe	Wanderzeit
Hinwil	565	
Wernetshausen	725	45 Min.
Bachtel	1115	2 Std.
Ober-Orn	925	2 Std. 20 Min.
Bodenholz	614	3 Std. 5 Min.
Hinwil	565	3 Std. 40 Min.

Von der Station *Hinwil* sind wir durch das Dorf bis zum Friedhof auf breite Strassen angewiesen. Der Wanderweg steigt als Strässchen an den letzten Häusern vorbei zum Weiler *Sack* und als Fussweg ins Dorf *Wernetshausen* hinauf. Der sonnige Hang unterhalb des Dörfchens mit seiner grossartigen Wohnlage hat schon manchen Bauherrn angelockt. Bei der Wirtschaft «Bachtel» beginnt der schmale Weg, der weiter oben längs des Bächleins in den Wald eintritt und in das Strässchen mündet, das sich von der Langmatt her den Hang hinaufzieht. In mässiger, später recht anhänglicher Steigung streben wir im Waldschatten dem Gipfel des *Bachtel*[17] zu und erreichen über den Nordgrat den Turm und das Berggasthaus. Wir lassen uns reichlich Zeit, bevor wir von diesem Aussichtspunkt erster Güte Abschied nehmen. Das fällt uns leichter, wenn wir bedenken, dass wir auch auf dem Abstieg mit einem weiten Ausblick verwöhnt werden. Bis nach *Ober-Orn* benützen wir gerne den Albert-Weber-Weg abseits der Strasse. Der Wetziker Industrielle Albert Weber hat diesen Weg 1971 der Genossenschaft Bachtel-Kulm zu ihrem 50jährigen Bestehen geschenkt. Am schattigen Nordwesthang der Hochwacht[8] – der Name erinnert an die frühere Einrichtung zur Nachrichtenübermittlung – erkennen wir den Schanzentisch und den Sprungrichterturm der kürzlich ausgebauten Bachtelschanze. Beim zweiten Bächlein verlassen wir die Fahrstrasse – im Winter dient sie als grossartige Schlittebahn – auf Wegspuren, die weiter unten in einen Weg ausmünden. Im *Neubrunnen* kreuzen wir die bei Automobilisten bekannte Oberländer Höhenstrasse. Das wenig befahrene Strässchen senkt sich an der Siedlung *Loren* vorbei zu den ersten Häusern von Hadlikon im *Bodenholz*. Gerne biegen wir auf den weichen Wiesenweg ab, der zu den beiden Stauweihern und zu den Höfen in der *Hueb* hinüberleitet. Auch die Fortsetzung durch Wald und Wiesen gegen Betzikon und an den Dorfrand von Hinwil gestaltet sich recht angenehm. Durch die Anlagen des Oberstufenschulhauses kommen wir zur Walderstrasse. Im Gstalden beachten wir das schmucke Riegelhaus, bevor wir durch den stattlichen Bezirkshauptort *Hinwil* zur Station gelangen.

Ausgangspunkt Hadlikon

Hadlikon, eine Wacht der Gemeinde Hinwil, wird vom Autobus der VZO-Linie Hinwil – Dürnten – Rüti bedient.

Route 24
Hasenstrick

Spaziergang am Sonnenhang des Bachtel auf die bekannte Aussichtsterrasse.

	Höhe	Wanderzeit
Hadlikon	579	
Hasenstrick	758	50 Min.
Breitenmatt	620	1 Std. 5 Min.
Hadlikon	579	1 Std. 45 Min.

In *Hadlikon* zeigt uns bei der Bachbrücke ein Wegweiser die Abkürzung, auf der wir die Strassenkehre abschneiden. Im Wald oberhalb der Häusergruppe *Bodenholz* zweigt der Weg von der Fahrstrasse ab und führt an Findlingen vorbei mässig steil aufwärts. Durch ein idyllisches Ried mit Birken gelangen wir zu den Höfen Schlieren und zum *Hasenstrick* hinauf. Gast- und Kurhaus auf sonniger Terrasse. Flugplatz. Oeffentliche Rundflüge. Weite Aussicht auf den Zürichsee, in die Voralpen und die Alpen vom Speer bis zum Pilatus. In der nahen Kurve verlassen wir die Oberländer Höhenstrasse auf einem Wiesenweg. Unterhalb des Weilers *Hüslen* nimmt der Wanderweg die gleiche Richtung wie der Bach, der im Waldstreifen der Jona zurauscht. Wo sich früher in der *Breitenmatt* Wiesen ausdehnten und ein schmales Weglein gegen den Mannenrain hinzog, macht sich heute eine Ueberbauung breit und verweist unsere Route auf das Trottoir längs der breiten Strasse. Umso glücklicher schätzen wir uns, wenn wir im Mannenrain auf einen Wiesenweg abbiegen können, der an den Höfen *Rägletsmoos* und Grueben vorbei dem besonnten Hang entlang führt und schöne Ausblikke gewährt. Oberhalb von *Bodenholz* schliessen wir den Kreis und kehren nach *Hadlikon* zurück.

Ausgangspunkt Girenbad

Beim Dörfchen Girenbad[18], einer Wacht der Gemeinde Hinwil, hat das Tiefbauamt des Kantons Zürich einen Parkplatz angelegt, der sich als Ausgangspunkt für kürzere und längere Wanderungen im Allmen- und Bachtelgebiet bestens eignet. Der Parkplatz ist von Hinwil her über Wernetshausen auf guter Strasse erreichbar.

Route 25
Egg – Bachtel

Diese Rundwanderung für Automobilisten ist vor allem im Spätherbst empfehlenswert, wenn über dem Mittelland ein Nebelmeer lagert.

	Höhe	Wanderzeit
Girenbad P	780	
Egg	990	45 Min.
Bachtel	1115	1 Std. 25 Min.
Girenbad P	780	2 Std. 10 Min.

Nach dem Parkplatz zweigen wir bald von der breiten Strasse ab und halten zum Weiler *Schaugen* hinüber, der seinen Namen vom alten «schouwingen» = schauen hat. Ein rauher Weg steigt steiler, abwechselnd am Rand oder im Innern des Waldstreifens, der den Bach säumt, zum Stall bei der *Bachtelweid* hinauf. Die Strasse, die von Girenbad aus über die Schufelberger Egg nach Gibswil hinüberführt, ist zur Zeit im Sinne eines Versuchs an Sonntagen für den motorisierten Verkehr gesperrt. Wir folgen ihr bis zur Passhöhe der *Egg,* P. 990. Während des Aufstiegs schauten wir auf die sanften Geländeformen zwischen Bachtel, Zürichsee, Pfannenstiel und Pfäffikersee, jetzt blicken wir zu den Wald- und Weidekuppen des Tössberglandes. Auf dem Wanderweg, der von Bauma oder Steg über den Allmen zum Bachtel leitet, gehen wir in südlicher Richtung, kommen durch den bewaldeten Westhang des Auenberges und «erklimmen» schliesslich auf steilen Pfaden den «Oberländer Rigi», den *Bachtel*[17]. Der Abstieg verläuft im ersten Teil auf der uns vom

Hinweg her bekannten Route und wendet sich dann steil durch den Wald zur Wegkreuzung bei P. 947. Während später der Weg nach Wernetshausen scharf nach links abbiegt, bleiben wir auf dem Strässchen, das beim Austritt aus dem Wald nochmals einen weiten Blick zum Pfannenstiel, ins obere Glattal und zum Pfäffikersee gewährt. Auf der Eggstrasse wandern wir über den Weiler *Langmatt* zum Parkplatz bei *Girenbad*. In der Nähe entdecken wir über dem Wildbachtobel den Burghügel *Bernegg*. Die Burg der Ritter von Bernegg – sie waren Dienstleute der Grafen von Rapperswil und des Klosters St. Gallen – wurde 1283 abgebrochen. 1935 und 1939 legte man die Ruinen des Wehrturmes und des anschliessenden Gebäudes frei.

Weitere Rundwanderungen von Girenbad aus
1. Girenbad – Schaugen – Egg – Langmatt – Girenbad. 1 Std. 45 Min.
2. Girenbad – Girriet – Hof Allmen – Allmen – Egg – Schaugen – Girenbad. 2 Std.
3. Girenbad – Girriet – Hof Allmen – Allmen – Egg – Bachtel – Langmatt – Girenbad. 2 Std. 45 Min.

Ausgangspunkt Ober-Orn

Der Parkplatz Ober-Orn am Südhang des Bachtel, eine halbe Stunde unterhalb des Gipfels, ist von Hinwil aus über Wernetshausen und von Wald aus über Blattenbach auf guten Fahrstrassen erreichbar.

Route 26
Vorderer Sennenberg – Bachtel

Aussichtsreiche Höhenwanderung am Südosthang des Bachtel und schattiger Aufstieg zum «Oberländer Rigi».

	Höhe	Wanderzeit
Ober-Orn P	925	
Vorderer Sennenberg	880	50 Min.
Bachtel	1115	1 Std. 40 Min.
Ober-Orn P	925	2 Std.

Auf dem TCS-Parkplatz in *Ober-Orn* – der Name hängt vermutlich mit den früher hier häufigeren Ahornen zusammen – zeigen uns die Orientierungstafel und zahlreiche Wegweiser die Wandermöglichkeiten am Bachtel. Wir lassen uns von den Tafeln

«Vorderer Sennenberg – Bachtel» leiten und gehen auf der Fahrstrasse zum Weiler *Unterbach* hinab, wo im höchstgelegenen Schulhäuschen der Gemeinde Hinwil die Kinder vom Bachtelberg unterrichtet werden. Jenseits des Sagenbaches führt ein schmaler Weg steil aufwärts. Am Südhang des *Bachtelhörnli* eröffnet sich uns ein prächtiger Blick auf die Glarner und Vierwaldstätter Alpen, zum Speer, zu den Churfirsten, zum nahen Schwarzenberg und zur Scheidegg. Im Winter sind hier die Langläufer am Wendepunkt der Panorama-Loipe angelangt. Vom *Vorderen Sennenberg* zieht sich das Flursträsschen in der Nähe des Bachtelweihers gegen den Wald hinauf. Ueber Wurzeln leitet schliesslich ein Trampelpfad durch den Bergwald steil aufwärts zum *Bachtel*[17]. Zwar führt ein bequemes, asphaltiertes Strässchen – im Winter dient es als rassige Schlittelbahn – zum Parkplatz hinab, doch ziehen wir den Albert-Weber-Weg vor (Näheres siehe Route 23), der sich in weiten Kehren über die sonnigen Weiden nach *Ober-Orn* senkt. Auf der nahen Anhöhe war seinerzeit eine Hochwacht[8] eingerichtet.

Weitere Rundwanderungen von Ober-Orn aus
1. Ober-Orn – Unterbach – Bachtel – Ober-Orn. 1 Std. 15 Min.
2. Um den Bachtel: Ober-Orn – Unterbach – Schwändi – Ober-Orn. 1 Std. 30 Min.
3. Ober-Orn – Unterbach – Vorderer Sennenberg – Büel – Niderhus – Egg – Bachtel – Ober-Orn. 3 Std. 15 Min.

Ausgangspunkt Bubikon

Die Gemeinde Bubikon (Fläche 11,65 km^2), zu der neben zahlreichen Weilern und Einzelhöfen der Ortsteil Wolfhausen gehört, liegt in der «Passlandschaft» des ehemaligen Linthgletschers mit ihren Rundhökkern, Kleinseen und Sümpfen. Einige Riedmulden, so das Weierriet beim Kämmoos, der Egelsee und das Reitbacher Riet, sind von regionaler oder gar kantonaler Bedeutung. 811 tauchte erstmals der Name Puapinchova (Hof der Nachkommen des Buobo) auf. 1408 gelangte Bubikon mit der Herrschaft Grüningen an die Stadt Zürich. Seit 1831 gehört es zum Bezirk Hinwil. Bedeutendste Sehenswürdigkeit ist die ehemalige Johanniterkomturei, das *Ritterhus*[16], mit deren Geschichte diejenige von Bubikon eng verbunden ist. Einwohnerzahlen: 1836: 1'583; 1930: 1'938; 1980: 3'601.

Die reformierte Kirche wird bereits im 12. Jahrhundert erwähnt. 1498 baute Meister Simon von Rapperswil im Auftrag der Johanniter einen neuen Chor, 1764 erweiterte man das Langhaus nach Westen und 1903 erhielt der mittelalterliche Turm einen neugotischen Aufbau. Im Chor erfreuen uns Reste von Fresken mit Apostelfiguren und

Kopien von drei Glasgemälden von 1498, deren Originale sich im Landesmuseum befinden. Von 1529 bis 1543 wohnte im Gemeindehaus, dem alten Pfarrhaus, der berühmte Chronist Johannes Stumpf, der zugleich Pfarrer von Bubikon und Prior des Johanniterhauses war.

Verkehrsverbindungen: SBB-Linie Zürich – Uster – Rapperswil, Autobuslinie der VZO Rüti – Stäfa.

Route 27
Schwösterrain – Egelsee

Wanderung durch stilles Bauernland zum aussichtsreichen Höhenzug über dem Zürichsee und zum idyllisch gelegenen Egelsee.

	Höhe	Wanderzeit
Bubikon	527	
Sennschür	527	20 Min.
Ober-Wolfhausen	524	45 Min.
Schwösterrain	518	1 Std. 20 Min.
Rüssel	509	1 Std. 40 Min.
Bubikon	527	2 Std. 15 Min.

Vom Dorfplatz in *Bubikon* gehen wir an der Kirche vorbei gegen Westen, kürzen vor dem Hof Wechsel die Strassenkehre ab an einem Wiesenweg ab und wandern zu den Häusern von *Sennschür,* wo sich verschiedene Routen treffen. Für uns gelten die Wegweiser mit der Aufschrift «Hombrechtikon». So zweigen wir am Waldrand vom Strässchen auf einen Wiesenweg ab, der zum nahen Hof Brandlen und zum Weiler *Bürg* leitet. Ein Strässchen führt zunächst durch eine flache Mulde, später über einen sanften Rücken, der den Blick zu den waldigen Höhenzügen des Etzel und des Höhronen und zu den Dörfern des Höfnerlandes freigibt. In *Ober-Wolfhausen* kreuzen wir die Strasse Grüningen – Wolfhausen. Beim nahen Wäldchen biegt der markierte Weg Richtung Hombrechtikon nach rechts ab, während wir bis zur nächsten Siedlung *Ober-Rennweg* auf dem Strässchen bleiben. Wir sind jetzt auf der markierten Route, die vom Pfannenstiel her Rapperswil zum Ziel hat. Wir queren die Hauptstrasse Hombrechtikon – Wolfhausen und beginnen bei den Häusern von *Unter-Rennweg* leicht zu steigen. Zum ersten Mal auf unserem Rundgang schauen wir auf den Zürichsee. Zunächst sind es die Eilande der Lützelau und der Ufenau, dann die Rapperswiler Bucht mit der Silhouette von Stadt und Schloss, die unser Auge erfreuen. Auf dem höchsten Punkt die-

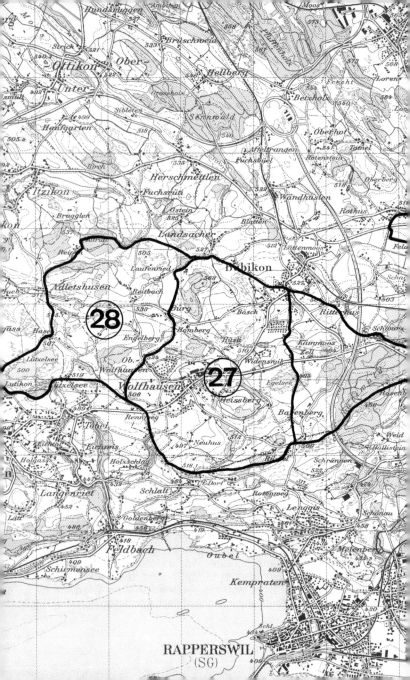

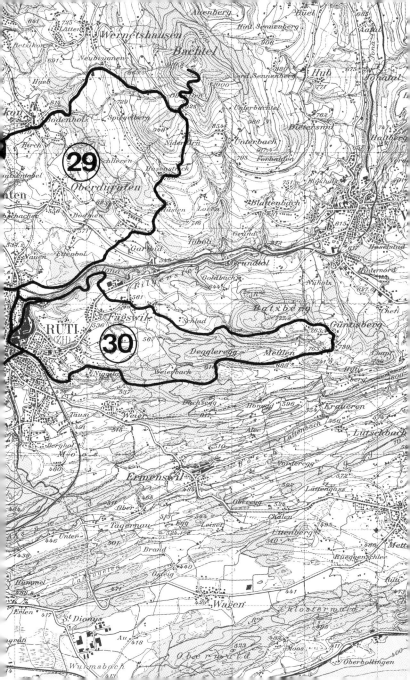

ses Bergrückens war seinerzeit eine Hochwacht[8] eingerichtet. Beim *Schwösterrain* achten wir besonders auf die Bezeichnung und folgen den Tafeln «Rüti» auf dem Höhenweg, der bald über offenes Feld, bald durch den Wald und über Waldwiesen verläuft. Bei klarem Wetter geniessen wir einen weiten Ausblick in die Glarner Alpen, zum Schäniserberg, zum Speer und zum Säntis. Die Wirtschaft *Rüssel,* früher Ziel vieler Ausflügler aus der näheren Umgebung, ist leider eingegangen. Nach dem Grenzstein Zürich – St. Gallen steigen wir zur Rippe mit dem Bänklein hinauf und wandern gegen den Weiler *Barenberg.* Das stattliche Bauernhaus mit der Sonnenuhr und den Wappensteinen stammt aus dem Jahre 1707 und war im Besitz der reichen Müllersfamilie Bühler aus Feldbach. Am nahen *Egelsee* hat die Gemeinde Bubikon eine Badeanlage erstellt. Der See mit dem trüben Moorwasser wurde in der Gegend früher «Nägelisee» geheissen, weil an seinen Ufern «Wassernägeli», Fieberklee, wachsen. Nachdem wir im *Zell* die Strasse Wolfhausen – Rüti gekreuzt haben, gehen wir unter dem Industriegleis der ehemaligen UeBB[7] hindurch und steigen durch das neue Wohnquartier zum aussichtsreichen *Chapf* hinauf. Schon sehen wir das Ziel vor uns, den Dorfplatz von *Bubikon.*

Ausgangspunkt Rüti

Die Gemeinde Rüti hat eine Fläche von 10,10 km^2. Den Dorfkern finden wir in der Erosionsmulde der Jona, die durch die quer verlaufenden Hügelrücken von Schanz und Schlossberg begrenzt wird. Nach Osten greift die Gemeinde in die Rippenlandschaft am Batzberg aus. 998 wird «Rüte» (= Wald, der gerodet wurde) erstmals erwähnt, aber schon 807 erscheint «Fakisesvilari» für den Weiler Fägswil. 1208 stiftete Freiherr Lütold IV. von Regensberg das Prämonstratenserkloster Rüti. Nach der Aufhebung des Klosters im Jahre 1525 wurde sein Besitz Zürcher Staatsgut. Ein Amtmann, der dem Landvogt in Grüningen unterstellt war, verwaltete die Güter bis 1831. Seither gehört Rüti zum Bezirk Hinwil. 1634 zählte es 139 Einwohner, 1836 waren es 1'112. Caspar Honegger, der Erfinder eines verbesserten mechanischen Webstuhles, verlegte 1847 seine Werkstätte von Siebnen nach Rüti in die «Joweid». Aus dieser Werkstätte entstand die weltbekannte Maschinenfabrik Rüti, die von den Einheimischen noch heute «Joweid» genannt wird. In den folgenden Jahrzehnten siedelten sich vor allem längs der Jona weitere Betriebe an, die Rüti zu einem bedeutenden Industrieort machten. Entsprechend entwickelte sich auch die Bevölkerungszahl (1880: 2'608; 1941: 5'818; 1980: 9'331).

Der Lützelsee und seine Umgebung sind seit 1966 geschützt.
(Foto Karl Hofer)

Die heutige reformierte Kirche war Teil des früheren Klosters. Von der ursprünglichen frühgotischen Kirche aus dem Jahre 1217 sind der Chor und der Turm erhalten. Besondere Erwähnung verdienen am Chorbogen die spätgotischen Wandmalereien von 1492 und im Chor das Sakramentshäuschen von 1490. Die Malereien zeigen Propheten, Apostel, heilige Frauen, die klugen und die törichten Jungfrauen. Mehrere Grabplatten erinnern an die Grafen von Toggenburg, die Freiherren von Hinwil und habsburgische Ritter, die in der Schlacht von Näfels 1388 gefallen sind. 1706 brannten das «Amthaus», der Sitz des Amtmanns, andere Klostergebäulichkeiten und Teile der Kirche nieder. Das «Amthaus», ein mächtiger Giebelbau mit bemerkenswertem Rundbogenportal, wurde 1710 neu gebaut. Das Kirchenschiff baute man bis 1771 ebenfalls vollständig neu. Die katholische Dreifaltigkeitskirche steht im Ortsteil Tann der Gemeinde Dürnten. Im Dorfkern finden wir neben den erwähnten Gebäulichkeiten des ehemaligen Klosters Arbeiterhäuser und Fabrikantenvillen, ausserhalb des Zentrums niedere Flarzbauten[5] und stattliche Bauernhäuser (z. B. den «Bundespalast» aus der Mitte des 17. Jahrhunderts im Ferrach). Modernes Wahrzeichen von Rüti ist das Verwaltungsgebäude der Maschinenfabrik.

Verkehrsverbindungen: SBB-Linien Zürich – Uster – Rapperswil und Winterthur – Wald – Rapperswil, Autobuslinien nach Hinwil, Stäfa, Eschenbach – Uznach, Fägswil und Rapperswil.

Route 28
Schwösterrain – Lützelsee – Ritterhus

Durch den schattigen Rütiwald und über die Höhenzüge der Zürichseelandschaft mit der Schau auf den See und in die Wägitaler Berge.

	Höhe	Wanderzeit
Rüti	482	
Rüssel	509	45 Min.
Schwösterrain	518	1 Std. 5 Min.
Lützelsee	519	1 Std. 45 Min.
Adletshusen	517	2 Std. 30 Min.
Sennschür	527	3 Std. 15 Min.
Bubikon	527	3 Std. 35 Min.
Rüti	482	4 Std. 25 Min.

Dank der Markierung finden wir vom Bahnhof *Rüti* an der reformierten Kirche vorbei und durch das Quartier Talgarten den Wanderweg durch den *Rütiwald*. Die gelben Zeichen leiten uns

Im Ritterhus Bubikon ist ein Museum eingerichtet, das die Geschichte des Johanniterordens zeigt. *(Foto Karl Hofer)*

durch den Staatsforst und über die Autobahn hinweg zur Strassengabelung im *Rüssel* an der Kantonsgrenze Zürich – St. Gallen. Die anschliessende Wanderung – sie verläuft bald durch den Wald, bald über offenes Gelände auf dem Höhenzug, der in Stufen zum Zürichsee abfällt – eröffnet uns einen weiten Blick auf den See, auf die Inseln, auf Rapperswil, in die Schwyzer und Glarner Berge, zum Schäniserberg, zum Speer und zum Säntis. Vom *Schwösterrain* an – in der Nähe war früher eine Hochwacht[8] eingerichtet – sind wir auf das Strässchen angewiesen, das nach *Unter-Rennweg* absteigt, die breite Strasse Wolfhausen – Hombrechtikon kreuzt und im Weiler *Ober-Rennweg* in einen Wiesenweg übergeht. Auf der nahen Höhe, der Höchgass (Name auf der Landeskarte nicht angegeben), freuen wir uns an der Aussicht ins Bachtel- und Speergebiet. Während ein markierter Weg über Ober-Wolfhausen nach Bubikon abzweigt, bleiben wir auf der Höhenroute Rapperswil – Pfannenstiel – Zürich und kommen bald zum Weiler *Lützelsee*. Näheres über die Häuser in diesem Weiler, den See und das Eglihaus in Lutikon lesen wir bei Route 8 nach.

Lutikon erreichen wir auf dem markierten Weg, der einen Abstecher zur *Bochslenhöchi,* einem Aussichtspunkt mit einer Anlage des Verkehrsvereins Hombrechtikon, einschliesst. Durch das Lutiker Riet zum Hof Hasel folgen wir dem Rundweg, der einen angenehmen Spaziergang um den reizvollen Kleinsee erlaubt. In leichter Steigung gehen wir zum Waldrand hinauf und dem Hang entlang nach *Adletshusen.* Nachdem wir den Gehweg längs der Strasse benützt haben, biegen wir auf ein Feldsträsschen ab, das zu den Häusern von *Reipen* führt. Für die Fortsetzung bieten sich am Waldrand der Altrüti zwei Möglichkeiten an. Der direkte Weg quert den Wald zum Giessen, der um 5 Minuten längere Weg holt nach Norden aus und berührt das Itziker Riet. In der Nähe der Hütte der Jagdgesellschaft Grüningen, wo die Grüninger Jugend den Waldweiher mit dem Giessen[3] zu einem beschaulichen Ort der Ruhe hergerichtet hat, treffen sich die beiden Wege wieder. Wir behalten die bisherige Richtung bei und queren die meliorierte Niederung im nördlichen Teil des Reitbacher Rietes. In der *Sennschür,* wo sich zwei Wanderrouten kreuzen, entscheiden wir uns für die Fortsetzung nach *Bubikon*. Die reformierte Kirche mit ihrem schlanken Turm ist von weit her sichtbar. Bei der Kreuzung am Dorfplatz – Näheres über das Dorf erfahren wir auf Seite 74 – folgen wir dem Wegweiser «Rüti» auf einem Quartiersträsschen zum *Ritterhus*[16] hinüber. Der Weg quert das

Industriegeleise der ehemaligen Uerikon–Bauma-Bahn und geht später unter der Autobahn hindurch. Rechts abseits unserer Route das Bad Kämmoos. Ende des 19. Jahrhunderts als Bad eingerichtet, früher Mühle und Baumwollspinnerei. Das Moorwasser übt besonders bei Rheumatikern heilende Wirkung aus. Beim letzten Gebäude der seinerzeitigen Spinnerei *Schwarz* steigen wir auf einem Fussweg ins *Schwarztöbeli* hinab. Die Wanderung durch das romantische Tälchen am Schwimmbad vorbei macht uns mit einem beliebten Erholungsgebiet der Rütner bekannt, bevor wir zwischen der Fabrik hindurch zum Pfarrhaus, zum Amthaus und zur reformierten Kirche von *Rüti* gelangen. Der Weg zum Bahnhof ist uns vom Hinweg her vertraut.

Route 29
Bachtel

Auf abwechslungsreichen Wegen am Sonnenhang zum Rigi des Oberlandes.

	Höhe	Wanderzeit
Rüti	482	
Breitenmatt	620	55 Min.
Hasenstrick	758	1 Std. 25 Min.
Bachtel	1115	2 Std. 30 Min.
Hadlikon	579	3 Std. 40 Min.
Dürnten	511	4 Std. 10 Min.
Rüti	482	5 Std.

Beim Bahnhof *Rüti* gehen wir durch die Unterführung und benützen die Fussgängerbrücke an der «Joweid» vorbei zur Hauptstrasse, der wir aufwärts durch den Ortsteil *Tann* folgen. Nach der Ueberführung der Bahnlinie halten wir rechts, lassen bald die letzten Häuser hinter uns und wandern im Eichholz unmittelbar über dem Jonatobel und der Bahnlinie Rüti – Wald. Wenn wir die Hauptstrasse Dürnten – Wald gequert haben, beginnt es bei der Häusergruppe *Garwid* stärker zu steigen. Wo früher auf der ländlichen *Breitenmatt* einzelne Bauernhäuser gestanden haben, dehnt sich heute eine Ueberbauung mit neuzeitlichen Wohnhäusern aus. Die Bauten am sonnigen Hang zwingen uns zu einem kleinen Umweg. Wir benützen die Strasse an der Wirtschaft vorbei, halten dann links auf einem Fussweg längs des Waldstreifens aufwärts und überschreiten auf halber Höhe den Bach auf einem Quersträsschen. Unmittelbar vor dem Weiler *Hüslen* zweigen wir auf einen Wiesenweg ab, der unterhalb des *Hasenstrick* in die Oberländer Höhenstrasse mündet. Kurhaus. Umfassendes Panorama vom Speer bis zum Pilatus. Flugplatz. Der Weg zieht sich steil durch ein Wäldchen hinauf und leitet am Hof Äbnet vorbei nach *Nider-Orn*. Dem von einem Gebüsch gesäumten Bächlein entlang steigen wir nach *Ober-Orn* hinauf. Wirtschaft. Grosser Parkplatz. Auf der nahen bewaldeten Anhöhe ehemalige Hochwacht[8]. Statt das mit einem Sonntagsfahrverbot belegte Strässchen zu benützen, zweigen wir auf den Albert-Weber-Weg ab, der im Zickzack über die Weiden zum *Bachtel*[17] hinaufführt.

Während wir auf unserem Aufstieg die Aussicht wohl kaum in vollen Zügen genossen haben, können wir dies vom Oberländer Rigi aus und auf dem folgenden Abstieg umsomehr tun. Bis nach *Ober-Orn* fallen Aufstiegs- und Abstiegsweg zusammen. Beim «Jägerhus» folgen wir kurze Zeit der Fahrstrasse Richtung Hinwil an der Bachtelschanze vorbei und halten später auf einem Wiesenweg hangabwärts. Im *Neubrunnen* geht der Flurweg in ein wenig befahrenes Strässchen über, das über die Häuser von *Bodenholz* nach *Hadlikon* hinabführt. Auf einem Weg kürzen wir die letzte Strassenschleife zwischen den Häusern hindurch ab. Bei der «Sennhütte» wählen wir die Nebenstrasse dem Mülibach entlang und zweigen später gegen den Hof *Frobüel* ab. Auf einem Flurweg wandern wir gegen die Waldspitze und zur Anhöhe *Chirchberg*. Ein Abstecher zum nahen Aussichtspunkt mit dem Bänklein, P. 565, lohnt sich, auch wenn der nach Süden geneigte Hang heute weitgehend überbaut ist. Ein Zickzackweg leitet zur Hauptstrasse hinab, der wir bis zur Kirche *Dürnten* folgen.

Gerne wechseln wir auf das wenig befahrene Ufer des Baches hinüber und lernen ein Stück Alt-Dürnten kennen. Bei der Kreuzung mit der Umfahrungsstrasse kehren wir auf das linke Ufer zurück und zweigen bald auf dem Flursträsschen ins heute meliorierte Ried ab. Damit wir nicht in die Schusslinie der Schützen geraten, biegen wir erst auf der Höhe des Schützenhauses rechts ab und steigen gegen den wenig ausgeprägten, aussichtsreichen Rücken beim Hof *Halden* hinauf. Bald sind wir in *Tann;* den Rückweg zum Bahnhof *Rüti* kennen wir vom Hinweg her.

Dürnten

Die Gemeinde Dürnten umfasst mit einer Fläche von 10,24 km^2 die Ortsteile Dürnten, Tann und Oberdürnten. Sie greift am Bachtelhang bis zum Hasenstrick hinauf und dehnt sich von der früher versumpften

Ebene nach Nordwesten in die Drumlinlandschaft[2] aus. Zwischen Dürnten und Oberdürnten befand sich eine römische Niederlassung. 745 wird «Tunriude» (keltisch Hügel am Ried) erstmals urkundlich erwähnt. Wie Mönchaltorf war Dürnten Gerichtshof des Klosters St. Gallen. Mit der Herrschaft Grüningen kam es 1408 an die Stadt Zürich, seit 1831 gehört es zum Bezirk Hinwil. Zwischen 1820 und 1886 wurde am Oberberg Schieferkohle abgebaut. Die Gemeinde hatte seit der Mitte des 19. Jahrhunderts Anteil an der industriellen Entwicklung des benachbarten Rüti. Vor allem der Bau von Arbeiterwohnhäusern im Ortsteil Tann führte zu einer starken Bevölkerungszunahme (1836: 1'503; 1941: 3'006; 1980: 4'927).

Die heutige reformierte Kirche, 1517 – 1521 unter Felix Klauser, dem letzten Abt des Klosters Rüti, erbaut, steht über den Bauresten von drei Vorgängerinnen, wovon die älteste auf das 8. Jahrhundert zurückgeht. Das spätgotische Gotteshaus ist wegen der mit reichen Flachschnitzereien dekorierten Holzdecke von Meister Ulrich Schmid bekannt. Die Friese zeigen u. a. eine Hirschjagd und den Kampf des heiligen Georg mit dem Drachen. Der Schlussstein des Netzgewölbes im Chor gibt die Wappen von Dürnten und des Abtes wieder. Bei der kürzlichen Restauration kamen am Chorbogen und im Chor Malereien zum Vorschein, die während der Reformation übertüncht worden waren. Der Turm stammt von einer der früheren Kirchen. 1879 erhielten die Katholiken ihr erstes Gotteshaus in Tann. 1966/67 erfolgte der Bau der Dreifaltigkeitskirche nach Plänen von Josef Anton Weber. Im Dorfkern von Dürnten und in seiner nähern Umgebung finden sich neben Flarzbauten[5] das Pfarrhaus und das «Rigelhus», ein Dorfpatrizierhaus von 1748. Dürnten war von 1901 bis 1948 Station der Uerikon – Bauma-Bahn[7], seit 1930 besitzt es in Tann eine Haltestelle an der Linie Rüti – Wald. Die Autobusse der VZO-Linie Rüti – Hinwil bedienen heute die Ortsteile Tann, Dürnten und Oberdürnten.

Route 30
Grossweier – Güntisberg – Tannertobel

Als Wanderziele locken das Naturschutzgebiet Grossweier, die aussichtsreichen Höhen am Batzberg und das romantische Tannertobel.

	Höhe	Wanderzeit
Rüti	482	
Grossweier	610	1 Std.
Güntisberg	739	1 Std. 35 Min.
Unter-Fägswil	561	2 Std. 25 Min.
Rüti	482	3 Std. 10 Min.
Variante:		
Tann	510	3 Std.

Gegenüber dem Bahnhof *Rüti* leiten der Wettstein-Weg und der Bahnweg längs der Gleise Richtung Rapperswil. Wenn wir auf dem Trümmlenweg langsam ansteigen, eröffnet sich uns bei klarem Wetter ein weiter Blick in die Glarner und Schwyzer Berge. Fusswege führen durch das Hessenwäldli zur Ueberbauung im *Niggital*. Schon bald lassen wir die Häuser hinter uns und wandern durch eine stille Landschaft, in der Wiesen und Wald miteinander abwechseln. Wo sich das Weierbächli und das Förliholzbächli zum Feienbächli vereinigen, treten wir in den Wald ein. Das Naturstrsschen steigt in östlicher Richtung leicht an und berührt die Waldwiese in der Gründ. Bald lichtet sich der Wald. Wir sind am Rande des Grossweierrietes, auf der Karte als *Grossweier* bezeichnet, und blicken auf das Reservat, das durch Beschluss der Gemeinden Rüti und Wald seit 1964 besteht. Die Riedmulde, zwischen zwei Nagelfluhrippen gelegen, ist landschaftlich und biologisch sehr wertvoll und verdient den Schutz aller. Neben den Riedflächen finden sich am nördlichen Rand Reste von Halbtrockenrasen. Das Wasser ist seit einigen Jahren gestaut.

Die Waldstrasse zieht sich durch das Rütiholz zur Rippe hinauf, auf der sich die Häuser des Weilers *Mettlen* sonnen. Der Ausblick gegen Speer, Schäniserberg und in die Glarner Alpen ist einmalig. Das wenig befahrene Strässchen steigt am Schulhaus dieser Walder Aussenwacht vorbei nach *Güntisberg* hinauf. In diesem Weiler erfreuen uns einzelne Flarzhäuser. Wir halten nordwärts und geniessen auf der Höhe bei P. 763 zusätzlich noch den Ausblick auf den Talgrund von Wald und auf die Berge, die das stattliche Dorf im Nordwesten und Nordosten umrahmen. Der Wanderweg folgt später einem Längstälchen zwischen dem nördlich gelegenen *Batzberg* und den südlich sich ausdehnenden Plöcheren. Auf dem Abstieg bemerken wir den Giessen des Gubelbächlis, bevor wir in angenehmer Wanderung mit Blick zum Sonnenhang des Bachtel und gegen die kurzweilig geformte Landschaft im Nordwesten nach *Ober-Fägswil* gelangen. Ober- und Unter-Fägswil gehören zur Gemeinde Rüti, besitzen aber ein eigenes Schulhaus. Wir gewahren einige bemerkenswerte Bauernhäuser, so in Ober-Fägswil einen Bau vom Ende des 17. Jahrhunderts, in dem sich seinerzeit eine Wirtschaft am Einsiedler Pilgerweg befand. In *Unter-Fägswil* verlassen wir die Strasse und wandern auf einem Wiesenpfad zur Walderstrasse hinab. Die ausgedehnten Gebäulichkeiten gehören zur Metallwarenfabrik Hess & Cie im Pilgersteg. Wir halten geradeaus auf den Waldrand zu und steigen auf einem in den letzten Jahren restaurierten Zickzackweg ins *Tannertobel* hinunter. Der Wanderweg folgt zunächst dem linken Ufer, dann dem rechten Ufer der *Jona* bis zu den ersten Gebäuden der Maschinenfabrik Rüti. Die imposante Schlucht der Jona ist vom geologischen, botanischen, zoologischen und landschaftlichen Standpunkt aus bemerkenswert. Für den Abschluss können wir wählen zwischen einem Aufstieg nach *Tann* (Haltestelle Tann-Dürnten der SBB-Linie Rüti – Wald oder Haltestelle Sonnenberg der Buslinie Rüti – Hinwil) und einem Marsch durch das Areal der «Joweid» zum Bahnhof *Rüti*.

Route 31
Aspwald – Usser-Wald

Durch den gegenwärtigen Bau der Verlängerung der Oberland-Autobahn sind einzelne Wanderwege im Usser-Wald unterbrochen. Deshalb verzichten wir in dieser Auflage auf eine Beschreibung. In der nächsten Auflage des Büchleins wird die Route wieder Aufnahme finden. Bis dahin empfehlen wir den Wanderern und Spaziergängern, dieses abwechslungsreiche Naherholungsgebiet in der St. Galler Nachbarschaft auf eigene Faust zu durchstreifen.

Ausgangspunkt Wald

Wald ist mit 25,35 km^2 Fläche eine grosse Gemeinde und dehnt sich hauptsächlich längs der Hänge von Bachtel und Scheidegg im obersten Jonatal aus. Ein Zipfel greift ins Quellgebiet der Töss am Tössstock hinüber, ein anderer Teil erstreckt sich in die Rippenlandschaft am Batzberg. Der Name «Walde» (Hof mitten in einem grossen Waldgebiet) erscheint im Jahre 1217. In der Umgebung von Wald standen im Mittelalter zahlreiche Burgen, von denen nirgends mehr Mauerreste vorhanden, wohl aber teilweise noch Gräben und Wälle erkennbar sind (u. a. Rossberg, Fründsberg, Strickenberg, Forbül, Oberbaliken, Unterbaliken, Batzberg). 1408 kam Wald mit der Herrschaft Grüningen an Zürich. 1621 erhielt es das Marktrecht. Daran erinnern heute die beiden Märkte im Frühling und im Herbst. Wald verzeichnete im Jahre 1634 570 Einwohner, die in der Landwirtschaft und im Handwerk tätig waren. 1787 zählt die Gemeinde bereits 2'800 Einwohner, wovon sich allein 1'354 mit Spinnen und Weben von Baumwolle in ihren Heimwesen beschäftigten. Die Einführung der mechanischen Spinnerei und der mechanischen Weberei bewirkte eine Abwanderung der Bevölkerung von den Weilern und Einzelhöfen in die Fabriken, die sich an den Wasserläufen der Jona und ihrer Nebenbäche ansiedelten. Waren es 1830 noch zwei Textilbetriebe, betrug ihre Zahl 1868 bereits 16. Wald entwickelte sich im 19. Jahrhundert zu einem typischen Industrieort mit Fabrikanlagen, Kosthäusern (z. B. «Schiltenachti» an der Bachtelstrasse) und Fabrikantenvillen. Die Bevölkerungsentwicklung zeigt folgendes Bild: 1836: 3'895; 1880: 6'023; 1941: 6'652; 1980: 7'447.

Seit 1831 gehört Wald zum Bezirk Hinwil. Die sieben «Wachtbezirke» (Zivilgemeinden) Blattenbach, Güntisberg, Hittenberg, Hüebli, Laupen, Riet und Wald wurden im 19. Jahrhundert aufgehoben. In früheren Zeiten behinderten schlechte Wegverhältnisse den Verkehr. Der Pilgerweg[21] führte nicht durch das Dorf, sondern zog sich dem Bachtelhang entlang. Erst zwischen 1837 und 1853 wurden die wichtigsten Strassen gebaut. 1876 erfolgte die Eröffnung der Rüti – Wald-Bahn und des Abschnittes Bauma – Wald der Tösstalbahn.

Sehenswerter Mittelpunkt der Gemeinde ist der schön gestaltete und dank privater und öffentlicher Initiative gut sanierte Dorfplatz. Er wird dominiert von der reformierten Kirche, die 1757 von Jakob Grubenmann erbaut und deren Chor 1784 erweitert wurde. 1890 erhielt der Turm seinen Spitzhelm. Der Ortskern figuriert im «Inventar der schützenswerten Ortsbilder der Schweiz» (ISOS). Die katholische Kirche mit Vereins- und Pfarrhaus stammt aus dem Jahre 1927. Ein besonderes Schmuckstück bildet das Haus «Windegg», ein imposanter Riegelbau mit Klebdächlein, der im 17. Jahrhundert auf den Fundamenten der Burg der Freiherren von Windegg errichtet wurde. 1977/78 renovierte die reformierte Kirchgemeinde das Haus mustergültig. Gleichzeitig erfolgte ein Ausbau der benachbarten Winkelscheune zu einem Gemeindezentrum. Ausserhalb des Dorfkerns ist neben zahlreichen Bauernhäusern das Wirtshaus «Zum roten Schwert», ein Blockständerbau[5] am ehemaligen Pilgerweg[21], besonders sehenswert. In Wald haben sich zwei alte Bräuche[20] erhalten, das Silvesterchlausen und die «Umezüg» an der Fastnacht. Das Heimatmuseum an der Zentralstrasse beherbergt Wechselausstellungen. Auskunft erteilt Urs-Peter Zingg, Sunnehaldeweg 5, Wald. Die voralpine Landschaft um Wald lädt zum Wandern und zum Skilaufen ein. Verkehrsverbindungen: SBB-Linie Winterthur – Bauma – Rüti – Rapperswil, Postautokurse zur Höhenklinik auf dem Faltigberg, nach Goldingen – Uznach und nach Hinter-Goldingen.

Route 32
Bachtel

Der Bachtel ist der Aussichtsberg des Zürcher Oberlandes; keiner erhält soviel Besuch wie er. An der Grenze zwischen Mittelland und Voralpen gelegen, bietet er eine herrliche Rundschau.

	Höhe	Wanderzeit
Wald	617	
Tänler	751	35 Min.
Unterbach	854	1 Std. 5 Min.
Bachtel	1115	1 Std. 45 Min.
Vorderer Sennenberg	880	2 Std. 20 Min.
Dieterswil	762	2 Std. 40 Min.
Wald	617	3 Std. 15 Min.

Vom Bahnhof *Wald* aus ist die Route an der katholischen Kirche vorbei, über die Jona und zwischen den Gebäuden der «Bleiche» hindurch gut markiert. Sie steigt am Spital vorbei zum Hof *Feisterbach* hinauf und erreicht mit der Strasse den *Tänler*. Wirtschaft. Stufe um Stufe steigen wir am Südosthang des Bachtel aufwärts. Beim Haus *Forhalden* bietet uns ein ebenaus verlaufendes Teilstück Gelegenheit zum Verschnaufen, bevor vom Hof *Boden* aus das Fahrsträsschen recht steil zu den Häusern von *Unterbach* hinaufführt. Während die Strasse auf den Bachtel nach links über Ober-Orn ausholt, gehen wir auf dem Wiesenweg geradeaus und gelangen durch ein Waldstück an den Rand der aussichtsreichen *Unterbachweid*. Die Wegspuren queren im Wald zweimal die vor einigen Jahren erbaute Zufahrtsstrasse zum Bachtel und leiten schliesslich über die Weide zum Berggasthaus auf dem *Bachtel*[17].

Für den Abstieg wählen wir den Pfad, der vom Turm aus über den bewaldeten Nordgrat verläuft und recht steil in den Sattel zwischen Bachtel und Auenberg hinabführt, wo sich mehrere Routen treffen. Uns dienen die gelben Tafeln «Vorderer Sennenberg», die uns auf ein Strässchen weisen, das sich anfangs im Wald und dann durch die Wiesen – linker Hand bemerken wir den Bachtelweiher – zum Hof *Vorderer Sennenberg* hinabzieht. Im Winter folgen hier Langläufer und Skiwanderer der Panorama-Loipe. Auch wir geniessen das Panorama mit der Aussicht in die Glarner Berge. Beim letzten Haus zweigt ein Strässchen zur Fabrik in der *Hueb* ab. Für ein längeres Wegstück über den Weiler *Dieterswil* mit seinen Flarzbauten[5] sind wir leider auf die Strasse angewiesen, doch entschädigt die

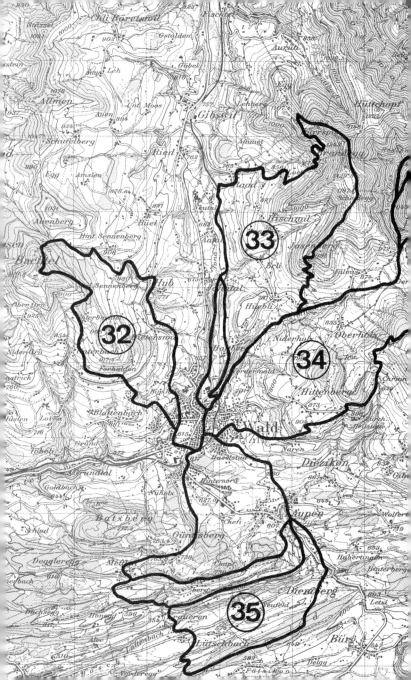

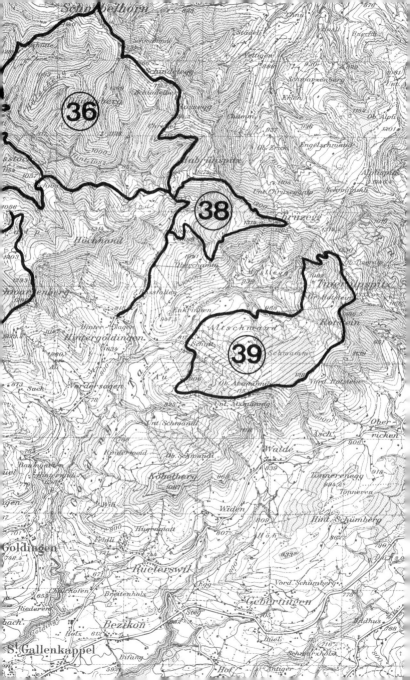

Aussicht ein bisschen für das Wandern auf dem Hartbelag. Wo die Strasse scharf nach links abbiegt, lädt uns ein Weg zum aussichtsreichen Abstieg über das Schulhaus Binzholz nach *Wald* ein. Die Markierung leitet uns auf zum Teil bekannten Wegen zum Bahnhof, wenn wir nicht einen Gang durch den Dorfkern vorziehen.

Route 33
Scheidegg – Oberegg

Der Höhenzug zwischen der Hörnli- und der Allmenkette, die Scheidegg mit ihren Weiden, ist zu allen Jahreszeiten ein beliebtes Wanderziel.

	Höhe	Wanderzeit
Wald	617	
Oh	788	50 Min.
Scheidegg	1197	1 Std. 55 Min.
Oberegg	1107	2 Std. 30 Min.
Rod	765	3 Std. 15 Min.
Wald	617	4 Std. 20 Min.

Dank der Markierung finden wir vom Bahnhof *Wald* an der reformierten Kirche vorbei die Abzweigung des Sagenraintobelweges von der Hüeblistrasse leicht. Durch das schattige *Sagenraintobel* fliesst der Schmittenbach der Jona zu. Die Höll, eine wilde Felstrümmerlandschaft, weckt unsere Aufmerksamkeit. Später zweigt der Weg zum Hof Tüfi und zum Weiler *Oh* (Aa) hinauf ab. Wenn wir am sonnigen Wiesenhang aufwärts wandern, weitet sich der Ausblick mit jedem Schritt. Gerne tauchen wir in den Waldschatten ein. Der Pfad klettert recht steil der Westflanke des *Josenberges* entlang, führt über den bewaldeten Grat und erreicht über die Weiden die *Scheidegg*. Berggasthaus mit Betten. Bei der Wirtschaft und auf dem nahen Weiderücken prachtvolle Aussicht auf den Zürichsee, den Obersee, die Linthebene, in die Wägitaler Berge, auf den Alpenkranz vom Säntis bis ins Berner Oberland, in den Jura und den Schwarzwald. Wo früher als grosse Attraktion Segelflugzeuge starteten, beginnen heute die Deltasegler ihre kühnen Flüge.

Die Wegspuren leiten nordwärts über die Weide zur *Brandegg*, P. 1243, hinauf. Der *Polenweg*, den 30 internierte Polen 1940 in zwei Wochen angelegt haben, zieht sich zum *Dürrspitz* hinab. Ein schmaler Bergweg – hier sausten früher die Skifahrer auf der bekannten Scheideggabfahrt gegen Fischenthal hinunter – führt zum Sattel und zum höchsten Punkt 1107 der *Oberegg*. Blick gegen den Zürichsee und zu den verstreuten Dörfchen, Weilern und Einzelhöfen an der Ostseite der Allmenkette. In der Nähe lädt die Bergwirtschaft von Noldi Spörri zu einer Rast ein. Auf der neuerstellten Waldstrasse wandern wir vom Sattel talwärts gegen den Hof *Loch* und über die *Eggschwändi* zum Weiler *Rod* (Raad). Das Strässchen steigt zu den Häusern im *Neutal* hinab – in der Nähe die Gebäulichkeiten der Weberei Keller – und zieht sich im Talgrund am Oberlauf der Jona über *Aatal* zur *Grosswis,* wo sich uns für die Rückkehr nach Wald zwei Varianten anbieten. Die einen benützen den Weg unter der Bahnlinie hindurch, wandern zum sonnig gelegenen *Unteren Haltberg* und steigen, teils auf Abkürzungswegen, an der Feinweberei Elmer und am Sekundarschulhaus Burg vorbei ins Dorf *Wald* hinab. Wer einen schattigen Weg vorzieht, geht im Wald über zwei Nebenbächlein und folgt der Jona durch das romantische *Elbatobel* – der Name stammt von einer früheren Spinnerei «Elba» – zu den ersten Häusern von *Wald.*

Route 34
Sagenraintobel – Schwarzenberg – Farner

Kurzweiliger Aufstieg durch das Sagenraintobel und über die Boalp, aussichtsreicher Abstieg über die Weiden am Farner und die sonnigen Terrassen am Faltigberg.

	Höhe	Wanderzeit
Wald	617	
Wolfsgrueb	972	1 Std. 30 Min.
Untere Boalp	1086	2 Std. 5 Min.
Schwarzenberg	1293	2 Std. 40 Min.
Farner	1158	3 Std. 5 Min.
Höhenklinik	898	3 Std. 40 Min.
Wald	617	4 Std. 25 Min.

Zahlreiche Wegweiser erleichtern uns, vom Bahnhof *Wald* aus die Route durch das Dorf, an der reformierten Kirche vorbei und auf der Hüeblistrasse zur Abzweigung des Sagenraintobelweges zu finden. Der Schmittenbach hat das *Sagenraintobel* ausgesägt, das zu einer kurzweiligen Wanderung im Waldschatten einlädt. In der *Chürzi* kreuzen wir die Strasse, die zum nahen sankt-gallischen Dörfchen Oberholz hinaufführt. Das folgende Teilstück hat der Verkehrsverein Wald mit grosszügiger Unterstützung von Kanton, Gemeinden, Vereinigungen und Privaten 1981 erstellt. Dadurch wurde es möglich, von Wald aus abseits der Strasse zur Wolfsgrueb zu wandern. Ueber den Hof *Ger* steigen wir zur *Wolfsgrueb* hinauf, dem Uebergang vom Jonatal ins Tösstal. In der Nähe, an der Scheideggstrasse, erratischer Block (schiefriger Alpenkalk). Wenn wir auf dem Fahrsträsschen weiter bergan wandern, wird der Ausblick auf den Zürichsee und in die Alpen mit jedem Schritt umfassender. In der *Unteren Boalp* (Pooalp), Wirtschaft, folgen wir dem Gütersträsschen zum Wald hinauf und zum Stall auf der *Oberen Boalp*. Das Botäli ist bei den einheimischen Skifahrern bestens bekannt. Wenn im Oberland nirgends mehr Schnee anzutreffen ist, finden sie am Nordabhang des Schwarzenberges noch günstige Uebungsplätze. Der Wegweiser gibt den pfadlosen Aufstieg über den Weideboden und durch die Stauden zum nördlichen Gipfel des *Schwarzenberges,* P. 1293, an. Aussicht zu den Kuppen des Tössberglandes, ins Goldingertal, zum Säntis und in die Glarner Alpen.

Der Weg verläuft zum südlichen Gipfel, P. 1286, der wegen der Bäume nur wenig Aussicht bietet, und über den bewaldeten Südgrat steil in die Lücke zwischen Schwarzenberg und Farnergrind (früher Guntliberg) hinunter. An bizarren Nagelfluhblöcken vorbei kommen wir zur Alpwirtschaft auf dem *Farner,* die dem Zürcherischen Kantonalen Landwirtschaftlichen Verein gehört. Das Skigelände mit der Abfahrt über das Oberholz nach Wald ist seit 1955 durch den Skilift Oberholz – Farner erschlossen. Das Strässchen windet sich in weiten Kehren mit freier Aussicht zum Weiler *Chrinnen* hinab und führt zur Strassengabelung oberhalb der *Höhenklinik* auf dem *Faltigberg.* Die Zürcherische Heilstätte Wald, von den Einheimischen «Sani» (= Sanatorium) genannt, wurde 1898 als erste Tuberkulose-Heilstätte des Kantons gegründet und dient seit 1967 als Mehrzweck-Heilstätte. Auf einem Höhenweg gelangen wir zur Wirtschaft auf dem *Lauf,* wo uns eine prachtvolle Aussicht auf den oberen Zürichsee und in die Glarner und Schwyzer Alpen erwartet. Wir halten zur Strasse oberhalb Naren hinab und folgen einem Weg gegen das Schulhaus Neuwis. Durch die neueren Quartiere ist die Route zum Bahnhof *Wald* markiert.

Route 35
Güntisberg – Eggwald

Wanderung über aussichtsreiche Höhenzüge und durch idyllische Tälchen in den benachbarten sankt-gallischen Seebezirk.

	Höhe	Wanderzeit
Wald	617	
Güntisberg	739	35 Min.
Kraueren	554	1 Std. 10 Min.
Unter-Lütschbach	560	1 Std. 20 Min.
Diemberg	588	2 Std. 15 Min.
Laupen	607	2 Std. 30 Min.
Wald	617	3 Std.

Vom Bahnhof *Wald* aus wählen wir diesmal den Dorfausgang Richtung Süden. Auf der Laupenstrasse gehen wir unter der Bahn durch, biegen auf die Chefistrasse ab und steigen – nicht ohne ab und zu einen Blick zurück auf das stattliche Dorf zu werfen – auf der wenig befahrenen Strasse zum Weiler *Güntisberg* hinauf. Bei klarem Wetter öffnet sich uns auf dieser sonnigen Höhe ein weiter Ausblick gegen den Speer, den Schäniserberg und in die Glarner und Wägitaler Berge. Das Strässchen führt am Schulhaus vorbei nach *Mettlen,* wo der Wanderweg einem Gebüschstreifen entlang erneut zum Höhensträsschen absteigt, das zum *Widenriet* leitet. Der Wegweiser «Eschenbach» zeigt uns die Wegspur zum Waldrand und durch den Waldstreifen zum Hof *Honegg* hinab, der bereits auf Boden der St. Galler Gemeinde Eschenbach liegt. In der Honegg, im nahen *Ebnet* und vor allem in der *Kraueren* erfreuen uns Bauernhäuser mit weitgehend unverfälschten Fassaden. Das Haus in der Kraueren, rechts etwas abseits unserer Route, gilt mit der Jahrzahl 1646 als ältestes datiertes Bauernhaus im Seebezirk. Der Wanderweg führt an den Rand der Terrasse und im Zickzack, in der Nähe des kleinen Wasserfalles und der Nagelfluhfelsen vorbei, zum Steg über den Lattenbach. Beim Kruzifix in *Unter-Lütschbach* halten wir rechts zum Bach, P. 530, abwärts und jenseits zum Waldrand und zur Wegkreuzung im *Eggwald* aufwärts. Typisch für die Landschaft zwischen Zürichsee und Oberland sind die schmalen, meist bewaldeten Höhenzüge aus Nagelfluh, die von Südwesten nach Nordosten streichen, und die sich dazwischen hinziehenden Wiesentäler mit sumpfigen Mulden.
Der Weg mit der Angabe «Goldingen» verläuft auf der bewalde-

ten Krete. Auf dem Strässchen, das Unter-Lütschbach mit Eschenbach verbindet, gehen wir einige Schritte zum Einschnitt der *Chlausenhöchi* (Name nicht auf der Karte angegeben), bevor wir auf dem Höhenzug des Eggwaldes weiterwandern. Ab und zu erhaschen wir einen Blick auf Eschenbach, auf den Obersee und auf die Berge südlich und östlich der Linthebene. Später zweigt ein schmaler Pfad steil abwärts und führt zu den ersten Häusern von *Diemberg*. Oberhalb der Müli erreichen wir bei P. 588 die Strasse Uznach – Wald, mit der wir während einer Viertelstunde bis nach *Laupen* vorliebnehmen müssen. Der Wanderweg zieht sich nach der Fabrik gegen *Ober-Laupen* hinauf und dem sonnigen Hang entlang über die Steig zur Haselstud. Der Kanzleiweg führt gegen den Bahnhof *Wald* hinab.

Variante
Ausgangspunkt Laupen

Laupen, eine Wacht der Gemeinde Wald, ist im Postauto von Wald aus erreichbar.

	Höhe	Wanderzeit
Laupen	607	
Hiltisberg	677	35 Min.
Kraueren	554	1 Std. 15 Min.
Laupen	607	2 Std.

Bei der Fabrik in *Laupen* zweigen wir von der Hauptstrasse ab, steigen später auf einem undeutlichen Wiesenpfad zum Waldrand hinauf und folgen den Wegspuren dem Hang entlang zum Hof *Chapf*. Vom nahen *Hiltisberg* aus, Wirtschaft mit Kinderspielplatz, geniessen wir eine weite Aussicht ins Speergebiet, ins Glarnerland, in die Schwyzer Berge und auf den oberen Zürichsee. Wir wandern auf dem Höhensträsschen weiter bis zum *Widenriet* und benützen den oben beschriebenen Weg über die *Honegg* zur *Kraueren* hinab. Für die Rückkehr nach *Laupen* bietet sich uns ein angenehmer Wiesenweg dem Hang des Krauerenberges entlang an.

Das Haus «Zum roten Schwert» in Blattenbach, ein Blockständerbau von 1621, liegt am ehemaligen Pilgerweg von Süddeutschland nach Einsiedeln. *(Foto Karl Hofer)*

Ausgangspunkt Wolfsgrueb

Die Wolfsgrueb (TCS-Parkplatz) ist im eigenen Auto von Wald und Gibswil aus über das Hüebli auf guten Strassen erreichbar. Wenn der Parkplatz besetzt ist, kann man den Wagen auf dem Parkplatz *Fälmis* stehen lassen. Vom Fälmis aus führt ein Wanderweg über den Hof Ger in einer Viertelstunde zur Wolfsgrueb.

Für die Wanderer, die von Wald aus zu Fuss in die Wolfsgrueb gelangen wollen, bieten sich zwei Möglichkeiten:
1. Durch das Sagenraintobel (siehe Route 34). 1 Std. 30 Min.
2. Ueber Niderholz – Oberholz. 1 Std. 30 Min.

Die Route benützt im ersten Teil vorwiegend wenig befahrene Strässchen mit Hartbelag und berührt den zur Gemeinde Goldingen gehörenden Weiler *Oberholz.* Im Oberholz finden wir die Kapelle zur Heiligen Dreifaltigkeit, einen Barockbau von 1707 mit einem Dachreiter.

Route 36
Tössscheidi – Schnebelhorn – Schindelberg

Die Wanderung führt durch das ausgedehnte Wild- und Pflanzenschutzgebiet auf das Schnebelhorn, den höchsten Berg des Kantons Zürich.

	Höhe	Wanderzeit
Wolfsgrueb P	972	
Tössscheidi	796	30 Min.
Sennhütte	1028	1 Std. 15 Min.
Schnebelhorn	1292	2 Std.
Schindelberg	1153	2 Std. 35 Min.
Hand	1003	3 Std. 5 Min.
Schwämi	1087	3 Std. 45 Min.
Wolfsgrueb P	972	4 Std. 20 Min.

Bei der *Wolfsgrueb,* der Wasserscheide zwischen dem Jonatal und dem Tösstal, zeigt uns eine Orientierungstafel die zahlreichen Wandermöglichkeiten. Wir steigen auf dem Hohlweg steil zur Vorderen Töss hinab und folgen dem Strässchen durch das tiefeingeschnittene Waldtobel an eindrücklichen Nagelfluhwänden vorbei zur *Tössscheidi,* wo die Vordere und die Hintere Töss zusammenfliessen. Bei den Forsthütten in der nahen *Bachscheidi* setzt der stellenweise recht steile Aufstieg durch den ausgedehnten Staatswald zur *Sennhütte* ein. Wirtschaft, Betten, Massenlager. Auf dem Wiesenrücken links der Straleggstrasse bemerken wir den Gedenkstein für Jakob Rüedi und Heinrich Keller, die Gründer und ersten Betreuer der Staatswaldungen[23] und des Schonreviers Wald-Fischenthal[24]. Später verlassen wir das Forststrässchen und steigen auf einem Weg weiter bergan zum *Tierhag,* P. 1140. Wirtschaft. Das letzte Stück des Aufstieges verläuft auf Wegspuren über den steilen Weidehang und beansprucht unsere Kräfte. Umso mehr freuen wir uns an der Aussicht vom *Schnebelhorn,* dem höchsten Berg im Kanton Zürich oder dem «Berg Höchst», wie ihn Alfred Huggenberger genannt hat. Ueber die Aussicht in alle Richtungen können wir Genaueres bei Route 49 nachlesen.

Nur ungern nehmen wir von dieser Höhe Abschied und benützen etwa 200 m den Hinweg über den Weideboden, bevor wir auf Wegspuren zum Sattel zwischen Schnebelhorn und Schindelberghöchi absteigen. Der markierte Weg zur Bergwirtschaft *Schindelberg,* P. 1153, geht am Stall in der *Neurüti* vorbei und zieht sich dem Südhang der Schindelegg entlang, doch können wir bei trockenem Wetter auch pfadlos dem aussichtsreicheren Grat folgen. Die Wirtschaft Schindelberg, auf dem Boden der sankt-gallischen Gemeinde Goldingen gelegen, ist von Mai bis Oktober geöffnet. Das Bergsträsschen leitet zur Alp *Chreuel,* holt in weitem Bogen durch das Tobel des Chreuelbaches aus und führt zur *Hand,* P. 1003, hinab, wo die Wege wie die fünf Finger auseinandergehen. Von der Wasserscheide zwischen Tösstal und Goldingertal aus wählen wir den Alpweg ebenaus und wandern über den *Grossboden* längs des Nordabhanges der Höchhand. Wir blicken in die hintersten Tobel des Tösstales, welche die Bäche vom Dägelsberg, vom Schindelberg, vom Chreuel und vom Habrütispitz herunter ausgesägt haben. Wenn wir durch den Schwammwald zur Alp *Schwämi* aufsteigen, beachten wir zwei schön ausgebildete Giessen[3]. Von der Schwämi, zwischen der Höchhand und dem Tössstock gelegen, schweift unser Blick gegen den Zürichsee. Das Strässchen dringt in ein Seitentobel ein und führt hoch über der Vorderen Töss zur *Wolfsgrueb* zurück.

Route 37
Um den Tössstock

Das Wild- und Pflanzenschutzgebiet um den Tössstock lockt mit seinen schattigen Wegen besonders im Sommer zum Wandern.

	Höhe	Wanderzeit
Wolfsgrueb P	972	
Schwämi	1087	40 Min.
Wolfsgrueb P	972	1 Std. 45 Min.

Von der *Wolfsgrueb* folgen wir dem Strässchen horizontal in den Wald hinein. Es zieht sich hoch über der Vorderen Töss dahin, wagt sich in Seitentobel hinein und steigt später gleichmässig zur Alphütte in der *Schwämi* hinauf. Der nahe Tössstock, zwischen der Vorderen und der Hinteren Töss gelegen, ist völlig bewaldet und bildet das Kernstück des Wild- und Pflanzenschutzgebietes[24]. Wir wählen das Strässchen, das schon bald wieder in den Wald eintritt und sich am Nordosthang des Tössstockes leicht senkt. Wo es sich bei P. 1051 scharf nach links wendet, zweigen wir auf einen schmalen Weg ab, der den Steilhang im Zickzack überwindet. Die Wegweiser «Wolfsgrueb» zeigen uns die Fortsetzung auf dem Waldweg, der anfangs ebenaus zu den imposanten und zerklüfteten Nagelfluhwänden leitet und dann nach rechts steil zur Vorderen Töss absteigt. Auf dem Strässchen, das von der Tössscheidi herkommt, wandern wir zur *Wolfsgrueb* hinauf.

Weitere Rundwanderungen von der Wolfsgrueb aus
1. Wolfsgrueb – Fussweg – Scheidegg – Überzütt – Hüttchopf – Überzütt – Bruederegg – Wolfsgrueb. 2 Std. 45 Min.
2. Wolfsgrueb – Schwämi – Höchhand – Obere Boalp – Untere Boalp – Wolfsgrueb. 2 Std. 30 Min.
3. Wolfsgrueb – Untere Boalp – Obere Boalp – Schwarzenberg – Gerwald – Wolfsgrueb. 1 Std. 45 Min.
4. Wolfsgrueb – Gerwald – Wirtsberg – Hand – Schwämi – Wolfsgrueb. 2 Std. 45 Min.

Ausgangspunkt Hinter-Goldingen

Das Goldingertal gehört grösstenteils zur Gemeinde Goldingen im sankt-gallischen Seebezirk. Hinter-Goldingen erreichen wir auf gut ausgebauten Strassen und im Postauto von Wald oder Uznach her.

Route 38
Chrüzegg

Die Chrüzegg mit ihrer grossartigen Aussicht ist das Ziel dieser lohnenden Bergwanderung.

	Höhe	Wanderzeit
Hinter-Goldingen	815	
Chamm P	865	20 Min.
Oberchamm	1070	1 Std.
Chrüzegg	1314	1 Std. 50 Min.
Hand	1003	2 Std. 25 Min.
Chamm P	865	2 Std. 45 Min.
Hinter-Goldingen	815	3 Std. 10 Min.

Wer ein öffentliches Verkehrsmittel benützt, muss bei der Haltestelle «Sonne» in *Hinter-Goldingen* aus dem Postauto steigen und bei der Abzweigung *Rossfallen* auf der leider asphaltierten Strasse taleinwärts wandern. Rechter Hand bemerken wir die Skiliftanlagen Rossfallen – Chamm. Angenehmer hat es der Automobilist, der seinen Wagen auf einem Parkplatz in der Nähe des Hofes Chamm abstellen kann. Der Wanderweg steigt am Hof *Chamm* vorbei steil durch die Weide aufwärts und erreicht im *Oberchamm* den Grat. Gerne unterbrechen wir den Aufstieg für ein Weilchen, um ins grüne Goldingertal und zum Alpenkranz zu schauen. Bald auf dem Grat, bald links davon zieht sich der Pfad zum Stall *Im Chabis* hinauf. Wir wählen den untern, wenig ansteigenden Weg, der durch den bewaldeten Steilhang im *Chümibarren* zur Alpwirtschaft auf der *Chrüzegg* leitet. Geöffnet von Mitte Mai bis Ende Oktober. Betten und Massenlager. Noch umfassender ist die Aussicht vom Gipfel, P. 1314, den wir nach kurzer Wanderung über den Kamm nach Westen erreichen. Wir geniessen eine einzigartige Aussicht zur Säntiskette, zu den Churfirsten, zum Speer und zum Bergkranz von den Glarner bis zu den Berner Alpen. Gegen Norden blicken wir ins untere Toggenburg und über den Thurgau hinweg bis zum Bodensee. Wohl trifft sich an schönen Sonntagen auf der Chrüzegg viel Volk, doch wie sähe es wohl aus, wenn die in den sechziger Jahren geplante Luftseilbahn gebaut worden wäre?

Nur ungern trennen wir uns von diesem Aussichtspunkt erster Güte. Der Abstieg führt zunächst durch das Bergsturzgebiet *In den Brüchen* («abbrochne Bärg») zum Sattel bei P. 1205. Das Trümmerfeld mit den überwachsenen Felsblöcken geht auf das Jahr 1757 zurück, als eine Nagelfluhplatte einbrach. Wir halten dem Hang entlang auf die Hütte in der *Habrüti* zu und steigen erst pfadlos, später auf einem Weglein zur *Hand* hinab. Wie die fünf Finger strahlen die Wege in diesem Sattel auseinander. Auf dem kleinen Finger sind wir von der Chrüzegg herabgekommen, auf dem Strässchen, das den Arm bildet, wandern wir in den hintersten Talgrund abwärts zum Parkplatz *Chamm* oder zur Posthaltestelle «Sonne» in *Hinter-Goldingen*.

Ausgangspunkt Schutt

Talstation der Sesselbahn und der Skilifte Atzmännig mit grossem Parkplatz. Hotel mit Betten und Massenlager. Postautoverbindungen von Wald und Uznach aus.

Route 39
Tweralpspitz – Atzmännig

Vorwiegend schattiger Aufstieg auf den höchsten Punkt zwischen dem Tösstal und dem Toggenburg und voralpine Höhenwanderung mit prächtiger Fernsicht.

	Höhe	Wanderzeit
Schutt P	817	
Hintere Altschwand	968	40 Min.
Obere Tweralp	1230	1 Std. 20 Min.
Tweralpspitz	1332	1 Std. 35 Min.
Obere Atzmännig	1150	2 Std. 25 Min.
Schutt P	817	3 Std.

Die Atzmännig ist für viele Zürcher Skifahrer zu einem Begriff geworden. Doch lockt das voralpine Gebiet im Goldingertal auch zu Wanderungen in den andern Jahreszeiten. Rund um die Talstation der Skilifte und der Sesselbahn im *Schutt*, hat sich mit dem Campingareal und der Riesenrutschbahn ein sehr intensiver Erholungsbetrieb eingestellt. Das Strässchen zieht sich dem Wiesenhang entlang aufwärts und durch zwei Seitentobel zur *Hinteren Altschwand*. Wirtschaft. Der schmäler werdende Weg steigt durch den Wald an und quert weitere Seitentobel, deren Bächlein vom Tweralpspitz herab dem Goldingerbach zueilen. Schliesslich führt ein Zickzackweg durch den Wald und über den steilen Weidehang zum Sattel, P. 1230, zwischen Chrüzegg und Tweralpspitz hinauf. An den Ställen der nahen *Oberen Tweralp* vorbei folgen wir der deutlichen Rippe zum Gipfel des *Tweralpspitzes* hinauf. Ueberwachsene Nagelfluhblöcke in grosser Zahl weisen auf frühere Abbrüche hin.

Vom Tweralpspitz, der höchsten Erhebung zwischen dem Tösstal und dem Ricken, öffnet sich uns eine weite Rundsicht. Neben dem Toggenburg und dem Appenzellerland zeigt sich der Alpenkranz vom Alpstein bis ins Berner Oberland. Unser Weg verläuft bald auf dem Grat, bald links oder rechts davon in kurzweiligem Auf und Ab zum *Rotstein,* P. 1285, und zum *Hinteren Rotstein* und quert dabei die schräg nach Südosten aufsteigenden Nagelfluhrippen an ihrer Abbruchstelle. Wenn im Militärschiessplatz Cholloch geübt wird, ist der Weg über den Tweralpspitz gesperrt. Wir müssen dann bei der Oberen Tweralp auf einen Weg ausweichen, der am Westhang des Berges bleibt und an der Alphütte im *Grossen Rotstein* vorbei zum Hinteren Rotstein leitet. Noch wartet uns ein letzter Anstieg zur *Schwammegg,* bevor wir zur Bergstation der Sesselbahn und zur Wirtschaft der *Oberen Atzmänning* hinabgelangen. Auch auf dem Abstieg über den Weiderücken und den Grat zur Endstation des Brustenegg-Skiliftes erfreut uns ein weiter Ausblick auf die Dörfer des Gasterlandes und des Seebezirkes. Der Wanderweg holt nach links aus und führt nach dem Hof *Oberau* durch den Wald zum *Schutt* hinab. Felstrümmer im Wald und der Name «Schutt» erinnern an den Bergschlipf von 1816, als sich an der Atzmännig Fels- und Erdmassen lösten und 16 Menschen verschütteten.

Rundwanderungen von der Chrinnen aus

Der Ausgangspunkt *Chrinnen* (TCS-Parkplatz) ist im Privatauto von Wald aus über die Höhenklinik erreichbar. Von der Posthaltestelle bei der Höhenklinik auf dem Faltigberg gelangen wir zu Fuss in 10 Minuten in die Chrinnen.

1. Chrinnen – Bannholz – Höhenklinik – Chrinnen. 50 Min.
2. Chrinnen – Farner – Sägel – Gibelhof – Bannholz – Chrinnen. 2 Std. 15 Min.
3. Chrinnen – Farner – Au – Sägel – Gibelhof – Bannholz – Chrinnen. 2 Std. 30 Min.
4. Chrinnen – Farner – Wirtsberg – Hinter-Goldingen – Sägel – Gibelhof – Bannholz – Chrinnen. 3 Std. 45 Min.

Ausgangspunkt Bäretswil

Bäretswil gehört mit einer Fläche von 22,18 km² zu den grössten Gemeinden des Kantons. Das Zentrum finden wir in einem flachen Bergkessel an einem der Uebergänge vom Kempttal ins Tösstal, wo die Fraktionen Bäretswil und Adetswil im «Ämet» während der letzten Jahre zusammengewachsen sind. Ursprünglich bestand Bäretswil aus sieben Zivilgemeinden (Bäretswil, Adetswil, Bettswil, Wappenswil, Thal, Hof und Berg), die nach Norden und Osten teilweise über den Hauptkamm der Allmenkette hinüberreichen. Ausserhalb der Siedlungszentren treffen wir noch heute eine weitgehend unverdorbene, schon voralpine Kulturlandschaft an. Der Name «Berofovilare» (Weiler des Berolt) erscheint 741. Die niedere Gerichtsbarkeit war später mit den Besitzern der Burg Grifenberg verbunden (siehe Route 40). Der grösste Teil der heutigen Gemeinde kam 1408 mit der Herrschaft Grüningen an die Stadt Zürich, nur Adetswil, Wabig und Bussental unterstanden der Grafschaft und später der Landvogtei Kyburg. Spinnerei und Weberei als Heimindustrie begünstigten die Bevölkerungsentwicklung. Die Einwohnerzahl erreichte 1836 mit 3'462 ein Maximum. Damals war Bäretswil nach Wald die zweitgrösste Gemeinde des Bezirks Hinwil. Bis 1941 ging die Bevölkerung auf 2'317 zurück, nahm aber seither ständig zu (1980: 3'145).

Die Kirchgemeinde Bäretswil umfasste bis zur Abtrennung der Pfarrei Bauma Weiler und Höfe bis zur thurgauischen Grenze im Hörnligebiet. Das heutige Gotteshaus wurde 1825 – 1827 vom Stukkateur Gotthard Geisenhof nach dem Beispiel der Gossauer Kirche erbaut und gilt als eine der bedeutendsten klassizistischen Querkirchen des Kantons. Sie erfreut uns vor allem mit ihrem Stuckdekor. Die beiden unteren Geschosse des Turmes gehören zu einer 1276 erwähnten Vorgängerkirche, das dritte Geschoss und der Käsbissen stammen von einem spätgotischen Bau von 1504.

1901 fand Bäretswil dank der Uerikon – Bauma-Bahn[7] Anschluss an die weite Welt. Die Stationen Bäretswil und Neuthal an der Dampfbahn Bauma – Hinwil sind geblieben. Oeffentliches Verkehrsmittel ist heute der Autobus der Linie Wetzikon – Bauma.

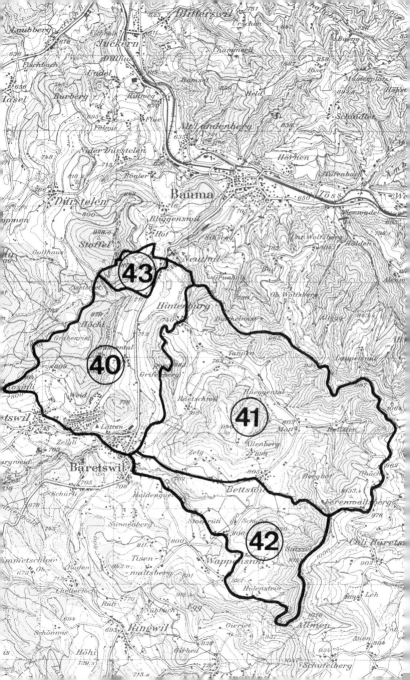

Route 40
Rosinli – Känzeli – Grifenberg

Die Aussichtskanzel des Rosinli, die weiten Tannenwälder und Riedwiesen um den Stoffel und der Burghügel Grifenberg sind die Ziele dieser abwechslungsreichen Wanderung.

	Höhe	Wanderzeit
Bäretswil	696	
Rosinli	821	40 Min.
Känzeli	880	1 Std. 30 Min.
Neuthal	699	2 Std.
Grifenberg	883	2 Std. 45 Min.
Bäretswil	696	3 Std. 15 Min.

Wenn wir von der Station *Bäretswil* auf der Strasse ins Oberdorf von *Adetswil* hinaufgehen, wird uns deutlich, wie sich die Gemeinde mit ihren Wohnhäusern am Sonnenhang des Ämet in den letzten Jahren ausgedehnt hat. Während das Fahrsträsschen zum *Rosinli* geradeaus führt, halten wir beim «Frohberg» rechts und steigen erst im Chatzentöbeli, dann über Wiesen und durch den Wald zu dieser Sommerwirtschaft hinauf. Grosse Rutschbahn. Prächtige Aussicht auf Pfäffikersee, Greifensee und Zürichsee, ins Glattal und zum Alpenkranz vom Mürtschenstock bis ins Berner Oberland. Der Name soll nichts mit einer Weinbeere zu tun haben, sondern von einer früheren Wirtin namens Rosine stammen. Ueber den höchsten Punkt des Ebnerberges leitet der Waldweg zum Einschnitt von *Pulten,* wo wir auf das Strässchen stossen, das von Adetswil heraufkommt. Auf dem angenehmen Wandersträsschen wechseln Waldpartien, Waldränder und Riedwiesen miteinander ab. Das Grossriet, das Grabenriet und das Zisetsriet, landschaftlich und biologisch äusserst wertvolle Gebiete, sind durch Gemeinderatsbeschlüsse geschützt. Das Zisetsriet ist zum grössten Teil in den Golfplatz Dürstelen einbezogen worden und dient im Winter den Skilangläufern als beliebtes Uebungsgelände. Nördlich des *Zisetsrietes* mündet der *Guyer-Zeller-Weg*[29], der von Pfäffikon durch das Luppmentobel führt, in unsere Route. Bald auf Waldstrassen, bald auf Abkürzungswegen steigen wir zum *Känzeli* hinauf. Zwischen den Bäumen hindurch erhaschen wir einen Blick auf das Hörnli und die Höhen um Sternenberg. Das bewaldete Hochplateau des *Stoffel* ist in wenigen Minuten erreichbar, doch bietet es wegen der hochgewachsenen Bäume keine Aussicht mehr.

Mit der nötigen Vorsicht steigen wir vom Känzeli auf dem Guyer-Zeller-Weg über Treppenstufen den Steilhang hinab. Da zur Zeit die neue Routenführung im unteren Teil noch nicht endgültig festgelegt werden konnte, verlassen wir uns auf die Markierung, die uns an der Sennerei vorbei zur Hauptstrasse Bäretswil – Bauma (in der Nähe Bushaltestelle) und längs des Weihers zur Haltestelle *Neuthal* der Dampfbahn leitet. Unterhalb des Wissenbachviaduktes sehen wir die Gebäude der ehemaligen Spinnerei von Adolf Guyer-Zeller. Der Weg folgt dem romantischen Wissenbach aufwärts. Oberhalb des eindrücklichen Giessens[3] halten wir bei der Abzweigung des Hoheneggweges rechts über den Wissenbach zum Turbinenturm und zum Weiler *Hinterburg*. Ein Strässchen und ein Abkürzungsweg steigen zum Haus Stollen hinauf. Dem Hang entlang kommen wir auf den *Grifenberg*. Länglich-ovaler Burgplatz, den zwei Quergräben in drei Hügel teilen. Ursprünglich Lehen des Klosters St. Gallen, 1321 an die Herren von Hinwil verpfändet, 1444 im Alten Zürichkrieg von den Schwyzern zerstört. Später wieder aufgebaut, langsamer Zerfall im 16. Jahrhundert. Der Weg führt um die drei Hügel herum und wendet sich nach Norden, bevor er durch die steile Westflanke talwärts leitet. An der Skiliftstation vorbei gehen wir zum Dorfplatz (Bushaltestelle) und zur Station *Bäretswil*.

Route 41
Grifenberg – Hohenegg – Ghöchweid

Aufstieg zur Hohenegg auf einem Guyer-Zeller-Weg über Stege und Brücken und aussichtsreiche Höhenwanderung über die Allmenkette.

	Höhe	Wanderzeit
Bäretswil	696	
Grifenberg	883	45 Min.
Hohenegg	901	1 Std. 40 Min.
Sunnenhof	960	2 Std. 15 Min.
Ghöch	962	2 Std. 50 Min.
Hinter-Bettswil	805	3 Std. 35 Min.
Bäretswil	696	4 Std. 10 Min.

Von der Station *Bäretswil* finden wir über den Dorfplatz (Bushaltestelle) die Abzweigung von der Bettswilerstrasse. Der Wegweiser «Grifenberg» zeigt uns das Strässchen zum Dorf hinaus. Ein Weg leitet an der Skiliftstation vorbei und durch den bewaldeten Steilhang zum *Grifenberg* hinauf. Näheres über die Burgstelle erfahren wir bei Route 40. Wir gehen Richtung Süden um die drei Burghügel herum, halten abwärts zum Haus Stollen und geniessen auf dem Abstieg nach *Hinterburg* den Ausblick auf das mittlere Tösstal. Zwischen den Häusern zieht sich der Weg zum Wissenbach hinab. Wir folgen dem Bach zum Turbinenturm und kommen zur Abzweigung des Hoheneggweges. Der am meisten begangene *Guyer-Zeller-Weg*[29] steigt über Brücklein und Treppenstufen das steile Tobel hinauf und lässt bestimmt jedes Kinderherz höher schlagen. Auf dem Grat der *Hohenegg* ist ein Rastplatz mit Tisch, Bänken und Feuerstelle eingerichtet, doch müssen wir wegen der hochgewachsenen Bäume auf die Aussicht verzichten. Lustig dürfte es auf der Waldkuppe am 31. Juli 1892 zugegangen sein, als in Anwesenheit der Harmonie Bauma die Eröffnung des ersten Guyer-Zeller-Weges bei Wein und Schinkenbrot gefeiert wurde.

Der schmale Weg führt meist über den Grat zum Sattel, P. 894, und steigt zum *Tännler,* P. 965 (früher Tännlibühl), hinauf. Blick ins Tössbergland. Links vom nahen Baschlis-Gipfel zeigen sich Hörnli, Roten und Schnebelhorn, rechts davon Hüttchopf und Scheidegg. Bald kommen wir auf das Strässchen von Bauma her und folgen ihm bis zum *Stattboden,* P. 924. Abstecher zu den nahen *Tüfelskanzlen* (siehe Route 55). Wir setzen den Weg auf der leider asphaltierten Strasse über die Wirtschaft *Sunnenhof* bis zu einem offenen Holzschopf bei P. 967 fort, wo wir auf einen Weg abbiegen, der sich durch den bewaldeten Westabhang des *Baschlis-Gipfels* zur *Ghöchweid* hinüberzieht. Wir freuen uns am weiten Ausblick zu den Höhen im Quellgebiet der Töss und zwischen Scheidegg und Bachtel hindurch zu den Glarner Alpen und den Bergen um den Vierwaldstättersee. Das Strässchen zum *Ghöch* können wir teilweise auf einem Wiesenweg abschneiden. Im Winter erschliesst ein Skilift den schneesicheren Nordhang der Waltsberghöchi. Auf der Strasse, die von Bäretswil nach Gibswil hinüberführt, gehen wir an der Wirtschaft «Berg» vorbei zum Weiler *Ferenwaltsberg* – er gehört zur Gemeinde Bäretswil – und biegen auf den Weg ab, der zum Aussichtspunkt *Bank,* P. 1009, hinaufsteigt. Näheres siehe Route 45. Auf einem meist steilen Waldweg gehen wir nach *Hinter-Bettswil* hinab. Schöne Flarzhäuser. Solange die geplante Wegverbindung durch das Tobel nicht verwirklicht ist, müssen wir für die Rückkehr nach *Bäretswil* leider mit der Strasse über Vorder-Bettswil vorliebnehmen.

Route 42
Täuferhöhle – Allmen

Genussreiche Wanderung in die voralpine Weidelandschaft um Wappenswil, zur Täuferhöhle im waldigen Steilhang und über den Namensberg der Allmenkette.

	Höhe	Wanderzeit
Bäretswil	696	
Wappenswil	822	50 Min.
Täuferhöhle	950	1 Std. 20 Min.
Allmen	1076	1 Std. 50 Min.
Bank	1009	2 Std. 15 Min.
Hinter-Bettswil	805	2 Std. 40 Min.
Bäretswil	696	3 Std. 15 Min.

Im Zeitpunkt, da dieses Büchlein geschrieben wird, warten die Wanderer noch immer auf den geplanten Fussweg von Bäretswil durch das Tobel Richtung Wappenswil und Bettswil. Dank diesem Wanderweg könnte auch die jetzt markierte Route auf der Strasse aufgegeben werden. So gehen wir vorläufig von der Station *Bäretswil* über den Dorfplatz ins Oberdorf (Bushaltestelle) und folgen der breiten Strasse aufwärts zum Sandbüel und auf einer Nebenstrasse zur Unter-Stockrüti. Längs des Stöckweihers, eines Fabrikweihers, kommen wir zum Hof *Ober-Stockrüti.* Auf Initiative des Vereins zur Erhaltung alter Handwerks- und Industrieanlagen ist die letzte mit Wasser betriebene Sägerei restauriert worden und soll später zu einem Museum für Holzbearbeitung mit Nebenbetrieben ausgestaltet werden. Vom *Maiwinkel* – in der Nähe das neuere Schulhaus, in dem Schüler der früheren Schulwachten Wappenswil und Bettswil unterrichtet werden – zieht sich das Strässchen oberhalb des Wappenswilerrietes dem Hang entlang zu den letzten Häusern von *Wappenswil*. Die nordwärts gerichteten Hänge der Egg mit der Allmenschanze verhalfen dem Dörfchen Wappenswil in den dreissiger und vierziger Jahren zum Ruf eines vielbesuchten Zentrums für Skifahrer. Wir erreichen in der Nähe des Hofes Holenstein den Talhintergrund und steigen über die Weide Chappelen an den Waldrand hinauf. Vor der Reformation soll hier eine Kapelle gestanden haben. Auch sollen in den Wäldern gegen Ferenwaltsberg in einem Klösterlein Beginen gelebt haben, die vornehmlich Kranke pflegten. Bald sind wir bei der *Täuferhöhle*[19], die vor allem für Kinder ein lohnendes Wanderziel abgibt.

Der Wanderweg steigt über Treppenstufen steil bergan, hält durch den bewaldeten Hang nach rechts und erreicht mit der Route von Girenbad her abermals sehr steil den *Allmen,* welcher der ganzen Kette vom Bachtel über den Stoffel bis gegen Kyburg den Namen gegeben hat. Leider verwehren die hochgewachsenen Bäume jegliche Aussicht. Ueber das bewaldete Plateau und über den Hauptgrat gelangen wir in nördlicher Richtung in die Senke vor dem Stüssel. Die Wanderung auf Wegspuren längs des Waldrandes eröffnet uns prachtvolle Ausblicke ins Tössbergland und in die Alpen. Näheres über die *Bank,* P. 1009, erfahren wir bei Route 45. Für die Rückkehr über *Hinter-Bettswil* nach *Bäretswil* gilt die Beschreibung der Route 41.

Ausgangspunkt Neuthal

Der Weiler Neuthal – er gehört zur Gemeinde Bäretswil – wird von den Autobussen der Linie Wetzikon – Bäretswil – Bauma bedient. Bei der alten Station, wo die Züge der Dampfbahn Bauma – Hinwil Halt machen, findet der Wanderer eine Orientierungstafel mit eingezeichneten Wanderwegen, der Automobilist einen geräumigen Parkplatz.

Route 43
Känzeli

Schattige Wanderung auf romantischen Guyer-Zeller-Wegen.

	Höhe	Wanderzeit
Neuthal P	699	
Känzeli	880	40 Min.
Neuthal P	699	1 Std. 10 Min.

Im *Neuthal* befinden sich unterhalb des Wissenbach-Viaduktes der früheren Uerikon – Bauma-Bahn[7] und der jetzigen Dampfbahn die Gebäulichkeiten der ehemaligen Spinnerei von Adolf Guyer-Zeller. Sie umfassen neben der Fabrik das Wohnhaus des Fabrikanten, Lagerhäuser und die als «Kapelle» gestaltete Werkstatt und gelten zusammen mit den Kraftübertragungsleitungen im Park und den Stausystemen als besterhaltenes Dokument einer Fabrikanlage des mittleren 19. Jahrhunderts. Von der Station der Dampfbahn mit dem TCS-Parkplatz oder von der Bushaltestelle aus müssen wir bis zum einzelstehenden Bauernhaus die Hauptstrasse Richtung Bäretswil benützen. Der *Guyer-Zeller-Weg*[29] steigt im waldigen *Chringelbachtobel* aufwärts, führt unter einem Giessen[3] durch und trifft auf den Wanderweg vom Rosinli her. Teils auf dem Waldsträsschen, teils auf Abkürzungswegen erreichen wir das *Känzeli*, wo sich uns zwischen den Bäumen hindurch der Blick zum Hörnli und zu den Höhen um Sternenberg auftut. Die Bemerkungen über den Stoffel und den Abstieg ins *Neuthal*, wie wir sie bei Route 40 nachlesen, gelten auch für diese Route.

Weitere Rundwanderungen von Neuthal aus (Guyer-Zeller-Wege)
1. Neuthal – Hohenegg – Lochbachtobel – Silisegg – Neuthal. 1 Std. 45 Min.
2. Neuthal – Hohenegg – Lochbachtobel – Loch – Bauma – Silisegg – Neuthal. 2 Std. 15 Min.
3. Neuthal – Känzeli – Stoffel – Bliggenswil – Bauma – Silisegg – Neuthal. 2 Std. 30 Min.

Rundwanderungen vom Ghöch aus
Der TCS-Parkplatz auf dem Ghöch ist im Privatauto auf der gut ausgebauten Strasse von Bäretswil und von Gibswil aus erreichbar.
1. Ghöch – Ferenwaltsberg – Bank – Stüssel – Chli-Bäretswil – Ferenwaltsberg – Ghöch. 1 Std. 30 Min.
2. Ghöch – Ferenwaltsberg – Chli-Bäretswil – Leh – Auen – Schufelberg – Egg – Allmen – Stüssel – Bank – Ferenwaltsberg – Ghöch. 2 Std. 15 Min.

Fischenthal

Mit 30,18 km² Fläche ist Fischenthal die grösste Landgemeinde des Kantons Zürich. Sie liegt im obersten Tösstal und umfasst einige der markantesten Erhebungen des Tössberglandes, so das Hörnli, den Roten, die Hirzegg, das Schnebelhorn, den Dägelsberg und den Hüttchopf. 54 % der Fläche sind bewaldet. 858 wird der Name «Fiskinestal» (Tal des Alemannen Fiskin) erwähnt. Bis 1798 gehörte Fischenthal zur Landvogtei Grüningen, seit 1831 zählt es sich zum Bezirk Hinwil. Die topographischen Gegebenheiten trugen dazu bei, dass sich kein geschlossenes Dorf entwickeln konnte. Die wichtigsten Siedlungen Steg, Fischenthal und Gibswil liegen im Talboden, doch sind über 100 Einzelhöfe auf den Höhen und in den schmalen Seitentälern zerstreut. 1634 wohnten 466 Menschen in diesem Gebiet. Die Handspinnerei und die Handweberei als Heimarbeit brachten einen Aufschwung und eine starke Bevölkerungszunahme, vor allem in den höheren Regionen (1836: 2'814 Einwohner), die Mechanisierung in der Textilindustrie während der 2. Hälfte des 19. Jahrhunderts und die Abwanderung in

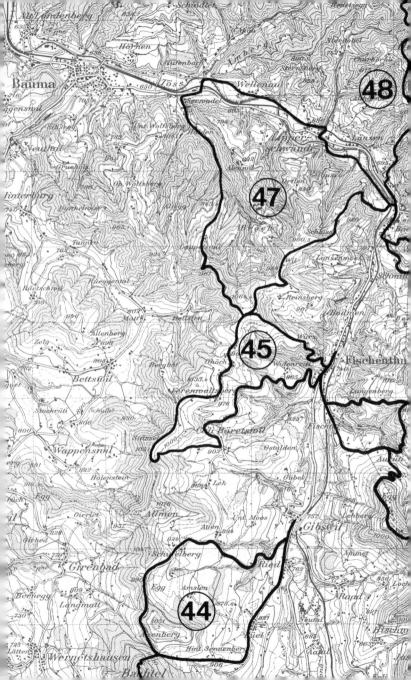

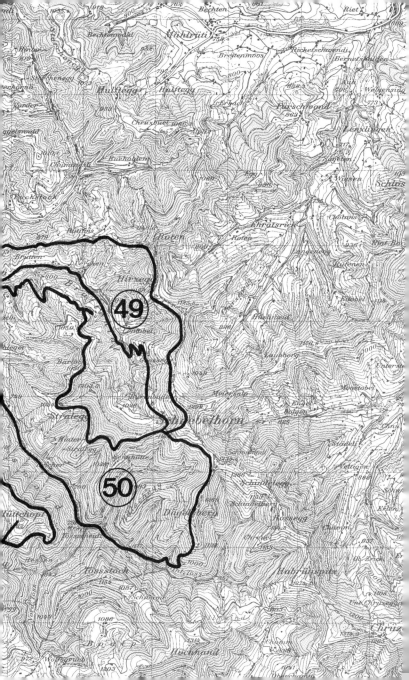

Prototyp des Oberländer Flarzes im Äner-Länzen (Gemeinde Fischenthal) Federzeichnung von Jakob Zollinger (aus «Zürcher Oberländer Flarzhäuser», Verlag Druckerei Wetzikon AG)

der jüngsten Zeit bewirkten einen Bevölkerungsrückgang (1880: 2'322; 1941: 1'694; 1970: 1'693; 1980: 1'605).
Vermutlich bestand schon Ende des 9. Jahrhunderts eine Gallus-Kirche. Um 1470 erfolgte ein Neubau, wobei man den Chorturm bestehen liess. 1711 erneuerte man das Kirchenschiff. Die katholische St.-Gallus-Kirche wurde 1971 erbaut. Aus Fischenthal stammte der Volksdichter Jakob Senn (1824 – 1879)[9]. Die abwechslungsreiche Landschaft ist als Wander- und Wintersportgebiet sehr geschätzt. Verkehrsverbindungen: Drei Stationen an der SBB-Linie Winterthur – Wald – Rapperswil: Steg, Fischenthal und Gibswil.

Ausgangspunkt Gibswil

Gibswil ist die höchstgelegene Station der Tösstallinie. Der Weiler bestand noch im 18. Jahrhundert nur aus wenigen Häusern mit einer Mühle, 1863 wurde eine grosse Baumwollspinnerei erbaut. Bei der Station erinnert eine Plastik von Charlotte Germann-Jahn an den Erbauer der Spinnerei, den späteren Vater der Zürcher Kantonalbank Johann Jakob Keller (1823 – 1903).

Route 44
Bachtel

Kürzeste Aufstiegsroute auf den Bachtel und Höhenwanderung zur Egg.

	Höhe	Wanderzeit
Gibswil	757	
Büel	821	25 Min.
Bachtel	1115	1 Std. 25 Min.
Egg	990	1 Std. 55 Min.
Gibswil	757	2 Std. 45 Min.

Von der Station *Gibswil* bis zum Weiler *Riet* benützen wir das Trottoir längs der Hauptstrasse. Der Gasthof zum Kreuz, früher «zum Kreuz und roten Ochsen» geheissen, war Absteigequartier am Pilgerweg[21]. Die «Guggeere» und das Schöpfchen in Fachwerk zeigen den Einfluss des Weinbauernhauses vom Zürichsee. Bald können wir beim Waldzipfel von der Nebenstrasse abzweigen und auf einem Fussweg, dem alten Pilgerweg, über den Hof Tannaregg nach *Büel* wandern. Bei günstigen Schneeverhältnissen ist am Hang südlich der Tannaregg ein Uebungsskilift in Betrieb. Büel, der Weiler mit einigen Flarzhäusern[5], ist Ausgangs- und Endpunkt der bekannten Panorama-Loipe für Langläufer und Skiwanderer. Das Strässchen – leider ist es asphaltiert – zieht sich dem aussichtsreichen Hang entlang zum stattlichen Hof *Hinterer Sennenberg* und zum Wald im Sattel zwischen Auenberg und Bachtel. Steil führt der Pfad zum Turm und zum Gasthaus auf dem *Bachtel*[17] hinauf.

Für den Abstieg über den Nordkamm gilt für uns bis zum Sattel zwischen Bachtel und Auenberg die gleiche Route wie beim Hinweg. Der Wegweiser «Egg» zeigt auf das neue Waldsträsschen dem Westhang des Auenberges entlang zur *Egg*, P. 990, auch Schufelberger Egg genannt, am Uebergang der Strasse von Girenbad nach Gibswil. Wir folgen dem wenig befahrenen Strässchen über die Weiler *Schufelberg* – beachtenswert das schmucke Flarzhaus[5] – und *Niderhus,* die beide zur Gemeinde Hinwil gehören, zum Parkplatz und zur Station *Gibswil.* Die Endmoräne eines Armes des Linthgletschers bildet hier die Wasserscheide zwischen Jona- und Tösstal. Wer einen Abstecher zum *Wissengubel*[3] oder Greiselgubel wagen will, verlässt das Strässlein vor der Brücke unterhalb Niderhus, geht auf einer Wegspur etwa 30 m dem Waldrand entlang und steigt im Wald auf steilem Zickzackweg an den Fuss des Wasserfalles hinab. Unter der rund 20 m hohen Nagelfluhwand hat sich in einem Halbkreis von über 100 m Durchmesser eine mächtige Höhle gebildet, die man durchschreiten kann. Dem Bach folgend, erreicht man das Strässchen in der Nähe des Parkplatzes.

Weitere Rundwanderungen von Gibswil aus
Zwischen Gibswil und dem Weiler Riet befindet sich an der Hauptstrasse ein TCS-Parkplatz.
1. Parkplatz – Riet – Büel – Niderhus – Parkplatz. 1 Std.
2. Parkplatz – Riet – Büel – Hinterer Sennenberg – Egg – Schufelberg – Niderhus – Parkplatz. 2 Std.

Ausgangspunkt Fischenthal

Der Ortsteil Oberhof mit der reformierten Kirche, dem Pfarrhaus, Gasthöfen und einer Bahnstation bildet das Zentrum der weitläufigen Gemeinde Fischenthal (siehe Seite 111).

Route 45
Ghöchweid – Bank

Aufstieg zur wald- und weidegekrönten Allmenkette und aussichtsreiche Höhenwanderung.

	Höhe	Wanderzeit
Fischenthal	734	
Ghöchweid	1000	50 Min.
Bank	1009	1 Std. 20 Min.
Chli-Bäretswil	902	1 Std. 55 Min.
Fischenthal	734	2 Std. 45 Min.

In *Fischenthal* zweigen wir auf dem Bergsträsschen von der Hauptstrasse ab und steigen zum Hof *Würz* hinauf. Der Weg hält auf den Waldrand mit den gut sichtbaren Nagelfluhfelsen zu und zieht sich dem Waldrand entlang und über die Wiese zur *Ghöchweid* aufwärts. Herrlicher Ausblick gegen Süden in die Alpen und gegen Osten ins Tössbergland. Ein Abkürzungsweg und das Strässchen leiten zum *Ghöch* hinab. TCS-Parkplatz und Skilift am Nordhang der Waltsberghöchi. Die Strasse, die Bäretswil mit Gibswil verbindet, führt an der Wirtschaft «Berg» vorbei nach *Ferenwaltsberg*. Der Weiler, an der Ostflanke der Allmenkette gelegen, gehört wie Chli-Bäretswil und mehrere Höfe der Umgebung politisch zur Gemeinde Bäretswil. Im Schulhaus Berg zwischen Ferenwaltsberg und Chli-Bäretswil besuchen die Kinder den Unterricht. Wir steigen zur *Bank*, P. 1009, mit der jungen Linde hinauf. Rastplatz zur Erinnerung an Johannes Schoch, im Volksmund «Mailänder» genannt. Schoch war Fischenthaler Bürger, erwarb sich als Fabrikant in Mailand ein ansehnliches Vermögen und ermöglichte mit seinen Schenkungen, dass die Tösstalbahn bereits 1875 von Bauma nach Wald verlängert wurde. Dafür trug eine der Dampflokomotiven seinen Namen.

Wegspuren folgen dem aussichtsreichen Waldrand – den höchsten Punkt des Stüssel, P. 1051, lassen wir rechts liegen – zur Waldecke, wo der Aufstieg über den Gratrücken zum Allmen einsetzt. Wer dem Gipfel, welcher der ganzen Kette den

Namen gegeben hat, heute aber keine Aussicht mehr bietet, einen Besuch abstatten will, benützt den Pfad durch den Wald in südlicher Richtung. Wir andern gehen in einem weiten Linksbogen durch den Wald zum Stall hinab und auf dem Strässchen nach *Chli-Bäretswil.* Zwar führt ein direkter Abstieg nach Fischenthal, doch weist er den Nachteil auf, dass er den Schiessplatz quert und so nicht immer begehbar ist. Deshalb benützen wir zunächst die Strasse Richtung Ferenwaltsberg und biegen auf einem Nebensträsschen dem Hang entlang über Vorder-Sädel zum *Hinter-Sädel* ab. Die mit einem Fahrverbot belegte Strasse führt in weiten Kehren nach *Fischenthal* hinab.

Route 46
Oberegg – Hüttchopf

Am Hüttchopf, dem glatzköpfigen Gipfel an der Westgrenze des Wildschutzgebietes, können wir in den frühen Morgenstunden Rudel von Gemsen sehen, wenn wir ruhig unseres Weges gehen.

	Höhe	Wanderzeit
Fischenthal	737	
Aurüti	889	40 Min.
Oberegg	1070	1 Std. 15 Min.
Überzütt	1146	1 Std. 45 Min.
Hüttchopf	1232	2 Std.
Bruederegg	1045	2 Std. 25 Min.
Tannen	959	3 Std. 5 Min.
Fischenthal	737	3 Std. 40 Min.

Bei der «Blume» in *Fischenthal* zweigen wir von der Hauptstrasse ab und gehen am Bürgerheim vorbei in den Weiler *Fischtel* mit typischen Flarzhäusern[5]. Ein Weg schneidet die Strassenkehre zum Parkplatz hinauf ab, wo die Skifahrer im Winter ihren Wagen abstellen. Von den obersten Häusern der *Aurüti* steigt der Weg in Windungen bergan, kreuzt das Skilifttrassee und führt recht steil zur Bergwirtschaft *Oberegg* hinauf. Noldi Spörri hat die frühere Skihütte nach und nach ausgebaut, empfängt die Wanderer gerne zu Speis und Trank und weiss manche Geschichte zu erzählen, die sich um das Wirtschäftchen auf der Gemeindegrenze Fischenthal/Wald rankt. Pfadlos erklimmen wir den höchsten Punkt 1107. Wo jeweils das Bundesfeuer brennt, eröffnet sich uns ein weiter Rundblick. Im Steilhang des Dürrspitz halten wir links und gehen ebenaus anfangs durch die Weide, dann durch den Wald zur Alp *Überzütt*, P. 1146. Der nahe *Hüttchopf* lockt zu einem lohnenden Abstecher. Er bietet den besten Einblick ins Quellgebiet der Töss[23][24] und eine freie Aussicht hinüber zur Stralegg und zur Schnebelhorn-Hörnli-Kette. Von Westen grüsst die Allmenkette mit dem Bachtel. Ueber den Waldgräten leuchten der Säntis, die Churfirsten, die Glarner und die Urner Alpen. Möglich ist, dass der Hüttchopf einmal «Grüttchopf» geheissen hat, weil dort vor Zeiten gerodet (grüttet) wurde.

Die Fortsetzung unserer Wanderung finden wir bei den Wegweisern in der *Überzütt*. Ein Alpweg führt zunächst horizontal und dann leicht fallend durch die Weide. Auf einer Wegspur gelangen wir durch den Wald zur Holzerhütte in der *Bruederegg* hinab (auf alten Karten: Hinterhessen). Vor der Reformation soll hier ein Einsiedler gelebt haben. Der Wanderweg zieht sich ebenaus durch den bewaldeten Steilhang an burgähnlichen Felsen vorbei und mündet bei P. 1073 (früher Ghogghöhe) in den Gratweg vom Hüttchopf her. Von der *Tannen* wandern wir auf einem Strässchen über den Hof *Langenberg* abwärts und biegen bei der letzten Kurve über dem Talboden auf einem Abkürzungsweg zur Bahnlinie hinunter ab. Der Rückweg zur Station *Fischenthal* ist uns bekannt.

Variante für Automobilisten: Sie lassen das Auto auf dem Parkplatz des Skiliftes Fischenthal unterhalb des Weilers *Aurüti* stehen und folgen der obigen Beschreibung. Auf dem Rückweg zweigen Sie bei den Häusern der *Tannen* links ab, steigen über die Löcheren zum Züttbach hinunter und gelangen zur *Aurüti* und zum Parkplatz zurück. Wanderzeit: 3 Std.

Rundwanderungen von der Aurüti aus
1. Aurüti – Tannen – Hüttchopf – Überzütt – Scheidegg – Brandegg – Polenweg – Dürrspitz – Oberegg – Aurüti. 3 Std.
2. Aurüti – Tannen – Hüttchopf – Überzütt – Oberegg – Aurüti. 2 Std. 35 Min.

Ausgangspunkt Steg

Schon im 15. Jahrhundert bestand beim Steg über die Töss eine Herberge am Pilgerweg[21]. 1532 soll hier der letzte Bär der Gegend erlegt worden sein. Das Doktorhaus, vermutlich vor 1690 von Hans Jakob Diener aus der Rütiwis auf den Mauerresten eines mittelalterlichen turmähnlichen Gebäudes errichtet, diente den Familien Diener bis

1890 als Wohnhaus, Arztpraxis und Apotheke. Bei einer kürzlichen Restauration legte man den Bohlenständerbau an der Süd- und der Nordfassade frei. Neben verschiedenen guterhaltenen Flarzbauten[5] (z. B. im Äner-Länzen) ist das Haus «Rooswisli» an der Hulfteggstrasse erwähnenswert. Es entspricht dem Typus des Appenzellerhauses und stammt aus dem 18. Jahrhundert.

Route 47
Ghöchweid

Wanderung über aussichtsreiche Höhen der Allmenkette, durch ein wenig bekanntes Tobel und zu weitgehend unverfälschten Weilern im Tösstal.

	Höhe	Wanderzeit
Steg	695	
Schloss	940	50 Min.
Ghöchweid	1000	1 Std. 25 Min.
Unter-Laupetswil	834	1 Std. 50 Min.
Seewadel	653	2 Std. 30 Min.
Wellenau	671	2 Std. 50 Min.
Lipperschwändi	686	3 Std. 20 Min.
Steg	695	3 Std. 45 Min.

In *Steg* queren wir bei der Tössbrücke die Umfahrungsstrasse, gehen am Doktorhaus vorbei und steigen recht steil durch die Weide zum bewaldeten Rappengubel hinauf. Der Weg zieht sich durch Waldstreifen zum Haus *Burgböl* und auf dem breiten Wiesenrücken zum Hof *Schloss* aufwärts. Nordöstlich von Burgböl und Schloss stand seinerzeit ein Wehrturm, vermutlich der Stammsitz des Kyburger Dienstmannes Hugo von «Stäg». Bis 1780 war die Ruine sichtbar, dann benützte man die Steine für den Bau des Hofes Burgböl. Auf der Wanderung über das Hochplateau südlich des Wilgupfes weitet sich die Aussicht immer mehr. Wir kommen an den Häusern *Wil* vorbei, biegen oberhalb des Hofes Neuhus scharf nach rechts ab und erreichen die *Ghöchweid,* wo angesichts des prächtigen Ausblicks vom Südosthang des Baschlis-Gipfels aus eine Rast angezeigt ist. Wir schauen zu den Kuppen der Hörnlikette und zwischen Scheidegg und Bachtel hindurch in die Glarner Alpen und die Berge der Innerschweiz.

Zunächst folgen wir der Route, die über den Sunnenhof Bauma zum Ziel hat und durch den bewaldeten Westhang des *Baschlis-Gipfels* leitet. Wo der Weg auf das Strässchen trifft, folgen wir dem steilen Bergsträsschen am Hof Ober-Laupetswil vorbei nach *Unter-Laupetswil* hinab. Weit sind diese beiden Siedlungen, die zur Gemeinde Bäretswil gehören, vom Dorfzentrum entfernt. Ein Wiesenweg senkt sich zum Schöpflein in der Weid und gewährt einen freien Blick zum Hörnli und zu den Höhen um Sternenberg. Am Waldrand wird der Pfad schmäler. Er schlängelt sich sehr steil durch den Wald zum Cholerbach hinunter und erfordert Trittsicherheit und gutes Schuhwerk. Kurzweilig gestaltet sich die Wanderung dem Bach entlang zum Weiler *Seewadel*. Bei der nahen Tössbrücke *Tüfenbach* erreichen wir den Wanderweg, der talaufwärts nach *Wellenau* führt. Dieser Weiler wartet mit gut erhaltenen Flarzgruppen[5] auf, einen Akzent setzt ein spätbarocker Giebelbau von 1790. Auch in *Lipperschwändi*, einer Fraktion von Bauma, erfreuen uns einige Flarzhäuser. Dem Bach entlang, der aus dem Nideltobel der Töss zueilt, berühren wir das Gelände des Altersheimes Blumenau, bevor wir bei der Häusergruppe Ror auf den Schattenhang südlich der Töss wechseln. Der Flarz in *Äner-Länzen* ist schon auf manchem Foto festgehalten worden. Später zieht sich der markierte Wanderweg als undeutliche Wegspur dem Fuss des Wiesenhanges entlang und durch den Wald zur Tössbrücke in *Steg*. Wer früher am Ziel sein will, folgt von der Brücke bei Länzen ein kurzes Stück der Hauptstrasse und benützt die Unterführung zur Station Steg.

Route 48
Hörnli – Hörnligübelweg

Kürzester Aufstieg auf das Hörnli und interessante Traversierung der Westflanke auf dem voralpinen Hörnligübelweg.

	Höhe	Wanderzeit
Steg	695	
Breitenweg	901	40 Min.
Hörnli	1133	1 Std. 25 Min.
Breitenweg	901	2 Std. 15 Min.
Steg	695	2 Std. 35 Min.

Bei der Station *Steg* gehen wir entweder zwischen dem Restaurant «Bahnhof» und der Scheune hindurch oder folgen dem Strässchen, das sich vom nördlichen Ende der Gleisanlagen dem Bach entlang aufwärts zieht. Der Wanderweg – stellenweise ist es der alte Hörnliweg – kürzt die weiten Schleifen des

Strässchens ab. Bald nach dem *Breitenweg*, P. 901, zweigen wir abermals vom Strässchen ab und steigen später im Zickzack durch die Weide zum *Tanzplatz* hinauf. Vermutlich stammt der Name aus der Zeit, da sich die Tanzlustigen wegen der obrigkeitlichen Sittenmandate an diesem abgelegenen Orte zusammenfanden. Wir wandern um die aussichtsreiche Kuppe, entdecken in der Tiefe das Schulhäuschen Hörnli und erreichen nach recht steilem Anstieg das Gasthaus auf dem *Hörnli*[27].

Auf der bewaldeten Nordseite schlängelt sich der Weg, teils über Treppenstufen, zum Sattel vor dem Chlihörnli hinab und leitet über die Waldkuppe des Chlihörnli zum Grat, wo sich die Wege Richtung Heiletsegg und Gfell gabeln. Wir halten auf dem als Bergweg weiss-rot-weiss markierten Hörnligübelweg ganz links. Der Weg ist stellenweise schmal, aber gut angelegt. Er erfordert einige Schwindelfreiheit und führt im Westhang des Berges an steilen Runsen und hohen Nagelfluhwänden vorbei, die weit in die Zürcher Landschaft hinaus leuchten. Botanisch interessantes Gebiet[4]. Bei P. 949, in der Nähe der Talstation der Materialseilbahn aufs Hörnli, mündet der Weg in das Strässchen, auf dem wir zum *Breitenweg* wandern. Der Abstieg nach *Steg* stimmt mit der Aufstiegsroute überein, doch empfiehlt es sich, dem Strässchen zu folgen, um der Uhuwarte im Leiacher einen Besuch abzustatten.

Route 49
Schnebelhorn

Aussichtsreichster Aufstieg auf den höchsten Berg des Kantons Zürich und wenig bekannter Abstieg durch das einsame Brüttental.

	Höhe	Wanderzeit
Steg	695	
Rütiwis	940	1 Std.
Hirzegg	1050	1 Std. 40 Min.
Schnebelhorn	1292	2 Std. 30 Min.
Tierhag	1140	2 Std. 45 Min.
Grossegg	970	3 Std. 15 Min.
Orüti	725	4 Std. 15 Min.
Steg	695	4 Std. 45 Min.

Bis zum Dorfteil *Boden* müssen wir von der Station *Steg* aus mit der Strasse vorliebnehmen. Ein Weg steigt steil zum Hof *Voderegg* hinauf und setzt sich als Höhenweg bald links, bald rechts des Bergkammes bis zum *Burstel* fort, wo er in das Strässchen von der Orüti her einmündet. Nach der *Rütiwis* geht es steil zum Aussichtspunkt bei der Bank hinauf. Besonders eindrücklich ist der Blick in die Westseite der Schnebelhornkette mit den gewaltigen Erosionskesseln und den senkrecht abfallenden Nagelfluhwänden[1]. Am *Roten* stehen uns zwei Möglichkeiten offen. Der als Bergweg weiss-rot-weiss bezeichnete Pfad zieht sich unmittelbar über den Felswänden der *Rotengübel* hin und erfordert die nötige Vorsicht. Der völlig ungefährliche Weg steigt weiter an und führt später mit der Route von der Hulftegg her über den Südgrat, wo sich die beiden Varianten treffen. Ueberraschender Ausblick ins Toggenburg und zum Säntis. Links an der Kuppe P. 1088 vorbei gelangen wir zur Senke bei der *Hirzegg*, die vom toggenburgischen Ehratsrick aus auf einem Gütersträsschen erreichbar ist.

Später nimmt unsere Route den Wanderweg von Dreien her auf und leitet meist auf dem Grenzgrat zwischen Zürich und St. Gallen zum grossen Weidstall. Ein letzter Anstieg bringt uns über den Kamm zum *Schnebelhorn*. Berühmte Aussicht. Nach Norden Blick zur St. Iddaburg, zum Städtchen Wil, ins stille Libingertal, ins Toggenburg und Appenzellerland. In der Ferne erkennen wir die Höhenzüge im Mittelland. Aus der Tiefe grüsst der Zürichsee und im Halbkreis leuchtet der Alpenkranz vom Alpstein bis ins Berner Oberland. Bei klarem Wetter zeigen sich sogar Gipfel der Allgäuer und bayerischen Alpen. Die landschaftlich einzigartigen Bergweiden mit ihrer teilweise alpinen Flora bilden auf Zürcher Boden etwas Einmaliges.

Eine Wirtschaft fehlt auf dem höchsten Punkt des Züribietes, umso lieber treten wir den Abstieg zum *Tierhag*, P. 1140, an, wo wir einkehren können. Die gelbe Tafel «Grossegg» weist uns später steil zum oberen Haus im *Burenboden* hinab. Bis zur *Grossegg* müssen wir durch die Weide und im Jungwuchs gut auf die Markierung achten, damit wir uns nicht verirren. In weiten Kehren windet sich der Weg in den Talboden hinunter. Er verbreitert sich allmählich zu einem Strässchen – bei der ersten Brücke hat der Bach die Nagelfluh eindrücklich ausgewaschen –, das an mehreren Höfen vorbei durch das abgelegene *Brüttental* zur *Orüti* führt. Wirtschaft. Wir folgen dem Weg auf dem linken Tössufer zur Talstation des Skiliftes und auf der Strasse am Schwimmbad vorbei zum Ortsteil *Boden* und zur Station *Steg.*

Der Automobilist als Wanderer beginnt die Wanderung beim Parkplatz des Skiliftes Steg, geht zur Orüti und folgt dem

Strässchen aufwärts zum *Burstel,* wo er die obenbeschriebene Route Richtung Rütiwis erreicht. Wanderzeit: 4 Std. 30 Min.

Route 50
Stralegg – Dägelsberg

Wanderung zur Sonnenzinne der Stralegg und über den bewaldeten Dägelsberg in die Schluchten des hintersten Tösstales.

	Höhe	Wanderzeit
Steg	695	
Orüti	725	30 Min.
Eggweg	892	1 Std. 10 Min.
Stralegg	1054	2 Std.
Tierhag	1140	2 Std. 40 Min.
Dägelsberg	1249	3 Std. 15 Min.
Tössscheidi	796	4 Std. 10 Min.
Orüti	725	5 Std.
Steg	695	5 Std. 30 Min.

Von der Station *Steg* sind wir über den Ortsteil *Boden* und am Schwimmbad vorbei bis zum Parkplatz des Skiliftes auf die Strasse angewiesen. Auf einem Fussweg und über den Steg gelangen wir zur *Orüti.* Statt wie früher die Straleggstrasse und einzelne Abkürzungen zu benützen, halten wir uns an den Weg, der sich durch die Tobel in mässiger Steigung zu den Häusern von *Eggweg* hinaufzieht. Unser Blick schweift über das Brüttental hinweg zu den mächtigen Nagelfluhwänden am Roten und im Leutobel. Beim nächsten Hof windet sich der Weg durch die Wiese und ein schmales Waldstück zur *Füliweid* hinauf, wo neben dem Bauerngütlein einzelne Wochenendhäuschen ihren Platz gefunden haben. Nach einem recht steilen Anstieg treffen wir auf die Straleggstrasse, der wir zunächst bis zum Hof *Bärloch* folgen. Parkplatz des TCS. Die Strasse über Stralegg und Hinter-Stralegg bis zur Sennhütte ist in den letzten Jahren ausgebaut und asphaltiert worden. Wer den Hartbelag meiden will, kann vom Bärloch dem schattigen Nordosthang der Warten entlang wandern und zum oberen Haus im Burenboden und zum Tierhag aufsteigen. Wir andern nehmen mit der Strasse vorlieb, die uns auf der Sonnenterrasse der *Stralegg*[25] zu einer prächtigen Höhenpromenade einlädt. Wir kommen am Schulhäuschen, an der Wirtschaft «Alpenrösli» und an einigen Bergheimwesen mit ihren gepflegten Blumengärten vorbei zum

Forsthaus *Hinter-Stralegg.* Das schmale Bergsträsschen steigt durch den Wald zum *Tierhag,* P. 1140, hinauf. Die Wirtschaft und die dazugehörigen Weiden sind im Besitz der Alpgenossenschaft Pfäffikon. Der Name erinnert an die Zeit, da hier zum Schutze des Viehs ein Hag gegen Bären und Wölfe errichtet wurde.

Für diesmal verzichten wir auf den Aufstieg zum Schnebelhorn und halten auf dem Alpweg gegen den Stall *Neurüti* in der Senke zwischen Schindelberghöchi und Dägelsberg. Wir dringen in die Waldeinsamkeit des *Dägelsberges* ein und erreichen über den Grat den höchsten Punkt, 1269 m (früher Niederhauserhöhe genannt). Am steilen Osthang ist der Eingang zum *Goldloch*[26] versteckt. Bei P. 1249 haben einige Arven ein letztes Refugium im Tössbergland gefunden. Das *Dägelsberger Wisli* bildet mit seiner herrlichen Sicht ein voralpines Erlebnis. Einzigartig sind die Aussicht in die nahe Speer- und Churfirstenkette und die Durchblicke zwischen den bewaldeten Vorbergen der Höchhand und des Tössstockes auf den Zürichsee und in die Hochalpen. Beim Strassenknie, P. 1128, etwa 60 m östlich der Pfadihütte, beginnt der Abstieg auf einem schmalen Pfad durch die Staatswaldung[23] zur Hinteren Töss, wo wir auf den Wanderweg stossen, der von der Hand herkommt und dem Flüsslein entlang zu den Forsthütten der *Bachscheidi* und zur *Tössscheidi* leitet, dem Zusammenfluss von Vorderer und Hinterer Töss. Auf der Wanderung durch das tiefeingeschnittene oberste Tösstal bewundern wir einen mächtigen Wasserfall, ab und zu spritzt aus einem Seitentobel ein schmaler Wasserstrahl in einem Giessen über die Nagelfluhwand. Nach dem Hof *Buri* führt das Strässchen aus dem engen Waldtobel ins offene Tal mit seinen Wiesengründen hinaus. Von der Wirtschaft *Orüti* an kennen wir den Weg zur Station *Steg.*

Der Automobilist als Wanderer parkiert beim Skilift Steg und benötigt 5 Stunden.

Rundwanderungen von Bärloch-Stralegg aus

Der TCS-Parkplatz im Bärloch auf der Terrasse der Stralegg ist von Steg aus über die Orüti auf einer Bergstrasse erreichbar. Für die Strecke Orüti – Stralegg gilt an Sonntagen und an allgemeinen Feiertagen Einbahnverkehr.

Die Bergfahrt ist gestattet: Bis 07.40, 09.00 – 09.40, 11.00 – 11.40 usw.

Die Talfahrt ist gestattet: 08.00 – 08.40, 10.00 – 10.40, 12.00 – 12.40 usw.

1. Bärloch – Tierhag – Hinter-Stralegg – Stralegg – Bärloch. 1 Std. 15 Min.
2. Bärloch – Tierhag – Sennhütte – Hinter-Stralegg – Stralegg – Bärloch. 1 Std. 45 Min.
3. Bärloch – Tierhag – Schnebelhorn – Tierhag – Hinter-Stralegg – Stralegg – Bärloch. 1 Std. 50 Min.
4. Bärloch – Tierhag – Dägelsberg – Dägelsberger Wisli – Hübschegg – Sennhütte – Hinter-Stralegg – Stralegg – Bärloch. 2 Std. 45 Min.

Ausgangspunkt Bauma

Bauma im oberen Tösstal zählt mit einer Fläche von 20,9 km^2 zu den grössten Gemeinden des Kantons, gehört zum Bezirk Pfäffikon und umfasst neben den zwei Schwerpunkten von Bauma und Juckern/Saland vorwiegend kleine Weiler und Einzelhöfe zwischen 600 und 900 m. Die Besiedlung erfolgte im Frühmittelalter, wobei die ersten bekannten Siedlungen leicht erhöht über der Töss zu finden sind (Wellenau, Hörnen, Blitterswil). Die Baumwollspinnerei verursachte im 17. und 18. Jahrhundert eine starke Bevölkerungsvermehrung. Das heutige Gemeindegebiet war im Mittelalter nach Bäretswil und Pfäffikon kirchgenössig. Die Bevölkerungszunahme und die langen Kirchwege führten dazu, dass 1651 eine eigene Kirche gebaut wurde. An diesem vorher nur wenig besiedelten Ort – 1468 wird «boumen» = Höfe bei den Bäumen erwähnt – entwickelte sich das Zentrum der Gemeinde. Die jetzige reformierte Kirche, eine Querkirche von Johann Jakob Haltiner, geht auf 1770 zurück. Der Käsbissenturm stammt vom Altbau, die klassizistischen Deckenstukkaturen wurden später angebracht. Seit 1903 besitzen die Katholiken ihre St. Antonius-Kirche, die 1956 erweitert und mit einem Turm versehen, 1976 innen umgebaut wurde. 1822 liessen sich die ersten Industriebetriebe nieder, 1836 – 1838 erreichte die Talstrasse die Gemeinde, 1875 fuhr die Tösstalbahn[7] bis Bauma und in den folgenden Jahren wurde die Töss[22] korrigiert. Diese Ereignisse vermochten den Rückgang der Bevölkerung, der sich nach dem Zusammenbruch der Heimspinnerei ergeben hatte, nur zu verlangsamen. Er betrifft vor allem die höher gelegenen Einzelhöfe. Bevölkerung: 1836: 3'217; 1950: 2'989; 1980: 3'010. Im ganzen Gemeindegebiet sind die Flarzhäuser[5] typisch, wobei als charakteristische Vertreter, sowohl als Siedlungs- wie als Bautypen, die Fraktionen Undel (Undalen) und Altlandenberg gelten. Zweimal jährlich, im Frühling und im Herbst, lockt der «Baumer Märt» die Bevölkerung in Scharen an. Bauma bildet einen wichtigen Ausgangspunkt für die Guyer-Zeller-Wege[29]. Einer dieser Wege führt zur Ruine Altlandenberg[28]. Stolz sind die Baumer auf ihr Hallenbad. Verkehrsverbindungen: Tösstallinie der SBB Winterthur – Bauma – Wald – Rüti – Rapperswil, Autobuslinie der VZO Wetzikon – Bäretswil – Bauma, Postautolinien Pfäffikon – Hittnau – Saland – Bauma und Bauma – Sternenberg, Dampfbahnlinie Bauma – Bäretswil – Hinwil.

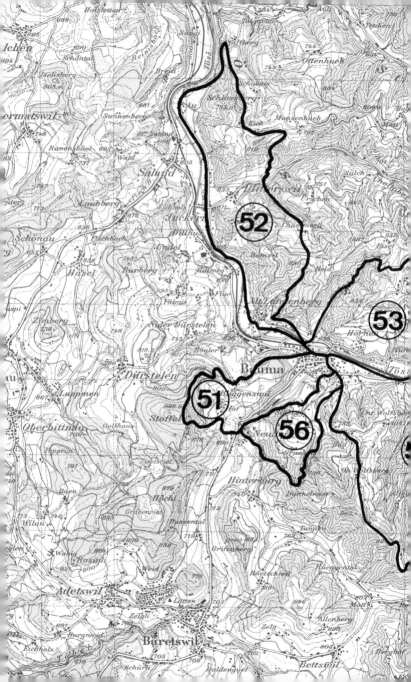

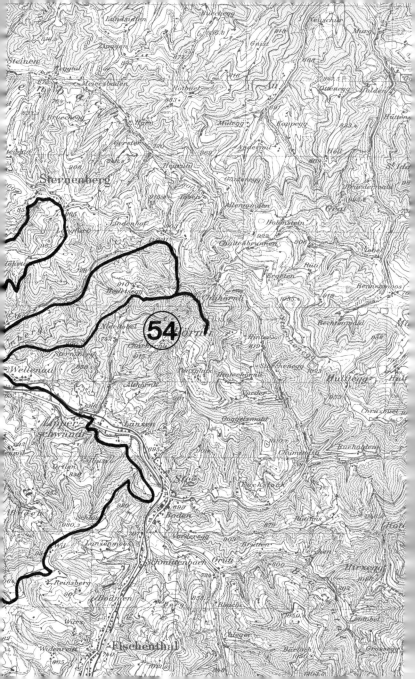

Route 51
Stoffel

Kurzweilige Wanderung auf Guyer-Zeller-Wegen.

	Höhe	Wanderzeit
Bauma	638	
Bliggenswil	716	25 Min.
Stoffel	928	1 Std. 10 Min.
Neuthal	699	1 Std. 50 Min.
Bauma	638	2 Std. 30 Min.

Vom Bahnhof *Bauma* gehen wir am Postgebäude vorbei und suchen bei der «Weinrebe» den Pfad, der zwischen den Gärten hindurch zum Dorf hinausleitet. In gleichmässiger Steigung führt der *Guyer-Zeller-Weg*[29] durch den Wald und über Wiesen zum Weiler *Bliggenswil,* der zum grossen Teil aus Flarzhäusern gebildet wird. Im Zickzack steigen wir durch den bewaldeten Hang zum Gratrücken hinauf, dem wir in mehreren Stufen, teils recht steil, an den Ostrand des Hochplateaus folgen. Der Wegweiser «Dürstelen» zeigt gegen den Westrand des *Stoffel* mit der Ruhebank. Das Plateau, das von hohen Bäumen umrahmt ist, bietet heute keine Aussicht mehr. Es wäre wünschenswert, dass man auf dieser früheren Aussichtswarte, der letzten markanten Höhe der Allmenkette gegen das Mittelland hin, durch Rodungen einzelne Ausblicke freibekommen könnte. Beim *Känzeli* ist die Aussicht auch nicht grossartig, doch sehen wir zwischen den Bäumen hindurch gegen das Hörnli und gegen Sternenberg.

Wie das Känzeli zu seinem Namen gekommen ist, erahnen wir, wenn wir über die Stufen des Treppenbaus wie auf einer gewundenen Kanzelstiege der senkrecht abfallenden Nagelfluhwand entlang «hinunterklettern». Noch ist nicht klar, wie die Route weiter unten durch die Wiesen geführt wird, doch werden wir dank der Markierung den Weg an der Sennerei vorbei zur Hauptstrasse Bauma – Bäretswil – in der Nähe die Bushaltestelle – und längs des Weihers zur Station *Neuthal* der Dampfbahn finden. Der Weg steigt zum Brücklein über den Wissenbach hinab. Ein Abstecher unter dem Viadukt hindurch zu den Gebäulichkeiten der ehemaligen Spinnerei von Adolf Guyer-Zeller, die zusammen mit dem Park ein einmaliges Dokument einer Fabrikanlage des 19. Jahrhunderts bilden, lohnt sich. Der Wanderweg setzt sich beim Widerlager des Viaduktes unter der Bahnlinie hindurch fort. Bevor wir das Gleis überschreiten,

*Bauma bildet das Zentrum des oberen Tösstales.
(Foto Karl Hofer)*

blicken wir zu den Kraftübertragungstürmen hinab, wovon einer gar in neugotischen Formen mit einem Zinnenkranz gebaut worden ist. Der Weg schlängelt sich in die steilen Tobel hinein und führt über Brücklein zum Weiler *Silisegg*. Wir können später das aussichtsreiche Strässchen verlassen, wenn wir zum Abschluss der Wanderung auf dem Friedhof *Bauma* das Grabmal für Adolf Guyer-Zeller und seine Angehörigen bestaunen wollen.

Route 52

Altlandenberg – Chämmerli – Hochlandenberg

Romantische Wanderung auf Guyer-Zeller-Wegen durch waldige Schluchten, an interessanten Felsformationen, rauschenden Wasserfällen und aufschlussreichen Ruinenhügeln vorbei.

	Höhe	Wanderzeit
Bauma	638	
Altlandenberg	721	20 Min.
Chämmerli	728	45 Min.
Hochlandenberg	795	1 Std. 45 Min.
Juckern	609	2 Std. 50 Min.
Bauma	638	3 Std. 30 Min.

Westlich des Bahnhofes *Bauma* gehen wir unter der Bahnlinie durch und über die Tössbrücke. Ein Weglein zieht sich dem sonnigen Wiesenhang entlang an den Fuss des Burghügels *Altlandenberg*[28]. Der *Guyer-Zeller-Weg*[29] führt später über Brücklein im Tobel des Rüeggenbaches zur grossen Waldwiese mit dem Scheuerchen hinauf. Teils auf Treppenstufen kommen wir durch den Wald zum einsam gelegenen Hof *Chämmerli* und zum Steg über den Bach hinunter. Einmalig romantisch ist die Wanderung durch das *Chämmerlibachtobel* abwärts am grossen Wasserfall und an imposanten Nagelfluhwänden vorbei zur Strasse Juckern–Sternenberg. Ein Wiesenweg, der sich später zu einer Wegspur verengt, leitet an den Waldrand hinauf. Nach dem steilen Aufstieg über den Waldgrat der *Tüelenegg* treffen wir auf das Strässchen, das von Manzenhueb über Hinter-Eich zum Hof *Vorder-Eich* führt. Nachdem wir schon auf der Höhenpromenade eine weite Aussicht gegen Schmidrüti und Sternenberg genossen haben, öffnet sich jetzt der Blick gegen Westen und Süden. Wir erkennen in der Nähe den bewaldeten

Stoffel und im Hintergrund den Pfannenstiel. Bald sind wir beim Burghügel *Hochlandenberg* auf dem *Schlossberg*. Näheres darüber lesen wir bei Route 57.

Wir überschreiten die Burggräben auf eisernen Brücken und steigen anfangs auf dem Waldgrat, dann durch den steilen Westhang zum Strassenknie, P. 592, hinunter. Wir gehen zur Töss[22] hinüber und folgen dem Uferweg flussaufwärts. Am andern Ufer verläuft der vielbefahrene Radweg. Beim Weiler *Au* bietet sich die Gelegenheit, zur nahen Station Saland abzuzweigen und dort für die Fahrt nach Bauma den Zug zu besteigen. *Juckern,* bestehend aus der Weberei, der Fabrikantenvilla und den Kosthäusern, bildet eine typische Siedlung aus der zweiten Hälfte des letzten Jahrhunderts. Im Weiler *Altlandenberg,* der sich aus dem Gut der oberhalb liegenden, gleichnamigen Burg entwickelt hat, fällt uns neben andern bemerkenswerten Bauten das stattliche Doppelwohnhaus im Fachwerk auf, das 1764 errichtet wurde. Das letzte Teilstück auf dem Tössuferweg am Hallenbad und an der Schulanlage vorbei nach *Bauma* ist leicht zu finden.

Route 53
Hagheerenloch – Sternenberg

Schattiger Aufstieg über das sagenumwobene Hagheerenloch und aussichtsreiche Höhenwanderung über die Eggen zur höchstgelegenen Gemeinde des Kantons.

	Höhe	Wanderzeit
Bauma	638	
Tüfenbach	660	25 Min.
Hagheerenloch	770	1 Std.
Höhstock	884	1 Std. 20 Min.
Sternenberg	870	1 Std. 45 Min.
Musterplatz	855	2 Std. 15 Min.
Bauma	638	3 Std. 10 Min.

Zwischen der Töss und der Bahnlinie führt der Wanderweg oberhalb der Station *Bauma* talaufwärts und auf dem Steg über den Fluss zu den Häusern von *Tüfenbach*. Vor dem Hof Akau verlassen wir das Strässchen auf einem Weg in den Wald hinein. Bevor wir später nach rechts über den Bach abzweigen, empfiehlt sich ein Abstecher in den nahen Talhintergrund mit dem ausserordentlich breiten Gubel[3] und zwei Wasserfällen.

Der Weg wird schmäler und zieht sich anfangs dem bewaldeten Hang entlang und dann neben dem Bach des enger werdenden Seitentobels zum *Hagheerenloch* hinauf. Ueber die Höhle, die unter einer Nagelfluhdecke etwa 30 m lang ist, weiss K. W. Glaettli in den «Zürcher Sagen» viel zu erzählen.

In dieser Höhle hat für unsere Vorfahren der Hagheer oder Schlossherr gelebt; durch unterirdische Gänge konnte der Tyrann zur Burg Werdegg bei Hittnau und zu einer unbekannten Burg im Sternenberg gelangen. Im hinteren Teil, der heute zerfallen ist und der früher durch eine eiserne Tür verschlossen war, lag ein grosser Schatz. Eine schwarze Schlange wand sich um die drei schweren Riegel der Türe, hinter dem Tor lag ein grausamer Drache. Ein armes Mädchen aus der Gegend, das einem reichen Burschen heimlich versprochen war, wollte einen bescheidenen Teil des Schatzes heben. Durch Beten zwang es die Schlange und den Drachen zum Rückzug. Nachdem es eine Schürze voll des köstlichen Gutes geschöpft hatte, vergass es für eine Weile das Beten, worauf es der Drache verschlang. Die Seele des Mädchens umkreiste als weisse Taube das Haus des Geliebten und flog in den Himmel hinein. In der dunklen Tiefe soll man einen steinernen Sarg mit einem Gerippe und im Jahre 1770 eine Kochherdplatte und eine Lampe gefunden haben, was vermuten lässt, dass hier Wiedertäufer[19] eine Zuflucht gefunden hatten.

Wegspuren leiten steil an den Waldrand hinauf, von wo ein breiter Weg zu den Häusern von *Höhstock* hinaufsteigt. Wir geniessen auf dem alten Sternenberger Weg, einer Höhenpromenade auf der Sonnseite des Sternsberges, eine prächtige Aussicht über die Waldhöger des Tössberglandes hinweg zum Alpenkranz. Der Wanderweg endet bei der *Rossweid,* P. 885 (von den Einheimischen Rai genannt). Wenn wir geradeaus zur nahen Anhöhe hinaufgehen, erfreut uns ein weiter Ausblick ins Weinland, zum Schwarzwald, zum Randen, in den Thurgau und bis zu den Höhen jenseits des Bodensees. Wer auf diesen Abstecher verzichten will, geht auf der Strasse zur Kirche von *Sternenberg.* Vor dem Gasthaus «Sternen», einem Bau aus der 2. Hälfte des 18. Jahrhunderts, biegen wir von der Strasse ab und steigen auf angenehmen Wiesenwegen zum Bach im hintersten Choltobel hinab. Jenseits des Baches geht es gleich aufwärts und an den Häusern von *Äberliswald* vorbei zur Sennerei beim *Musterplatz* an der Strasse Sternenberg – Bauma. Der Wanderweg führt über die aussichtsreiche Höhe und steigt später als Wegspur durch die Wiese zum Wald hinab. Auf einem

Brücklein überschreiten wir den Bach und folgen dem gut angelegten und sorgfältig unterhaltenen Weg durch das schattige Tobel der *Hundschilen*. Er bleibt hoch über dem Bach, dringt in die steilen Seitentöbelchen ein und leitet zur Tössbrücke abwärts, von wo die Station *Bauma* nicht mehr weit ist.

Sternenberg

Die Gemeinde Sternenberg, die höchstgelegene Gemeinde des Kantons, erstreckt sich mit einer Fläche von 8,75 km^2 über einen Teil des zerklüfteten Tössberglandes und umfasst über 50 bewohnte kleine Hofgruppen und Einzelhöfe. Die topographischen Gegebenheiten machten Sternenberg zur ausgeprägtesten Streusiedlung des Kantons. Seinerzeit wurde das Land von den landenbergischen Burgen aus urbar gemacht; die ersten Siedlungen im 13. Jahrhundert waren vermutlich Rodungshöfe. 1798 entstand die Munizipalgemeinde Sternenberg, deren Gebiet bis dahin zur Landvogtei Kyburg gehört hatte und aus der 1831 die heutige politische Gemeinde als Teil des Bezirkes Pfäffikon hervorging. Die kargen landwirtschaftlichen Grundlagen begünstigten schon früh die Heimarbeit[6] (Heimweberei, Heimspinnerei), die in der ersten Hälfte des 19. Jahrhunderts ungefähr zehnmal mehr Leute beschäftigte als die Landwirtschaft. Bis 1836 stieg die Einwohnerzahl auf 1'423 Seelen. Die bekannten Erscheinungen der Industrialisierung im 19. Jahrhundert und die Landflucht aus dem abseits gelegenen Gebiet im 20. Jahrhundert bewirkten seither einen ständigen Rückgang der Bevölkerung (1870: 1'005; 1930: 540; 1950: 464; 1970: 315; 1980: 273).

Der Name Sternenberg für die Gemeinde – er stammt von einer benachbarten Anhöhe, P. 930 – erscheint erst 1706, als in der Gegend von «Oschwald» eine Kirche erbaut wurde. Früher waren die Bewohner der weit verstreuten Weiler und Höfe nach Wila, Turbenthal, Bauma oder gar nach Bäretswil kirchgenössig. Das einfache Saalkirchlein mit dem Dachreiter und den eindrücklichen Glasfenstern von Hermann Alfred Sigg ist heute ein beliebter Hochzeitsort.

Auf der Matt wohnte seinerzeit der Dichter Jakob Stutz[9]. Von Bauma kommt das Postauto nach Sternenberg herauf und fährt an Sonntagen bei Bedarf bis ins Gfell weiter.

Route 54
Hörnli 1. 4.

Ueber abwechslungsreiche Wege wandern wir zum bekannten Aussichtspunkt.

	Höhe	Wanderzeit
Bauma	638	
Tüfenbach	660	25 Min.
Heiletsegg	910	1 Std. 25 Min.
Hörnli	1133	2 Std. 15 Min.
Gfell	903	2 Std. 50 Min.
Tüfenbach	660	3 Std. 35 Min.
Bauma	638	4 Std.

Auch diesmal benützen wir am Anfang den Weg, der von der Station *Bauma* zwischen der Töss[22] und der Bahnlinie talaufwärts zum Steg bei *Tüfenbach* leitet. Wir überschreiten den Fluss und biegen gleich nach rechts über den Tobelbach zur ersten Terrasse ab. Ein Weglein schlängelt sich steil durch den Wald zur oberen Wiesenterrasse hinauf. Später wird der Weg breiter und führt bald steil, bald weniger steil über den bewaldeten Kamm zur *Heiletsegg*. Grossartig ist die Lage dieses Hofes, entsprechend prächtig die Aussicht ins Tössbergland und zu den Alpen. Auf schmalen Wegspuren wandern wir östlich des Hofes dem Waldrand entlang aufwärts und folgen dem meist bewaldeten Grat zum *Chlihörnli* und zum Sattel zwischen diesem Vorgipfel und dem Hörnli. Teils über Treppenstufen gelangen wir zum Berggasthaus auf dem *Hörnli*[27]. Nur ungern trennen wir uns von diesem Aussichtspunkt ersten Ranges und benützen bis zur Wegkreuzung nach dem Chlihörnli die Aufstiegsroute. Recht steil gehen wir durch den Wald und über die Wiesen zum Weiler *Gfell* hinab, dessen Mittelpunkt das Schulhäuschen und die Wirtschaft «Wilhelm Tell» bilden. Vor dem Schulhaus halten wir auf undeutlichen Wegspuren über die Wiese, durch die Weide und beim «Durchschlupf» in den Wald hinein. Anfangs ist der Lättenbach im schattigen Seitental der Töss unser Begleiter, weiter unten bekommt das Gewässer den Namen *Tobelbach*. Am Hof *Akau* vorbei wandern wir talauswärts nach *Tüfenbach* und erreichen auf dem linksufrigen Tössuferweg die Station *Bauma*.

BESCHRIEBENER AUFSTIEG WURDE BEREITS ALS ABSTIEG BENUTZT (1. WANDERUNG NR. 47)

Route 55
Ghöchweid

Aussichtsreiche Wanderung über die Allmenkette.

	Höhe	Wanderzeit
Bauma	638	
Ober-Wolfsberg	876	45 Min.
Sunnenhof	960	1 Std. 10 Min.
Ghöchweid	1000	1 Std. 35 Min.
Schloss	940	2 Std. 5 Min.
Tössbrücke Steg	698	2 Std. 30 Min.
Lipperschwändi	686	2 Std. 50 Min.
Tüfenbach	660	3 Std. 20 Min.
Bauma	638	3 Std. 45 Min.

Die Route führt vom Bahnhof *Bauma* an der katholischen Kirche vorbei zur Hauptstrasse und zweigt beim reformierten Pfarrhaus, einem behäbigen Bau von 1749, auf eine Nebenstrasse ab. Nach dem Bahnübergang steigt ein Wiesenweg steil zum Strässchen hinauf. Zweimal können wir die wenig befahrene Bergstrasse auf Fusswegen abkürzen und gelangen über den Hof *Bad* zum *Ober-Wolfsberg* hinauf. Das Strässchen – für uns Wanderer hätte man es nicht asphaltieren müssen – zieht sich dem Tännler entlang zur Strassengabelung im *Stattboden*, P. 924. Möglichkeit zu einem Abstecher zur *Tüfelskanzlen*, die mit ihren phantastisch anmutenden Nagelfluhpyramiden für diese Gegend eine geologische Besonderheit bildet. Sie befindet sich im Wald 200 m südlich des Hofes Altegg. Die markierte Fortsetzung bringt uns zur Wirtschaft *Sunnenhof* hinauf. Später biegen wir vom aussichtsreichen Höhensträsschen auf einen Weg ab, der durch den bewaldeten Westhang des Baschlis-Gipfels zur *Ghöchweid* leitet. Zwischen Scheidegg und Bachtel grüssen die Glarner Alpen und die Berge der Innerschweiz.

Wir halten nordwärts und wandern auf einem angenehmen Flursträsschen mit schönem Blick ins Tössbergland zur Häusergruppe *Wil* und über die freie Hochebene südlich des Wilgupfs zum *Schloss*. Die Namen dieses Hofes und des nahen Hauses *Burgböl* erinnern an den früheren Wehrturm (Näheres siehe Route 47). Kurzweilig gestaltet sich der Abstieg über den Rappengubel zur Tössbrücke von *Steg,* wo das schmucke Doktorhaus unsere Beachtung verdient (siehe Seite 120). Wer müde ist, erreicht in 5 Minuten die Station der Tösstallinie und fährt nach Bauma. Wer das Haupttal der Töss abseits der Strasse kennenlernen möchte, wandert auf dem markierten Weg am Schattenhang weiter. Am Flarzhaus[5] im *Äner-Länzen* vorbei gelangen wir zu den Häusern im Ror und zum Altersheim Blumenau. Achtung auf den Zug! Der Wanderweg bleibt auf der Sonnenseite des Tales, berührt die Weiler *Lipperschwändi* und *Wellenau* mit ihren typischen Flarzbauten und quert die Töss über den Steg bei *Tüfenbach*. Auf dem linken Flussufer erreichen wir den Bahnhof *Bauma*.

Route 56
Hohenegg   STEILE TOBEL

Der bekannteste Guyer-Zeller-Weg führt durch das romantische Lochbachtobel auf die Hohenegg und leitet über Treppen und Brücken nach Neuthal und Bauma.

	Höhe	Wanderzeit
Bauma	638	
Hohenegg	901	1 Std.
Neuthal	680	1 Std. 25 Min.
Bauma	638	2 Std.

Vom Bahnhof *Bauma* gelangen wir an der katholischen Kirche vorbei zur Hauptstrasse Richtung Steg. Der Wegweiser «Hohenegg» zeigt beim stattlichen Pfarrhaus auf ein Nebensträsschen, das sich nach dem Bahnübergang durch das Seitental zu den Häusern *Hinterwis* mit dem sechsteiligen Flarz[5] und ins *Loch* zieht. Der *Guyer-Zeller-Weg*[29] steigt zunächst dem *Lochbach* entlang an, führt in ein steiles Seitentobel mit einem Giessen[3] hinein und erreicht das Haupttobel in der Nähe eines zweiten eindrücklichen Giessens. Das Tal wird enger und steiler, unser Weg leitet über Treppenstufen, Brücklein und einen Treppenbau zum Grat hinauf, dem wir zum Rastplatz auf der *Hohenegg* folgen. Tisch, Bänke und Feuerstelle laden zu einem Halt ein, auf die Aussicht müssen wir wegen der hochgewachsenen Bäume verzichten. Ueber die Einweihung des ersten Guyer-Zeller-Weges erfahren wir Genaueres bei Route 41. Nachdem wir auf dem Gratweg zur Abzweigung zurückgekehrt sind, weist uns die Tafel «Neuthal» durch den Westhang abwärts. Auf einem romantischen Weg steigen wir über Stege und Stufen durch ein steiles Seitentobel zum *Wissenbach* hinab,

Die Guyer-Zeller-Wege versprechen Wanderungen durch romantische Tobel. *(Foto Karl Hofer)*

Die reformierte Kirche von Wila erhebt sich auf einem Nagelfluhsporn über dem alten Dorfkern. *(Foto Karl Hofer)*

der aus dem Rüeggental kommt und gleich unterhalb der Weggabelung einen schönen Giessen bildet. Wir folgen dem lustig dahinplätschernden Bach abwärts bis zum Brücklein vor dem mächtigen Eisenbahnviadukt im *Neuthal,* hinter dem sich die Gebäulichkeiten der ehemaligen Spinnerei von Adolf Guyer-Zeller ausdehnen. Näheres siehe Route 51. Der Weg über die *Silisegg* nach *Bauma* ist bei der gleichen Route beschrieben.

Rundwanderungen vom Gfell aus
Die beiden TCS-Parkplätze beim und im Weiler Gfell sind im Privatauto von Bauma über Sternenberg und von Fischingen aus auf guten Strassen erreichbar. An Sonntagen verkehren einzelne Postautokurse der Linie Bauma – Sternenberg bei Bedarf bis ins Gfell.
1. Gfell – Chlihörnli – Hörnli – Chlihörnli – Heiletsegg – Gfell. 1 Std. 45 Min.
2. Gfell – Chlihörnli – Hörnli – Tanzplatz – Hörnligübelweg (Bergweg) – Heiletsegg – Gfell. 2 Std. 30 Min.
3. Gfell – Chlihörnli – Hörnli – P. 992 – P. 931 – Gfell. 1 Std. 30 Min.
4. Gfell – Chlihörnli – Hörnli – P. 992 – Ergeten – Chaltenbrunnen – Gfell. 2 Std.

Ausgangspunkt Wila

Die Gemeinde Wila (Fläche: 9,20 km^2) dehnt sich zur Hauptsache im Talboden der Töss aus, greift aber auch auf die Ausläufer der Hörnlikette und ins Steinenbachtal aus. Der Name «Wiler» – ein Verschrieb von «Wile» (lat. villa) – erscheint zwar erst 1275, doch war das Gebiet zweifellos schon früher besiedelt. Die Herren von Landenberg erwarben Lehen des Klosters St. Gallen und behielten die niedere Gerichtsbarkeit über Teile der heutigen Gemeinde bis 1798. Seit 1831 gehört Wila zum Bezirk Pfäffikon. Bedingt durch das rasche Anwachsen der Heimindustrie, nahm die Bevölkerungszahl anfangs des 19. Jahrhunderts stark zu und erreichte 1836 mit 1'161 Einwohnern einen Höchststand. Gut die Hälfte davon war in der Baumwollverarbeitung beschäftigt. Die Einwohnerzahl sank bis 1941 auf 870 und stieg bis 1980 auf 1'242 an.

Die reformierte Kirche von Wila – sie erhebt sich auf einem Nagelfluhsporn über dem alten Dorfkern – geht aufgrund von neuesten Untersuchungen auf eine frühmittelalterliche Holzkirche um 700 zurück, die im 9. Jahrhundert durch einen Steinbau ersetzt wurde. Ihm folgte um 1200 eine romanische, reich ausgemalte Saalkirche. Um 1300 entstand der schmucke, in hochgotischen Formen gehaltene und vollständig ausgemalte Chorturm. Im 15. Jahrhundert erweiterte man das Schiff nach Süden, 1612 wurde ein zweites Chor im Südosten angegliedert. Die vortrefflich gelungene Aussen- und Innenrenovation, über die eine Festschrift der Kirchenpflege orientiert, legte

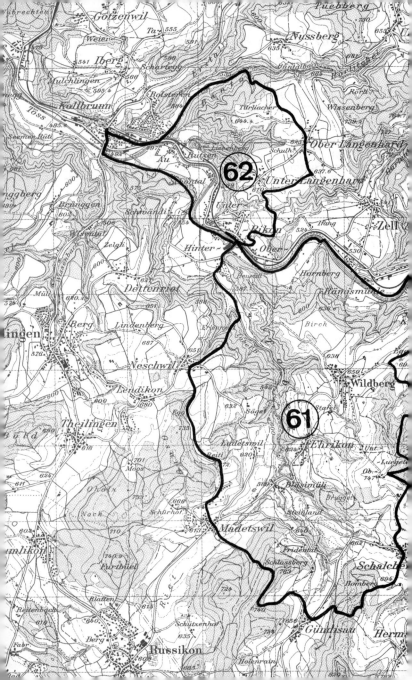

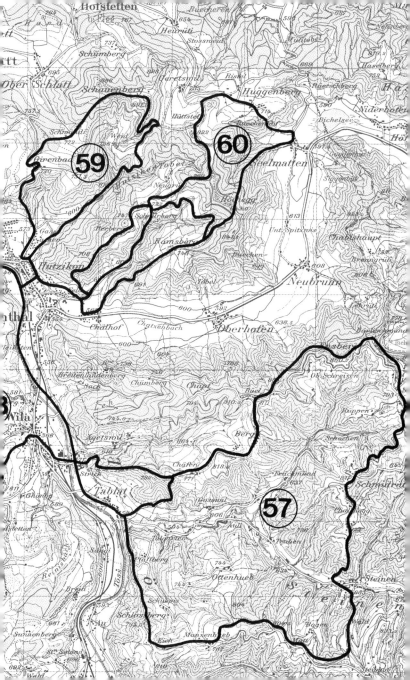

Ueberreste von Fresken aus verschiedenen Epochen frei. Das Pfarrhaus von 1770 – Baumeister waren Johannes Grubenmann und sein Sohn Hans Ulrich – wurde 1852 mit der ehemaligen Pfrundscheune unter einem Walmdach vereinigt. Am Dorfausgang Richtung Bauma steht das Haus «Zur alten Post». Es wurde 1736 für Gerichtsvogt Heinrich Lüssi erbaut und erhielt seine schmucke Fachwerkfront durch spätere Veränderungen. Im Dorfkern treffen wir vornehmlich auf Flarzhäuser[5] und Kleinbauernhäuser, die wir in den höher gelegenen Weilern und Einzelhöfen noch in stattlicher Zahl finden. Seit 1875 ist Wila Station der Tösstallinie Winterthur – Bauma – Wald. Ein Postauto fährt ins Steinenbachtal und über Schmidrüti nach Sitzberg, an Sonntagen nach Dussnang im Tannzapfenland.

Route 57
Hochlandenberg – Sitzberg

Sehr lohnende Wanderung über die aussichtsreichen Höhen des mittleren Tösstales.

	Höhe	Wanderzeit
Wila	569	
Hochlandenberg	795	1 Std.
Manzenhueb	767	1 Std. 20 Min.
Steinen	645	2 Std. 20 Min.
Schmidrüti	811	3 Std. 5 Min.
Sitzberg	793	3 Std. 30 Min.
Büel	811	4 Std. 20 Min.
Chäfer	771	4 Std. 45 Min.
Wila	569	5 Std. 30 Min.

Von der Station *Wila* gehen wir zur Tössbrücke und folgen dem rechtsufrigen Weg zur Brücke beim Parkplatz und zur Strassenkreuzung in *Tablat*. Für ein kurzes Stück müssen wir mit der Strasse vorliebnehmen. Wo die Strasse bei P. 592 scharf nach links abbiegt, beginnt der *Guyer-Zeller-Weg*[29], der in gleichmässiger Steigung den Wald hinanführt. Ein Wegweiser bei einem Brünnlein zeigt zu einem Treppenweg. Bald sind wir bei der Burgstelle *Hochlandenberg* (auch Hohenlandenberg genannt) auf dem *Schlossberg*. Die Burg, Ende des 13. Jahrhunderts erbaut, war sankt-gallisches Lehen, wurde 1344 von den Oesterreichern zerstört und seither nicht mehr aufgebaut. Mauern sind keine sichtbar. Auf den Brücken überschreiten wir die Burggräben und steigen zum prächtig gelegenen Hof *Vorder-Eich* hinab. Weiter Ausblick gegen Westen und Süden. Auf dem Strässchen wandern wir nach *Manzenhueb*, biegen mit dem Wiesenweg halblinks über die aussichtsreiche Höhe ab und erreichen die Strasse wieder in der *Matt.* Hier lebte der Dichter Jakob Stutz[9] in seiner Jakobszelle. Nach der Mattschür weist die gelbe Tafel «Sternenberg» auf einen horizontal verlaufenden Waldweg. Beim Hof *Spältrüti* beginnt der Abstieg, der sich später im Wald auf einem schmalen Pfad fortsetzt. Wenn wir auf die sorgfältige Markierung achten, kommen wir zum Weiler *Steinen* im Steinenbachtal. Einige Flarzbauten dukken sich im engen Seitental der Töss. Im oberen Teil bildet der Steinenbach die Grenze zum Thurgau, in die anderen Gebiete des Tales teilen sich die Gemeinden Turbenthal, Wila und Sternenberg.

Bei den letzten Häusern zweigt der Weg von der Talstrasse ab und leitet sehr steil durch den Wald zur *Usser-Chalchegg* hinauf. Prächtige Aussicht in die Gegend um Sternenberg, zum Säntis und in die Alpen. Das Höhensträsschen zieht sich ebenaus über Chalchegg und am neuen Schulhaus vorbei nach *Schmidrüti.* Wirtschaft. Während die Fahrstrasse nach Sitzberg dem Hang des Schmidrütichapf entlang aufsteigt, schlängelt sich der Wanderweg horizontal durch den Wald. Auf der Strasse gelangen wir nach *Sitzberg*[30] an der zürcherisch-thurgauischen Grenze. Das Kirchlein steht auf Zürcher, der «Sternen» auf Thurgauer Boden. Die Route nach Turbenthal steigt zur bewaldeten *Bärlischwand* hinauf und führt teils durch den Wald, teils dem Waldrand des *Ensberges* entlang. Grossartig ist die Aussicht über das Tösstal hinweg zum Alpenkranz. Zwischen den Bäumen hindurch erhaschen wir später ab und zu einen Blick ins Selmattertal. Im *Büel,* das niedliche Schulhäuschen wird heute nicht mehr benützt, zweigen wir auf die Nebenstrasse ab, die wir ohne Uebertreibung als Panoramastrasse bezeichnen dürfen. Wir wandern über *Berg* zum Weiler *Chäfer,* wo wir uns am renovierten, prächtigen Speicher aus dem 17. Jahrhundert freuen. Am Waldrand gehen wir geradeaus und steigen auf einem stellenweise etwas morastigen Weg talwärts. Ueber die Tössbrücke gelangen wir zur Station *Wila.*

Wem die Wanderung zu lange und zu anstrengend ist, kann sie in Steinen, Schmidrüti und Sitzberg abbrechen oder sie erst dort beginnen, wenn er das Postauto der Linie Wila – Sitzberg benützt. Da nur wenige Kurse verkehren, empfiehlt es sich, vorgängig den Fahrplan zu Rate zu ziehen.
Variante für Automobilisten: Sie lassen ihren Wagen auf dem Parkplatz *Tablat* stehen, folgen bis zum Weiler Chäfer der obigen Beschreibung und steigen später am Waldrand direkt nach Tablat ab. Wanderzeit: 5 Std. 15 Min.

Rundwanderungen von Tablat aus
1. Tablat – Chäfer – Wila – Tablat. 1 Std. 30 Min.
2. Tablat – Hochlandenberg – Vorder-Eich – Au – Tössuferweg – Tablat. 1 Std. 45 Min.
3. Tablat – Hochlandenberg – Chämmerli – Altlandenberg – Tössuferweg – Juckern – Au – Tablat. 3 Std. 45 Min.

Ausgangspunkt Turbenthal

Die grosse Gemeinde Turbenthal (Fläche 24,95 km^2) steigt vom Tösstal über das Girenbad[31] und den Weiler Ramsberg gegen den Schauenberg hinauf, dehnt sich mit den Ortsteilen Oberhofen, Neubrunn und Selmatten ins Selmattertal und mit dem Weiler Tablat und einzelnen Fraktionen ins Steinenbachtal aus und klettert mit den Siedlungen Büel, Sitzberg[30] und Schmidrüti weit ins «Pirg» hinauf. 829 wird «Turbanton» erwähnt. Der Name stammt vermutlich von Turbadunum, was befestigten Platz an der Turba (Töss) bedeuten kann. Die Geschichte der Gemeinde ist stark durch die Herren von Breitenlandenberg geprägt (siehe Route 65). Turbenthal zählte zur Herrschaft Kyburg und gehört seit 1831 zum Bezirk Winterthur. 1928 wurden zehn Zivilgemeinden aufgelöst, nachdem schon vorher die zahlreichen Schulgenossenschaften vereinigt worden waren. Turbenthal war nie ein ausgeprägtes Bauerndorf. Zum früh bezeugten Handwerk und Gewerbe gesellte sich im Laufe der Zeit die Textilindustrie. Bevölkerungsentwicklung: 1836: 2'249; 1950: 2'467; 1980: 2'975.

Eine Gallus-Kirche wird 858 erwähnt. 1510 – 1512 baute man ein spätgotisches Gotteshaus mit einem dreiseitig geschlossenen Chor. Die Schlusssteine des Rippengewölbes tragen die Wappen von Hohenlandenberg, von Breitenlandenberg und des Bischofs Hugo von Konstanz. Zwar wurde das Langhaus 1703 umgebaut, doch blieb die spätgotische Holzdecke mit den Flachschnitzereien erhalten. 1904 erhielt die Kirche einen neuen Turm mit einem Spitzhelm. Unter dem Chor befindet sich die Gruft der Herren von Breitenlandenberg. Die katholische Herz-Jesu-Kirche wurde 1934 nach Plänen von Otto Linder erbaut. Das Schloss, 1666 von Johann Christoph von Breitenlandenberg erstellt, fällt durch seinen Treppenturm auf. Bis 1797 war es zeitweise Sitz der Gerichtsherrschaft, heute dient es als Werkstätte und Heim für Hörbehinderte. Der Riegelbau «Hirschen» im Ortsteil Hutzikon, 1711 als Gasthof erbaut, ist heute Wohlfahrtshaus der Firma Boller, Winkler & Cie.

Verkehrsverbindungen: SBB-Linie Winterthur – Wald – Rapperswil, Postautolinien nach Fehraltorf und Eschlikon.

Route 58
Ober-Luegeten

Ueber Eggen und Waldkuppen auf die Luegeten mit der weiten Schau ins Land hinaus, auf die Oberländer Berge und zum Alpenkranz.

	Höhe	Wanderzeit
Turbenthal	550	
Tössegg	619	25 Min.
Ober-Luegeten	761	1 Std. 40 Min.
Wila	566	2 Std. 25 Min.
Turbenthal	550	3 Std.

Von der Station *Turbenthal* gehen wir talabwärts zum Tössuferweg und überschreiten den Fluss über die Brücke beim Fridtal. Ein Weg führt durch den Wald zum Weiler *Tössegg* hinauf. Bevor wir weiterwandern, wollen wir der nahen Ruine einen Besuch abstatten. Näheres siehe Route 61. Am gediegenen Büchi-Brunnen vorbei – eine Tafel auf der Rückseite klärt über seine Entstehung auf – steigt der Wanderweg zu den einzelnen Föhren und Birken hinauf und gewährt auf dem freien Wiesenrücken der *Egg* eine weite Rundsicht. Hinter dem Dorf Wila erhebt sich Waldkuppe neben Waldkuppe vom Hörnli zum Stoffel, bei klarem Wetter begrenzen die Schneeberge zwischen Säntis und Glärnisch den Horizont. Vor uns erscheinen die Häuser von Wildberg, die sich um die weithin sichtbare Kirche scharen, doch unser Strässchen biegt nach links in eine kurzweilige Landschaft mit Wiesen und sumpfigen Mulden ab, die durch einzelne Baum- und Gebüschgruppen belebt wird. Der Weg zieht sich später durch den Wald, teils auf dem Kamm, bergan und leitet, gut durch die gelbe Markierung gewiesen, an den Waldrand beim Hof *Ober-Luegeten*. Der Name Luegeten hält, was er verspricht! Von hier und vom folgenden Wegstück aus schweift der Blick gegen Nordwesten zur Stadt Winterthur, zum Irchel, zum Randen und zum Schwarzwald, gegen Süden steigen hinter den grünen Höhenzügen die Alpen auf.

Der Wanderweg lässt den Hof rechts liegen, folgt anfangs dem Waldrand und führt dann kurz durch den Wald zu einer Gabelung. Während die Route nach Schalchen aus dem Wald hinaustritt, setzt sich unser Weg in bisheriger Richtung leicht ansteigend durch den Wald fort. Zwischen den Bäumen hindurch öffnet sich uns später ein überraschender Ausblick ins Tössbergland. Zunächst verlaufen Wegspuren über den Waldrükken abwärts, dann wird der Weg breiter, umgeht den *Hohbuck* auf der Südostseite und führt über den Hänsberg nach *Wila* hinab. Genaueres über Wila erfahren wir auf Seite 141. Der nächste Weg nach *Turbenthal* benützt das Trottoir längs der Hauptstrasse durch das Dorf zur Tössbrücke und folgt dem rechtsseitigen Uferweg bis unterhalb der Station. Wer einen markierten Umweg in Kauf nehmen will, geht an der Station Wila vorbei zur oberen Tössbrücke und nimmt den Tössuferweg. Schliesslich kann man auf der Station Wila auch den Zug zur Fahrt nach Turbenthal besteigen.

Route 59
Schauenberg

Der Schauenberg ist seiner hervorragenden Aussicht wegen sehr bekannt.

	Höhe	Wanderzeit
Turbenthal	550	
Girenbad	720	45 Min.
Schauenberg	891	1 Std. 30 Min.
Turbenthal	550	2 Std. 45 Min.

Von der Station *Turbenthal* finden wir dank der Markierung die Route zur Tösstalstrasse und auf dem Schulweg gegen die katholische Kirche und den Dorfteil *Hutzikon*. Die Kehren der Girenbadstrasse können wir auf steilen Wegen durch den Wald abkürzen. Oberhalb des Kurhauses *Girenbad*[31] eröffnet sich ein prächtiger Blick über die nahen Tösstaler Berge hinweg zu den Alpen. In der Rechtskurve der Strasse zweigt ein Weg zum Waldrand hinauf ab und führt durch den Wald zum Hof *Schwändi*. Schliesslich steigen wir steil durch den Hochwald aufwärts und gehen einer Weissdornhecke entlang zur Kuppe des *Schauenberges*, des höchsten Punktes im Bezirk Winterthur. Trigonometrisches Signal. Die weite Schau von den Vorarlberger Alpen über den ganzen Bergkranz bis zum Jura macht den Gipfel so besuchenswert. Besonders gut überblicken wir die Abflachung der Hörnlikette gegen das thurgauische und sanktgallische Hügelland. Stimmt es wohl, dass vom Schauenberg aus Punkte in sämtlichen Kantonen mit Ausnahme von Genf zu sehen sind? Auf einer der beiden Kuppen wurden 1977 Grundmauern eines Wohnturmes freigelegt, der zu einer mittelalterlichen, bereits 1344 zerstörten Burg gehörte.

Vom Signal steigen wir in südlicher Richtung über die Nagelfluhfelsen zum Gatter am Waldrand hinab. Steil geht es über den *Tannenweidgrat* abwärts. Am Waldrand, bei der Wegspinne P. 792 mit weitem Ausblick in den Thurgau, wählen wir gemäss der Tafel «Hutziker Tobel» die Waldstrasse und zweigen später im offenen Gelände auf einen Wiesenweg ab. Das Strässchen holt im Wald weit nach Osten aus und senkt sich dem Steilhang entlang zur Brücke, P. 613, im *Hutziker Tobel*. Der Wanderweg bleibt unmittelbar am korrigierten Hutzikerbach, ist gut unterhalten und führt nach *Hutzikon*. Der Rückweg zur Station *Turbenthal* ist uns bekannt.

Route 60
Ramsberg – Bichelsee – Schnurberg

Diese Wanderung führt durch weite Wälder und an abgelegenen Höfen und Weilern vorbei.

	Höhe	Wanderzeit
Turbenthal	550	
Ramsberg	748	1 Std.
Selmatten	603	1 Std. 45 Min.
Huggenberg	714	2 Std. 10 Min.
Schnurberg	722	3 Std. 5 Min.
Turbenthal	550	3 Std. 45 Min.

Von der Station *Turbenthal* gelangen wir auf der Bahnhofstrasse und dem Schulweg zum Schulhaus. Die Schulstrasse und die Hängetenstrasse führen zum Dorf hinaus. Auf einem Fussweg folgen wir dem Chämibach und zweigen rechts zur Hauptstrasse Richtung Wil ab. Im *Chälhof* verlassen wir die Hauptstrasse. Die Nebenstrasse – im Wald ist sie für uns Wanderer glücklicherweise nicht asphaltiert – steigt recht steil zum Weiler *Ramsberg* hinauf, der sich auf einer aussichtsreichen Terrasse sonnt. Anfangs gehen wir auf dem Strässchen dem Waldrand entlang und halten später auf schmalen Waldwegen halbrechts gegen die *Höchegg* hinauf. Den höchsten Punkt lassen wir allerdings links liegen. Wir verlassen uns auf die gelben Wegzeichen, die uns auf teilweise undeutlichen Wegspuren nordwärts durch den Wald leiten. Zwischen den Bäumen hindurch erhaschen wir einen Blick auf die Höhen des Hinterthurgaus, später wird bei einzelnen Föhren und Birken in der Tiefe der Bichelsee zum ersten Mal sichtbar. Ueber den steilen Waldgrat der *Langegg* steigen wir zu einem Bächlein hinab und erreichen den Weiler *Selmatten,* der, nahe der Kantonsgrenze gelegen, zur Gemeinde Turbenthal gehört. Am südlichen Ufer des nahen *Bichelsees*[32] – er wird ab und zu auch Selmattersee genannt – hat die Badegenossenschaft Bichelsee-Turbenthal ein Strandbad eingerichtet. Möglichkeit zur Rückfahrt mit dem Postauto nach Turbenthal.

Vom Brunnen in Selmatten benützen wir anfangs die Strasse Richtung Norden und biegen bald auf einen Wiesenweg ab. Durch den Wald zieht sich der Pfad nach *Huggenberg* hinauf, das sich zur weitläufigen Gemeinde Hofstetten zählt. Eine Strasse führt über *Unter-Hüttstel* – rechts etwas abseits das Schulhaus – und an der Wirtschaft Schauenberg vorbei nach *Hüttstel* hinauf. Weite Aussicht in den Thurgau und zum Alpstein. Wir folgen dem Strässchen links am Reservoir mit der Föhrengruppe, P. 822, vorbei und wählen bei der nächsten Gabelung den Weg links. Er verläuft zunächst längs des Waldrandes, dann im Wald und verengt sich zu einer Wegspur über den Waldrücken. Wenn wir später über die Wiesenrippe wandern, geht unser Blick bei sichtigem Wetter über die Höhen des mittleren Tösstales hinweg zum Alpenkranz vom Glärnisch bis zum Pilatus. Die Wirtschaft *Schnurberg* mit der zugehörigen Alp gehört der Braunviehzuchtgenossenschaft Turbenthal–Wila–Wildberg. Ein schmaler Pfad schlängelt sich ins *Lochtobel* hinab und erreicht beim Friedhof von Turbenthal die uns vom Hinweg bekannte Route.

Variante	Höhe	Wanderzeit
Turbenthal	550	
Ramsberg	748	1 Std.
Schnurberg	722	1 Std. 30 Min.
Turbenthal	550	2 Std. 15 Min.

Diese Route benützt ausschliesslich Nebensträsschen und ist deshalb auch im Winter sehr empfehlenswert. Die Beschreibung der obigen Route gilt bis zum *Ramsberg* auch für diese Wanderung. Das wenig befahrene Strässchen zieht sich bald durch Waldpartien, bald über offene Weiden am Hinteren Schürli vorbei zur Alpwirtschaft *Schnurberg*. Auf der Höhenwanderung am Hof *Berberg* vorbei erfreuen wir uns an der weiten Aussicht, bevor wir durch den Wald gegen den Friedhof von *Turbenthal* absteigen.

Zell

Die Gemeinde Zell hat eine Fläche von 12,73 km². Die wichtigsten Ortsteile Rikon, Kollbrunn, Rämismühle und Zell dehnen sich im Talgrund aus, auf den rechtsseitig gelegenen Terrassen über der Töss finden wir die Weiler Unter-Langenhard, Ober-Langenhard und Lättenberg sowie die Höfe Garten und Schoren. 741 wird der lateinische Name «cella» (= Zelle) erwähnt, was auf eine mönchische Niederlassung hinweist. Im 13. Jahrhundert bestanden die Burgen Liebenberg und Langenhard als Sitze kyburgisch-habsburgischer Dienstleute. 1452 kam Zell mit der Grafschaft Kyburg endgültig an die Stadt Zürich, seit 1831 gehört es zum Bezirk Winterthur. Eine erste Spinnerei wurde 1819 in Rikon, eine zweite 1825 in der Rämismühle gegründet. Dazu gesellten sich im Laufe der Jahrzehnte weitere Industrien. Bevölkerungsentwicklung: 1850: 2'030; 1941: 2'646; 1980: 4'138.

Unter der reformierten Kirche in Zell sind Ueberreste einer römischen Villa und ein Grab, wohl dasjenige eines Einsiedlers erhalten. Die heutige Kirche wurde um 1500 als spätgotischer Saalbau errichtet und 1753 nach Westen verlängert. Neben dem Chor besteht ein Chorturm aus dem Anfang des 14. Jahrhunderts. Darin sind Wände und Gewölbe im Stil der Mitte des gleichen Jahrhunderts bemalt. Die Malereien zeigen am Gewölbe die Evangelistensymbole, an den Wänden u. a. den Tod von Maria, Michael, Johannes den Täufer, Verena, Katharina und Martin. In Rikon siedelten sich in den sechziger Jahren tibetische Flüchtlinge an. Der Komponist Paul Burkhard wohnte in Zell und machte das Dorf durch seine «Zäller Wienacht» und andere Singspiele bekannt. Die Gemeinde verfügt über drei Stationen (Rämismühle-Zell, Kollbrunn und Rikon) an der Tösstallinie.

Ausgangspunkt Rikon
Route 61
Neschwil – Gündisau – Ober-Luegeten

Wanderung durch das wenig bekannte Hügelland südlich des Tösstales mit seinen Wiesen und Wäldern.

	Höhe	Wanderzeit
Rikon	513	
Neschwil	653	50 Min.
Madetswil	613	1 Std. 30 Min.
Gündisau	656	2 Std. 20 Min.
Schalchen	665	2 Std. 55 Min.
Ober-Luegeten	761	3 Std. 20 Min.
Tössbrücke Fridtal	543	4 Std. 40 Min.
Rämismühle	546	5 Std. 10 Min.
Rikon	513	5 Std. 45 Min.

Von der Station *Rikon* kommen wir auf der Neschwilerstrasse über die Tössbrücke zur Metallwarenfabrik Kuhn. Links Keller- und Schüttegebäude der ehemaligen Mühle Rikon, 1960 in eine Fabrikkantine umgebaut, mit Rundbogenportal von 1627. Nach den letzten Häusern von *Hinter-Rikon* biegen wir auf eine breite Strasse ab, die mit einem Fahrverbot belegt ist. Ein schmaler Pfad schlängelt sich später steil durch den Wald aufwärts, wird breiter und führt dem Waldrand entlang nach *Neschwil*, das zur Gemeinde Weisslingen gehört. Zahlreiche, allerdings vielfach umgebaute Flarzhäuser mit Fensterreihen. Am Spritzenhäuschen vorbei gehen wir zur Waldecke bei P. 688 hinauf, wo uns eine weite Aussicht zum Schauenberg, zu den Höhen um Wildberg und ins Weinland erwartet. Jetzt folgen wir dem Wanderweg, der von Kemptthal über Weisslingen nach Saland führt, dem Waldrand entlang und durch eine Baumschule zum Hof *Reiti*. Wir setzen die Wanderung auf dem Flursträsschen fort, das einen freien Ausblick gewährt, bis wir bei den ersten Häusern von *Madetswil* auf einem Abkürzungsweg ins Dorf absteigen. Die meisten stattlichen Bauernhäuser sind nach einer Brandkatastrophe 1819 entstanden.

Wir queren die Hauptstrasse Fehraltorf – Turbenthal und gehen am jenseitigen Talrand steil auf die Höhe des *Schlossberges* hinauf. Nördlich unserer Route befindet sich eine Burgstelle. Ueber einen Vorhügel gelangen wir zum Haupthügel, auf dem bis 1443 das Schloss Neu-Wildberg stand. Damals wurde diese Burg der Wildberger oder Wilberger zerstört. Der markierte Weg verläuft über den bewaldeten Rücken und führt in weitem Bogen durch eine Wiesenmulde nach *Gündisau* hinab. Das Dörfchen, heute ohne Schulhaus, Wirtschaft und Laden, hat durch Hausabbrüche in jüngster Zeit viel von seiner Bausubstanz, einer Mischung von Bauernhäusern und Flarzgruppen, verloren. Der Wanderweg zieht sich zum Wald hinauf, wo sich auf der Anhöhe die Routen nach Saland und Turbenthal gabeln. Wir halten auf dem schmäleren Weg links und wandern über das Plateau des Homberges und den Eschenhof nach *Schalchen* hinunter. Der Weiler – er gehört zur Gemeinde Wildberg – wies bis nach dem 2. Weltkrieg eine weitgehend intakte Bausubstanz des 18. Jahrhunderts auf. Einzelne dieser Bauten sind abgebrochen, andere umgebaut worden. Anfangs auf der Strasse, dann auf einem Feldweg halten wir am Oberen Neuhof vorbei zum Waldrand hinauf, wo sich uns in der Nähe des Hofes *Ober-Luegeten* ein prächtiger Ausblick über die grünen Hügelkämme gegen Winterthur, ins Unterland und Weinland und bei klarem Wetter in die Alpen öffnet. Die Markierung leitet uns durch den Wald abwärts, auf dem Strässchen Richtung Wildberg über die Kuppe und auf einem Wiesenweg über den breiten Rücken der *Egg.* Weite Aussicht auf die bewaldeten Tösstaler Berge, zum Säntis und zu den Churfirsten. Im Weiler *Tössegg* beachten wir den schmucken Brunnen, bevor wir der gleichnamigen Burgstelle einen Besuch abstatten. Die seinerzeitige Burg beherrschte die Talsohle von Hutzikon. 1266 erstmals erwähnt, anfänglich von den Landenbergern bewohnt, ging sie um 1320 an die Herren von Wildberg über und wurde bereits im 15. Jahrhundert aufgegeben. Heute sind nur noch Mauerreste eines Turmes sichtbar. Vom Weiler Tössegg zieht sich der Weg zur *Tössbrücke* beim *Fridtal* hinab, von wo müde Wanderer die nahe Station *Turbenthal* erreichen können. Die andern folgen dem rechtsseitigen Tössuferweg – an der nahen Strasse die Gebäulichkeiten des Asyls Rämismühle, eines christlichen Erholungsheimes – zur Baumwollspinnerei Stahel in der *Rämismühle,* wechseln bei der *Hornsagi* das Ufer und gelangen am Fabrikweiher im Himmerich vorbei nach *Rikon.*

Wildberg

Die Gemeinde Wildberg (Fläche 10,78 km^2) liegt auf einer Hochfläche der Allmenkette und umfasst die drei Dörfer Wildberg, Ehrikon und Schalchen sowie eine Reihe von Höfen. Das Gebiet wurde relativ spät besiedelt. Dem Namen «Willipergesmaracha» begegnen wir erstmals im Jahre 853. Zwischen dem 13. und 15. Jahrhundert spielten die Edlen von Wildberg eine wichtige Rolle in der Gegend. Diese ursprünglich sankt-gallischen, später habsburgischen Ministerialen besassen im Dorf einen Turm, auf der Tössegg eine Burg (siehe Route 61). Tössegg und ein Teil von Schalchen kamen mit der Herrschaft Greifensee 1402, der übrige Teil der Gemeinde mit der Grafschaft Kyburg 1424 an die Stadt Zürich. Seit 1832 gehört Wildberg zum Bezirk Pfäffikon. Die einzelnen Gemeindeteile wurden recht spät an das kantonale Strassennetz angeschlossen. Weil die natürlichen Voraussetzungen für den Aufbau einer Industrie fehlten, ging die Bevölkerungszahl in der zweiten Hälfte des 19. Jahrhunderts ständig zurück (1836: 1'046; 1870: 747; 1941: 623; 1980: 650). 1840 zerstörte ein Brand die meisten Häuser von Ehrikon.

Die reformierte Kirche mit ihrem Käsbissenturm stammt aus den Jahren 1480 – 1512 und erfreut mit dem spätgotischen Chor und modernen Glasgemälden von José de Nève. Das stattliche Pfarrhaus geht auf das Jahr 1644 zurück. Verkehrsverbindungen: Postautolinie Fehraltorf – Russikon – Turbenthal.

Ausgangspunkt Kollbrunn
Route 62
Tüfels-Chilen

Wanderung zu den Tuffsteinbildungen der Tüfels-Chilen im einsamen Waldtobel und über aussichtsreiche Höhen der Gemeinde Zell.

	Höhe	Wanderzeit
Kollbrunn	493	
Tüfels-Chilen	535	45 Min.
Ober-Langenhard	620	1 Std. 5 Min.
Rikon	513	1 Std. 45 Min.
Kollbrunn	493	2 Std. 20 Min.

Die Markierung leitet uns von der Station *Kollbrunn* durch die Bahnhofstrasse zur Tösstalstrasse. Die Strasse durch das *Bäntal* Richtung Nussberg und Unter-Schlatt quert die Bahnlinie und führt am Friedhof Kollbrunn vorbei. Auf einem Feldweg wandern wir durch die Wiese und biegen später in ein Nebentälchen des Bäntalbaches ab. Im engen Tobel gelangen wir bald zur *Tüfels-Chilen*. Die terrassenförmigen Tuffsteinbildungen sind im Laufe von Jahrtausenden durch das Herabrieseln des stark kalkhaltigen Wassers über den moosigen und laubreichen Grund entstanden. Im Gestein finden sich Einschlüsse und Abdrücke von Blättern und Früchten. Der Wanderweg steigt zu den zahlreichen Quellen hinauf, tritt aus dem Wald hinaus und führt über die freie Hochebene zum Dörfchen *Ober-Langenhard,* dessen Häuser sich in eine Mulde ducken. Bei der «Linde» zweigt die Nebenstrasse Richtung Zell ab. Während wir über das Hochplateau wandern, geniessen wir einen weiten Ausblick ins Tössbergland, zu den Ausläufern der Allmenkette um Wildberg und Neschwil und zur Brüttener Höchi. Ein kurzes Stück folgen wir später dem Strässchen, das von Unter-Langenhard herkommt, bevor wir zum Eschenbestand am Waldrand des Buechrain und in zwei Kehren zu den ersten Häusern von *Rikon* absteigen. Wenn wir die nahe Tössbrücke überschritten haben, schlendern wir zunächst auf dem linksufrigen Damm dahin, kürzen dem Wald entlang den Tössbogen ab und kommen zur Brücke von *Kollbrunn,* von wo die Station nicht mehr weit ist.

Höhenwanderungen

Route 63
Ober-Luegeten – Hermatswil – Isikon

Ausgangspunkt Turbenthal
Endpunkt Pfäffikon
Die Wanderung vom Tösstal über die Ausläufer der Allmenkette an den Pfäffikersee bietet besonders zur Bluestzeit und im Herbst grosse Reize.

	Höhe	Wanderzeit
Turbenthal	550	
Tössegg	619	25 Min.
Ober-Luegeten	761	1 Std. 40 Min.
Schalchen	665	2 Std.
Hermatswil	746	2 Std. 40 Min.
Isikon	681	3 Std. 30 Min.
Pfäffikon	547	4 Std. 25 Min.

Die Beschreibung des Weges von *Turbenthal* über *Tössegg* zur *Ober-Luegeten* lesen wir bei Route 58 nach. Beim Waldaustritt und auf dem Wegstück längs des Waldrandes – auch diesmal lassen wir den Hof Ober-Luegeten rechts liegen – erfreuen wir uns an der weiten Aussicht. Wo bei einer Gabelung die Route nach Wila geradeaus im Wald bleibt, gehen wir rechts hinab und am Neuhof vorbei nach *Schalchen,* einem Dörfchen der Gemeinde Wildberg mit eigenem Schulhaus. Auch wenn in den letzten 30 Jahren die meisten Häuser umgebaut worden sind, entdecken wir noch manche malerische Ecke, die von den Bauten aus dem 18. Jahrhundert übriggeblieben ist. Der Wanderweg steigt dem Bach entlang aufwärts und führt später gut bezeichnet durch den Wald zur Route, die von Gündisau herkommt. Am Schützenhäuschen vorbei – rechts erhebt sich der Tämbrig (mundartliche Form für Tannenberg), wo sich früher zwei Hochwachten[8] befanden – nähern wir uns dem Weiler *Hermatswil*. Für die Fortsetzung über *Isikon* nach *Pfäffikon* verweisen wir auf die Beschreibung der Route 11.

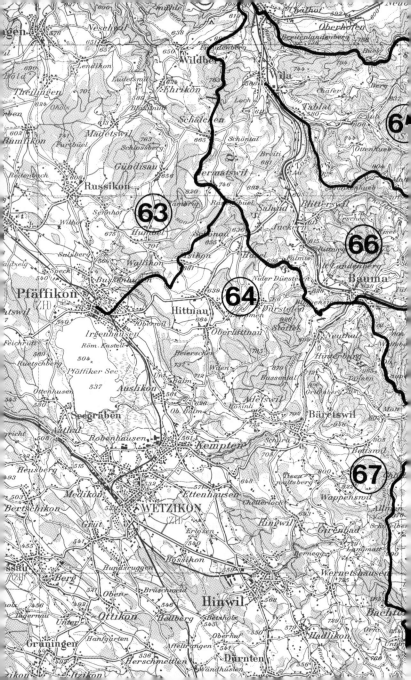

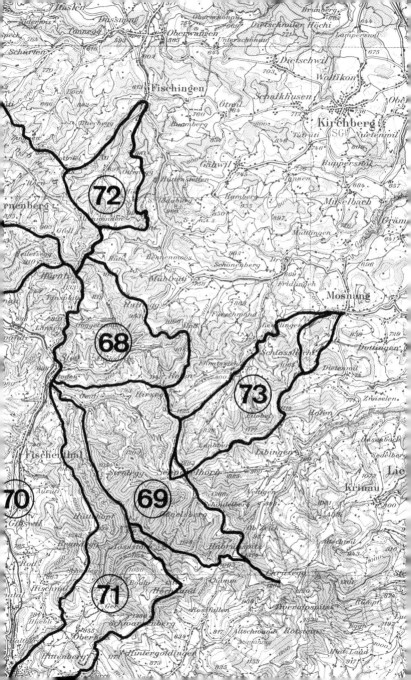

Route 64
Ober-Luegeten – Hermatswil – Fälmis

Ausgangspunkt Turbenthal
Endpunkt Bauma

Auf dieser kurzweiligen Wanderung über aussichtsreiche Höhen lernen wir verträumte Weiler kennen.

	Höhe	Wanderzeit
Turbenthal	550	
Tössegg	619	25 Min.
Ober-Luegeten	761	1 Std. 40 Min.
Schalchen	665	2 Std.
Hermatswil	746	2 Std. 40 Min.
Ravensbüel	737	2 Std. 55 Min.
Fischbach	630	3 Std. 15 Min.
Fälmis	695	3 Std. 50 Min.
Bliggenswil	716	4 Std. 15 Min.
Bauma	638	4 Std. 35 Min.

Die Beschreibung des Weges von *Turbenthal* bis *Ober-Luegeten* finden wir bei Route 58, die des Teilstückes von Ober-Luegeten über *Schalchen* nach *Hermatswil* bei Route 63. Von Hermatswil, dessen Mittelpunkt das Schulhäuschen mit dem Glockenturm und die Wirtschaft zur «Eintracht» bilden, folgen wir dem wenig befahrenen Strässchen zur Passhöhe, P. 773, hinauf, wo uns vor allem beim Reservoir auf dem nahen «Hiwiler» eine prächtige Aussicht ins Tössbergland, zum Säntis, zu den Churfirsten und in die Glarner Alpen erwartet. Im Weiler *Ravensbüel* mit den stattlichen Bauernhäusern – obschon jenseits der Wasserscheide gelegen, gehört er zur Gemeinde Pfäffikon – weist eine gelbe Tafel «Fischbach» nach rechts. Sobald wir den Wald erreicht haben, biegen wir abermals nach rechts auf Wegspuren ab, die später in einen abfallenden Weg münden. Er führt zur Wirtschaft im *Fischbach* an der vielbefahrenen Strasse Pfäffikon – Saland hinab. Schon nach wenigen Metern verlassen wir diese Strasse – rechts oben erkennen wir die Häuser von Hasel – und wählen am Waldrand den mittleren von drei Wegen. Auf schmalem Pfad steigen wir den bewaldeten Burgberg hinan. Auf der freien Hochebene freuen wir uns am Ausblick gegen Dürstelen und ins Tösstal, bevor wir auf dem Strässchen nach *Fälmis* abwärts wandern. Die Weiler an den Flanken des Stoffel scheinen noch heute verträumt, niedrige Flarzbauten geben ihnen das Gepräge. Das Strässchen leitet über das *Neuguet* nach *Nider-Dürstelen.* Auf einem kurzweiligen Wanderweg queren wir das Tobel des Sülibaches und kommen in der Nähe des Baumer Altersheimes im Bönler vorbei nach *Bliggenswil.* Ein romantischer Weg – es ist ein Guyer-Zeller-Weg[29] – leitet über Wiesen und durch Wald nach *Bauma* hinab.

Route 65
Sitzberg – Hörnli   z.T. ERL

Ausgangspunkt Turbenthal
Endpunkt Steg
Aussichtsreiche Wanderung über die Höhen zwischen dem Tösstal und dem Tannzapfenland zum vielbesuchten Hörnli.

	Höhe	Wanderzeit
Turbenthal	550	
Breitenlandenberg	729	45 Min.
Büel	811	1 Std. 30 Min.
Sitzberg	793	2 Std. 20 Min.
Rotbüel	851	3 Std. 20 Min.
Allenwinden	914	3 Std. 50 Min.
Hörnli	1133	4 Std. 35 Min.
Breitenweg	901	5 Std. 5 Min.
Steg	695	5 Std. 25 Min.

Die Markierung weist uns von der Station *Turbenthal* durch das Dorf zur reformierten Kirche, wo wir die Strasse auf dem Landenbergerweg verlassen. Später steigen wir auf Treppenstufen durch den Wald zur Hochebene beim Hof Ebnet hinauf und gelangen zum Forsthaus *Breitenlandenberg,* das, aus dem 18. Jahrhundert stammend, das ehemalige Gesindehaus der Burg bildete. Im Wald versteckt sich die Burgstelle. Vereinzelte Mauerreste und ein deutlicher Burggraben sind noch heute erkennbar. Die Burg, anfangs des 14. Jahrhunderts erbaut, war der Sitz des Geschlechtes, dessen bekanntester Vertreter Wildhans von Breitenlandenberg war, der Anführer der Besatzung von Greifensee im Alten Zürichkrieg. Später baute man die mittelalterliche Burg zu einem Herrensitz um, der 1804 auf Abbruch versteigert wurde. Zunächst folgen wir der Strasse durch die ausgedehnten Waldungen – sie gehören der Stadt Winterthur – und verlassen sie beim ehemaligen Forsthaus *Chümberg* auf einem horizontal verlaufenden Weg der Nord-

*Blick vom Leiacher oberhalb Steg in die Alpen
Federzeichnung von Jakob Zollinger
(aus «Auf den Spuren des Jakob Stutz», Verlag Druckerei Wetzikon AG)*

flanke entlang. Vor dem Schulhäuschen *Büel* erreichen wir die Strasse wieder. Der Wanderweg zweigt bald von der Strasse ab und steigt im Wald an. Er gewährt einzelne Tiefblicke ins Selmattertal, eröffnet aber vor allem am Waldrand des *Ensberges* eine überwältigende Aussicht über das Tössbergland hinweg zu den Alpen. Unsere Route nimmt bei der Bärlischwand die von den Thurgauern markierten Wege von Neubrunn und von Bichelsee her auf und leitet abwärts zum Kirchlein von *Sitzberg*[30]. Die Häuser dieser Siedlung gehören teils zur zürcherischen Gemeinde Turbenthal, teils zur thurgauischen Gemeinde Fischingen.

Bis zur Gabelung bei Chrinnenberg, P. 842, müssen wir mit der breiten Strasse vorliebnehmen. Das Höhensträsschen über die *Obere Sädelegg* zur Häusergruppe *Zinggen* mit dem höchstgelegenen thurgauischen Schulhäuschen von Dingetschwil ist zur Zeit noch ein Natursträsschen, wird an Sonntagen zwar häufig von Automobilisten befahren, weist aber an Werktagen nur spärlichen Verkehr auf. Die Wanderung über den breiten Rücken erfreut mit einem weiten Blick ins Tannenzapfenland, ins Tössbergland und hinunter ins Steinenbachtal. Schade ist, dass wir uns von Zinggen über *Rotbüel* und Gäntenegg nach Allenwinden mit dem harten Belag der ausgebauten Strasse abfinden müssen. Vielleicht sorgen die Thurgauer in nächster Zeit dafür, dass der Wanderer die Asphaltstrasse auf diesem Teilstück mit einem angenehmen Weg vertauschen kann. Die Aussicht in die Täler, die durch die Murg und ihre Nebenbäche nach Norden entwässert werden, ins untere Toggenburg und über den hintersten Talgrund des Steinenbachs hinweg zu den Höhen um Sternenberg und zum Hörnli lassen wir uns allerdings nicht verdriessen. Im «Kreuz» *Allenwinden,* am früheren Pilgerweg[21] nach Einsiedeln gelegen, trifft sich die Jugend der näheren und weiteren Umgebung am Auffahrtstag und am Pfingstmontag zum Tanz. Beim Hof *Chaltenbrunnen* zweigt der Weg von der Strasse ab und leitet am *Dreiländerstein,* P. 992, wo die Kantone Thurgau, St. Gallen und Zürich zusammenstossen, zum *Hörnli*[27] hinauf. Das Gasthaus und die ausgedehnten Weiden mit der grossartigen Fernsicht laden zu einer längeren Rast ein, bevor wir über den *Tanzplatz* zum *Breitenweg* hinabsteigen. Auf dem Wanderweg schneiden wir einige Kehren des Bergsträsschens ab und gelangen zur Station *Steg.*

Weitere Abstiegsmöglichkeiten vom Hörnli:
Hörnli – Heiletsegg – Tüfenbach – Bauma (Route 66)
1 Std. 40 Min.
Hörnli – Gfell – Akau – Tüfenbach – Bauma (Route 54)
1 Std. 45 Min.
Hörnli – Gfell – Sternenberg
1 Std.
Hörnli – Allenwinden – Rotbüel – Fischingen
1 Std. 45 Min.
Hörnli – Allenwinden – Grat – Fischingen (Route 72)
2 Std.
Hörnli – Hulftegg – Mühlrüti
1 Std. 30 Min.

Route 66
Hochlandenberg – Sternenberg – Hörnli

Ausgangspunkt Wila
Endpunkt Bauma

Reizvolle Wanderung auf einem Guyer-Zeller-Weg zum Burghügel von Hochlandenberg, über die aussichtsreiche Höhenstrasse zum Kirchlein von Sternenberg und auf schattigem Weg zum Gipfel des Hörnli.

	Höhe	Wanderzeit
Wila	569	
Hochlandenberg	795	1 Std.
Manzenhueb	767	1 Std. 20 Min.
Sternenberg	870	2 Std. 20 Min.
Gfell	903	2 Std. 50 Min.
Hörnli	1133	3 Std. 40 Min.
Heiletsegg	910	4 Std. 10 Min.
Tüfenbach	660	4 Std. 55 Min.
Bauma	638	5 Std. 20 Min.

Für das Wegstück von *Wila* über *Hochlandenberg* und *Manzenhueb* zur *Matt* halten wir uns an die Routenbeschreibung 57. Der Wegweiser «Sternenberg» gibt uns beim Hof Lachen die Möglichkeit, die Höhenstrasse auf einem kleinen Umweg über die Spältrüti kurz zu meiden. Später sind wir erneut auf die Strasse angewiesen, die vor allem an Sonntagen recht fleissig befahren wird. Sie gewährt eine weite Aussicht und einen freien Blick hinunter zu den einsamen Heimwesen im Choltobel und im Steinenbachtal. Am «Sternen» vorbei kommen wir zum

Kirchlein von *Sternenberg*. Näheres siehe Seite 135. Die Strasse bildet weiterhin zugleich den Wanderweg, nur zweimal, bei der Rossweid, P. 885 (von den Einheimischen Rai genannt), und beim Lindenhof, können wir sie auf Wegen über die Kuppen verlassen. Immer näher rückt unser Ziel, das Hörnli, wenn wir gegen den Weiler *Gfell* wandern, dessen Häuser sich um das Schulhaus und die Wirtschaft «Wilhelm Tell» scharen. Ein neuangelegter Weg leitet später über die Wiese und steil durch den Wald zum Gratweg hinauf, der von der Heiletsegg herkommt. Ueber das Chlihörnli gelangen wir zum Sattel und nehmen das letzte Wegstück hinauf zum *Hörnli*[27] in Angriff. Der kürzeste Abstieg führt über den Breitenweg nach Steg hinunter, wir ziehen diesmal die etwas längere Wanderung nach Bauma vor. Bis zur Gabelung nach dem Chlihörnli ist uns der Weg bekannt. In bisheriger Richtung bleiben wir zunächst auf dem Grat und steigen dann zu den Häusern der *Heiletsegg* hinab, wo sich uns ein prächtiger Blick eröffnet. Die Route verläuft über den Bergrücken meist im Wald zur *Gubelweid,* P. 890, quert später eine grosse Wiese und leitet schliesslich im Zickzack durch ein Wäldchen in den Talgrund. Bei *Tüfenbach* führt ein erster Steg über den Tobelbach, ein zweiter über die Töss, auf deren linkem Ufer wir zur Station *Bauma* wandern.

Weitere Abstiegsmöglichkeiten vom Hörnli siehe Route 65.

Route 67
Ghöchweid – Allmen – Bachtel

Ausgangspunkt Bauma
Endpunkt Wald
Aussichtsreiche Wanderung über die Wiesen- und Waldrücken der Allmenkette.

	Höhe	Wanderzeit
Bauma	638	
Ober-Wolfsberg	876	45 Min.
Sunnenhof	960	1 Std. 10 Min.
Ghöchweid	1000	1 Std. 35 Min.
Ghöch	962	1 Std. 45 Min.
Allmen	1076	2 Std. 35 Min.
Egg	990	2 Std. 50 Min.
Bachtel	1115	3 Std. 30 Min.
Unterbach	854	4 Std.
Tänler	751	4 Std. 20 Min.
Wald	617	4 Std. 45 Min.

Die Wegbeschreibung von *Bauma* über *Ober-Wolfsberg* zum *Sunnenhof* lesen wir bei Route 55 nach. Wir können den Sunnenhof auch auf dem Guyer-Zeller-Weg zur Hohenegg (Route 56) und auf dem kurzweiligen Weg über den Tännler (Route 41) erreichen, brauchen dafür aber eine halbe Stunde mehr. Bei P. 967, dort steigt das Strässchen nach Ober-Laupetswil hinab, folgen wir dem Weg, der sich durch die bewaldete Westflanke des Baschlis-Gipfels zur *Ghöchweid* hinüberzieht. Weit schweift der Blick ins Tössbergland und zu den Alpen. Ein Weg schneidet die Strassenkehre zum *Ghöch* ab. Im Winter treffen sich auf der Passhöhe der Strasse von Bäretswil nach Gibswil die Skifahrer, der Lift gegen die Waltsberghöchi hinauf erschliesst ihnen ein schneesicheres Uebungsgelände. Parkplatz mit Orientierungstafel. An der Wirtschaft «Berg» vorbei nach *Ferenwaltsberg* – es ist wie Chli-Bäretswil eine «ennetbirgische» Aussenwacht der weitläufigen Gemeinde Bäretswil – müssen wir die Strasse benützen. Während die Route nach Wald geradeaus auf der Strasse weiterführt, halten wir rechts zur Anhöhe der *Bank,* P. 1009, hinauf. Näheres siehe Route 45. Aussichtsreich und kurzweilig gestaltet sich die Höhenwanderung auf Wiesen- und Waldwegen über die Allmenkette. Den höchsten Punkt des Stüssel lassen wir rechts liegen, durch den Wald steigen wir aufwärts und erreichen ebenaus den *Allmen*.

Diese Höhe hat der ganzen Kette vom Bachtel über den Stoffel bis zur Kyburg den Namen gegeben. Auf die früher weite Aussicht auf die Oberländer Seen und ins Mittelland müssen wir allerdings der hochgewachsenen Bäume wegen verzichten. Der Weg hält in südlicher Richtung über das Hörnli auf die *Egg* zu, den Uebergang von Hinwil nach Gibswil. Die östlich gelegene Mulde beim Hof Amslen wird wegen ihrer Schneesicherheit von den Skilangläufern sehr geschätzt. Die Route tritt in den Wald ein und leitet zum Sattel zwischen Auenberg und Bachtel, wo sich zahlreiche Wanderwege treffen. Wir entscheiden uns für den rauhen Weg über Wurzeln und durch Jungwuchs zum *Bachtel*[17] hinauf. Für den Abstieg wählen wir die Route nach Wald. Sie führt über die Terrassen am Sonnenhang talwärts und eröffnet prachtvolle Ausblicke. Unterhalb des Gasthauses zweigen wir vom Strässchen ab, gehen durch den Wald zur Unterbachweid hinab und erreichen beim Weiler *Unterbach* das Strässchen, dem wir über den *Boden* bis zum Haus *Forhalden* folgen. Nach der Wirtschaft *Tänler* zieht sich die Route, einen prächtigen Tiefblick auf das Dorf gewährend, nach *Wald* hinab, wo wir an der «Bleiche» und an der katholischen Kirche vorbei den Bahnhof finden.

Weitere Abstiegsmöglichkeiten vom Bachtel:
Bachtel – Ober-Orn – Hasenstrick – Breitenmatt – Tann – Rüti 1 Std. 45 Min.
Bachtel – Ober-Orn – Bodenholz – Hadlikon – Dürnten (Route 29) 1 Std. 40 Min.
Bachtel – Ober-Orn – Bodenholz – Hinwil (Route 23) 1 Std. 40 Min.
Bachtel – Wernetshausen – Hinwil 1 Std. 15 Min.
Bachtel – Hinterer Sennenberg – Büel – Gibswil 1 Std.

erl. Route 68
Hörnli – Schnebelhorn

ALLE STRECKEN BEGANGEN

Ausgangs- und Endpunkt Steg
Eine der beliebtesten Höhenwanderungen im voralpinen Tössbergland, die jedem Naturfreund nicht genug empfohlen werden kann.

	Höhe	Wanderzeit
Steg	695	
Breitenweg	901	40 Min.
Hörnli	1133	1 Std. 25 Min.
Hulftegg	949	2 Std. 25 Min.
Älpli	957	2 Std. 50 Min.
Hirzegg	1050	3 Std. 35 Min.
Schnebelhorn	1292	4 Std. 25 Min.
Tierhag	1140	4 Std. 40 Min.
Hirzegg	1050	5 Std. 20 Min.
Rütiwis	940	5 Std. 50 Min.
Steg	695	6 Std. 40 Min.

Die Beschreibung des kürzesten Aufstiegs von einer Bahnstation auf das Hörnli finden wir bei Route 48. Recht steil geht es vom *Hörnli*[27] auf der bewaldeten Nordseite abwärts zum Sattel vor dem Chlihörnli und zum Dreiländerstein, P. 992, wo die Kantone Thurgau, St. Gallen und Zürich zusammenstossen. Der stellenweise undeutliche Pfad führt durch die Weide, geht an Föhrengruppen und einzelnstehenden Ahornen und Eschen vorbei und mündet in den breitern Weg, der von Allenwinden herkommt. Auf der prächtigen Höhenwanderung blicken wir bald zum steilen Nordabfall des Hörnli, bald schauen wir in die Tobel der Storchenegg hinunter oder lassen unsern Blick zur St. Iddaburg hinübergleiten. Auf der *Hulftegg,* dem heute von Automobilisten gerne befahrenen Uebergang vom Tösstal ins untere Toggenburg, finden wir die Wirtschaft Sennhof mit Betten und Massenlager. Kurz benützen wir die Strasse, bevor wir nach der eigentlichen Passhöhe auf das mit einem Fahrverbot belegte Strässchen abbiegen, das ebenaus meist durch den Wald zum *Älpli* leitet. Aussenstation der Arbeitserziehungsanstalt Bitzi bei Mosnang. Im Wald beginnt der Aufstieg zum Weiderücken *Grosswald* mit der alleinstehenden Buche. Der Weg zieht sich nach der «Trülli» der steilen Südostflanke des *Roten* entlang und stösst am Anfang des schmalen Südgrates auf den Wanderweg, der von Steg her über die Rütiwis ebenfalls das

Schnebelhorn als Ziel hat. Näheres über die Höhenwanderung zur *Hirzegg* und aufs *Schnebelhorn* und die Aussicht vom höchsten Berg des Kantons Zürich lesen wir bei Route 49 nach.

Die Aufzählung der Abstiegsmöglichkeiten vom Schnebelhorn zeigt uns eine reiche Vielfalt. Wenn wir nach Steg zurückkehren wollen, wählen wir den einmalig schönen Höhenweg über die *Hirzegg,* der uns zwar vom Hinweg her bekannt ist, uns aber in der entgegengesetzten Richtung ganz neue Ausblicke schenkt. Neuland bietet uns der kleine Umweg über die Bergwirtschaft *Tierhag.* Dem Weidehang entlang erreichen wir bald den uns bekannten Höhenweg; auf dem Südgrat des *Roten* können wir entweder dem als Bergweg weiss-rot-weiss markierten Pfad unmittelbar über den Nagelfluhwänden, den Rotengübeln, folgen oder auf den einige Meter höher verlaufenden, völlig ungefährlichen Weg durch den Westhang des Roten ausweichen. Wenn wir über die Weiden und den Wiesenrücken zur *Rütiwis* absteigen, schweift der Blick zum Hörnli und über das Tösstal und die Allmenkette hinweg ins Mittelland hinaus. Im *Burstel* verlassen wir das Strässchen, das zur Orüti hinableitet, und bleiben bis zum Hof *Vorderegg* auf dem Rücken, der das Brüttental und das oberste Tösstal einerseits, das Tal des Fuchslochbaches anderseits trennt. Ein letzter steiler Abstieg bringt uns in den Ortsteil *Boden* hinunter, von wo die Station *Steg* leicht zu finden ist.

Weitere Aufstiegsmöglichkeiten aufs Hörnli:
Bauma – Tüfenbach – Heiletsegg – Hörnli (Route 54) 2 Std. 15 Min.
Bauma – Tüfenbach – Gfell – Hörnli 2 Std. 30 Min.
Sternenberg – Gfell – Hörnli 1 Std. 20 Min.
Gfell – Hörnli 50 Min.
Wila – Hochlandenberg – Manzenhueb – Sternenberg – Gfell – Hörnli (Route 66) 3 Std. 45 Min.
Turbenthal – Breitenlandenberg – Büel – Sitzberg – Rotbüel – Allenwinden – Hörnli (Route 65) 4 Std. 45 Min.
Fischingen – Rotbüel – Allenwinden – Hörnli (Route 72) 2 Std. 30 Min.
Fischingen – Grat – Allenwinden – Hörnli 2 Std. 45 Min.

Weitere Abstiegsmöglichkeiten vom Schnebelhorn:
Schnebelhorn – Tierhag – Grossegg – Brüttental – Orüti – Steg (Route 49) 2 Std. 15 Min.
Schnebelhorn – Tierhag – Stralegg – Eggweg – Orüti – Steg 2 Std. 15 Min.

Schnebelhorn – Tierhag – Sennhütte – Tösscheidi – Wolfsgrueb – Wald 3 Std.
Schnebelhorn – Schindelberg – Hand – Schwämi – Wolfsgrueb – Wald (Route 36) 3 Std. 30 Min.
Schnebelhorn – Schindelberg – Hand – Hinter-Goldingen 2 Std.
Schnebelhorn – Meiersalp – Libingen 1 Std. 30 Min.
Schnebelhorn – Meiersalp – Rachlis – Mosnang (Route 73) 2 Std.
Schnebelhorn – Wisen – Dreien 2 Std. 10 Min.

Route 69
Schnebelhorn – Chrüzegg

Ausgangs- und Endpunkt Steg
Aufstieg zum höchsten Berg im Züribiet, aussichtsreiche voralpine Höhenwanderung mit Blick ins Libinger- und Goldingertal und Abstieg über Alpweiden in die tiefe Waldschlucht der Töss.

	Höhe	Wanderzeit
Steg	695	
Rütiwis	940	1 Std.
Hirzegg	1050	1 Std. 40 Min.
Schnebelhorn	1292	2 Std. 30 Min.
Schindelberg	1153	3 Std. 5 Min.
Chrüzegg	1314	4 Std. 15 Min.
Hand	1003	4 Std. 50 Min.
Tössscheidi	796	5 Std. 30 Min.
Orüti	724	6 Std. 20 Min.
Steg	695	6 Std. 50 Min.

Der aussichtsreichste Weg von Steg auf das Schnebelhorn führt zweifellos über die Rütiwis, am Roten vorbei und über die Hirzegg. Er ist bei Route 49 beschrieben. Ueber andere Möglichkeiten orientiert das obenstehende Verzeichnis. Vom Grenzstein auf dem *Schnebelhorn* folgen wir der Wegspur, die über den Weideboden und durch lichten Wald absteigt und in den breiteren Weg mündet, der vom Tierhag herkommt und längs des sonnigen Weidehanges zum Stall *Neurüti* im Sattel zwischen der Schindelberghöchi und dem Dägelsberg leitet. Wenn wir zur Wirtschaft *Schindelberg* gelangen wollen – sie ist von Mai bis Oktober offen –, gehen wir entweder dem Hang entlang leicht abwärts oder steigen pfadlos zum Grenzstein auf der Schindelberghöchi hinauf, folgen dem Grat zur Schindelegg und kommen steil zur Wirtschaft hinab. Auch für die Fortsetzung zum *Hinteren Chreuel* bieten sich uns zwei Möglichkeiten an: der Gratweg über die Rossegg und der Weg längs des Hanges über die Hütte Chreuel. Beide Varianten eröffnen einen prachtvollen Blick in die abgeschiedene Welt des hintersten Tösstales, ins Goldingertal und zu den Alpen. Später leitet der Weg um die Westflanke des *Habrütispitz* zum Sattel, P. 1205, wo der Aufstieg zwischen den wirr durcheinanderliegenden Nagelfluhblöcken beginnt. Auf der Karte heisst das Gebiet «In den Brüchen», die Einheimischen nennen es «abbrochne Bärg», weil hier 1757 eine Nagelfluhplatte einbrach. Auf dem höchsten Punkt der *Chrüzegg,* P. 1314, und bei der nahen Wirtschaft – sie ist von Mitte Mai bis Ende Oktober offen und verfügt über Betten und Massenlager – geniessen wir eine grossartige Aussicht (Näheres siehe Route 38).

Auf kürzeren Routen können wir von der Chrüzegg ins Toggenburg und ins Goldingertal absteigen (siehe Verzeichnis). Wenn wir auf dem nächsten Weg nach Steg zurückkehren wollen, benützen wir den bekannten Weg bis zum Sattel, P. 1205, und gehen über die Hütte in der *Habrüti* zur *Hand* hinab, wo die Wege wie die fünf Finger ausstrahlen. Die Tafel «Steg» weist auf den Alpweg – es ist der Zeigefinger der erwähnten Hand –, der zunächst horizontal verläuft und später im *Grossboden* zum Haus Haberacher hinableitet. Er wird schmäler und senkt sich durch den Wald zur Hinteren Töss, deren Quellbäche vom Schindelberg, vom Chreuel, von der Höchhand und vom Tössstock zusammenfliessen. Besonders im Sommer ist die Wanderung durch die tiefeingeschnittene, schattige Schlucht erholsam, vielleicht reicht es gar zu einem erfrischenden Fussbad. An den Forsthütten bei der Bachscheidi vorbei gelangen wir zur *Tössscheidi* und freuen uns später am Wasserfall und an den jähen Nagelfluhwänden. Ueber die *Orüti* ist die Route bis zur Station *Steg* gut markiert und leicht zu finden.

Weitere Aufstiegsmöglichkeiten auf das Schnebelhorn:
Steg – Orüti – Brüttental – Grossegg – Tierhag – Schnebelhorn 2 Std. 40 Min.
Steg – Orüti – Eggweg – Stralegg – Tierhag – Schnebelhorn (Route 50) 3 Std.
Fischenthal – Orüti – Eggweg – Stralegg – Tierhag – Schnebelhorn 3 Std.
Wald – Wolfsgrueb – Tössscheidi – Sennhütte – Tierhag – Schnebelhorn 3 Std. 30 Min.
Libingen – Meiersalp – Schnebelhorn 2 Std. 15 Min.

Mosnang – Rachlis – Meiersalp – Schnebelhorn 3 Std.
Dreien – Wisen – Schnebelhorn 2 Std. 30 Min.

Weitere Abstiegsmöglichkeiten von der Chrüzegg:
Chrüzegg – Libingen 1 Std. 15 Min.
Chrüzegg – Krinau 1 Std. 15 Min.
Chrüzegg – Alplispitz – Lichtensteig 2 Std.
Chrüzegg – Steintal – Wattwil 1 Std. 50 Min.
Chrüzegg – Laad – Wattwil 2 Std. 10 Min.
Chrüzegg – Ricken 1 Std. 30 Min.
Chrüzegg – Tweralpspitz – Atzmännig – Schutt 1 Std. 50 Min.
Chrüzegg – Tweralp – Altschwand – Schutt 1 Std. 15 Min.
Chrüzegg – Tweralp – Müsliegg – Schutt 1 Std.
Chrüzegg – Oberchamm – Schutt 1 Std.
Chrüzegg – Oberchamm – Chamm – Hinter-Goldingen
1 Std. 15 Min.
Chrüzegg – Hand – Chamm – Hinter-Goldingen (Route 38)
1 Std. 20 Min.
Chrüzegg – Hand – Schwämi – Wolfsgrueb – Wald 3 Std.

Route 70
Hüttchopf – Scheidegg

Ausgangspunkt Steg
Endpunkt Wald
Der Hüttchopf, am Westrand des Tier- und Pflanzenschutzgebietes[24] gelegen, bietet den besten Ueberblick über das Quellgebiet der Töss und die Bergwelt des Zürcher Oberlandes.

	Höhe	Wanderzeit
Steg	695	
Tannen	959	1 Std. 15 Min.
Hüttchopf	1232	2 Std. 5 Min.
Überzütt	1146	2 Std. 15 Min.
Scheidegg	1197	2 Std. 30 Min.
Oh	788	3 Std. 15 Min.
Wald	617	4 Std.

Von der Station *Steg* bis zur Abzweigung der Orütistrasse im Ortsteil *Boden* sind wir auf das Trottoir längs der Strasse angewiesen. Unsere Route führt auf einer Nebenstrasse über die Töss und setzt sich in einem Strässchen fort, das, den Wanderweg von Fischenthal in die Orüti kreuzend, steil zur *Oberen*

Schwändi aufsteigt. Später queren wir dreimal das Trassee des Skiliftes, der, im Winter 1966/67 eröffnet, mit seinen 1064 m als längster Skilift des Kantons Zürich gilt. Der Weg windet sich am Hof *Ober-Berg* vorbei zu einem Stall aufwärts, wo wir dem Hang des Hasenböl entlang auf ein Teilstück stossen, das sehr morastig ist und einer dringenden Verbesserung bedarf. Vorher aber erfreuen wir uns am weiten Ausblick in die grüne Hügelwelt des Tössberglandes. Wenn wir uns den Heimwesen der *Tannen* nähern, entdecken wir unser erstes Ziel, den kahlen Hüttchopf. Noch aber heisst es ordentlich steigen, bis wir teils im Wald, teils über Weiden mit verstreuten Birken und Föhren zu einem «Ueberstieg» und zu einer Wegweisergruppe kommen. Wer die letzten 100 m Aufstieg scheut, kann längs des Waldrandes zur Alp *Überzütt* wandern. Wir andern gehen pfadlos über die Weide zum Gipfel des *Hüttchopf* hinauf. Die Aussicht lohnt die Mühen des letzten Anstiegs. Die Hörnlikette zeigt sich in ihrer vollen Vielfalt, in der Tiefe rauschen die Wasser der Vorderen und Hinteren Töss, jenseits des Tobels sonnt sich das Schulhäuschen auf der Terrasse der Stralegg, und gegen Westen verschwinden die Höhen des Mittellandes hinter den Waldgräten der Allmenkette. Bei klarem Wetter sehen wir bis zum Bodensee, während auf der andern Seite das Hochgebirge vom Säntis über die Glarner und Urner Alpen bis zu den Unterwaldner Alpen erscheint.

Wir halten zu den Ahornen und zum Stall in der *Überzütt*, P. 1146, hinab und folgen dem meist bewaldeten Osthang der Brandegg zur *Scheidegg*. Wirtschaft. Die Aussicht (Näheres siehe Route 33) und die ausgedehnten Weiden laden zu einer längeren Rast. Nach wenigen Metern verlassen wir die Strasse, auf der die Autos von der Wolfsgrueb heraufkriechen, und halten durch den Weidehang zum bewaldeten Grat des *Josenberges* abwärts. Der Bergwald wird ab und zu durch Lichtungen aufgelockert. Wenn wir über den sonnigen Abhang zum Weiler *Oh* (Aa) hinabsteigen, eröffnet sich uns abermals ein prächtiger Ausblick. Der Wanderweg zieht sich am Hof *Tüfi* vorbei ins *Sagenraintobel* hinunter. Eine kurzweilige Wanderung längs des sprudelnden Schmittenbaches im schattigen Tobel schliesst sich an, besonders eindrücklich sind die Felsblöcke und ein kleiner Wasserfall in der Höll. Auf der Hüeblistrasse gelangen wir zur reformierten Kirche und über den Dorfplatz und die Bahnhofstrasse zum Bahnhof *Wald*.

Route 71
Farner – Schwarzenberg – Höchhand

Ausgangspunkt Wald
Endpunkt Steg

Im Sommerhalbjahr eine der empfehlenswertesten Bergwanderungen im Oberland. Aussichtsreiche Höhen wechseln mit tiefen verschwiegenen Waldtälern und bieten Einblick in das Pflanzen- und Wildschutzgebiet[24] im Tössbergland.

	Höhe	Wanderzeit
Wald	617	
Höhenklinik	898	1 Std.
Farner	1158	1 Std. 50 Min.
Schwarzenberg	1293	2 Std. 30 Min.
Höchhand	1314	3 Std. 5 Min.
Schwämi	1087	3 Std. 30 Min.
Tössscheidi	796	4 Std. 30 Min.
Orüti	724	5 Std. 20 Min.
Steg	695	5 Std. 50 Min.

Vom Bahnhof *Wald* leitet uns die Markierung auf der Bahnhofstrasse und dem Kanzleiweg zur Bahnüberführung und durch das neue Quartier zum Schulhaus Neuwis. Bald löst ein angenehmer Wanderweg die Quartierstrasse ab und führt, stetig steigend, zur Sanatoriumstrasse und zur Wirtschaft *Lauf* hinauf. Prächtiger Blick auf den Zürichsee und in die Alpen. Auf einem aussichtsreichen Höhenweg gelangen wir zur Strassengabelung oberhalb der *Höhenklinik* auf dem *Faltigberg,* welche die Einheimischen weiterhin «Sani» nennen. Näheres siehe Route 34. Wer den Aufstieg abkürzen will, benützt von Wald aus das Postauto zur Höhenklinik und spart damit eine Stunde. Nach dem Weiler *Chrinnen,* der letzten Siedlung auf Zürcher Boden (Parkplatz mit Orientierungstafel für Autowanderer), windet sich das Strässchen auf den Sattel beim *Boden* hinauf. Wir geniessen einen grossartigen Alpenblick vom Schäniserberg bis zum Pilatus, bei klarem Wetter gucken gar die Zacken der Berner Oberländer hervor. Mehr gegen Westen erblicken wir den Zürichsee, den Bachtel und die anschliessenden Erhebungen der Allmenkette, die Scheidegg und den Hüttchopf. Das Strässchen kreuzt den Hang, wo im Winter die Skifahrer zu Tale sausen, und quert dreimal das Trassee des Skiliftes Oberholz – Farner, der 1955 als erster Skilift im Oberland erstellt wurde. Auf dem *Farner* lädt die Bergwirtschaft zur Rast ein. Sie gehört zusammen mit 64 ha Weide und Wald dem Zürcherischen Kantonalen Landwirtschaftlichen Verein. Auf den Weiden werden etwa 170 Rinder gesömmert. An den bizarren Nagelfluhblöcken, die vom Farnergrind heruntergekollert sind, wandern wir zum Sattel zwischen Farnergrind und Schwarzenberg. Steil steigen wir durch die Stauden zum südlichen Gipfel des *Schwarzenberges* hinauf, für die Aussicht müssen wir uns allerdings bis zum nördlichen Gipfel gedulden, der immerhin sieben Meter höher ist als sein Nachbar.

Der Weg schlängelt sich am Rande des Jungwuchses zum «Ueberstieg» hinab, wo sich die Routen trennen. Links geht es zur Oberen und zur Unteren Boalp, wir steigen geradeaus pfadlos in die Botüelen hinunter. Doch wir nehmen es gemütlicher als die Skifahrer, die bis in den Frühling hinein ihre Spuren in den tiefen Schnee des Botälis zeichnen. Wir freuen uns am beruhigenden Ausblick ins Tössbergland, wo das Hörnli, die Stralegg und das Schnebelhorn Merkpunkte für die Orientierung abgeben. Bei den Wettertannen in der *Botüelen* kreuzen wir den Weg von der Oberen Boalp nach Hinter-Goldingen, behalten über die Weide die bisherige Richtung bei und wandern unmittelbar über dem Steilabsturz ins Goldingertal zu den sturmzerzausten Baumgruppen auf der *Höchhand*. Früher war dieser höchste Punkt zwischen dem Jonatal und dem Goldingertal unter dem Namen Welschenberg in den Karten eingetragen. Auf sonnigen Rasenplätzen lässt sich gut rasten. Die Aussicht über das grüne Toggenburg hinweg zum Säntis steht derjenigen vom Schwarzenberg kaum nach.

Der Abstieg verläuft anfangs pfadlos über den Weidboden zur Hütte in der *Oberen Schwämi* und benützt schliesslich den Güterweg zur Alp *Schwämi*. Vor uns erhebt sich der bewaldete Rücken des Tössstockes, doch lohnt sich ein Abstecher der Aussicht wegen nicht. Wir wählen das Waldsträsschen der Nordostflanke des Tössstockes entlang. Wo es scharf nach links abbiegt, gehen wir geradeaus und steigen hangabwärts. Ein Bergweg, weiss-rot-weiss markiert, leitet direkt zur Tössscheidi hinab und ist nur trittsicheren Wanderern anzuraten. Die andern können auf einem ungefährlichen Weg nach Süden ausholen, stossen an der Vorderen Töss auf den Wanderweg von der Wolfsgrueb her und erreichen ebenfalls die *Tössscheidi*, wo sich die Vordere und die Hintere Töss vereinigen. Recht kurzweilig gestaltet sich die Wanderung im tiefeingeschnittenen schattigen Tal, das zu den Staatswaldungen Wald-Fischenthal[23] gehört. Ein Wasserfall, steile Nagelfluhwände und kleine

Giessen³ in den Seitentöbelchen erfreuen uns. Gegen die *Orüti* zu wird das Tal etwas breiter. Von dort aus meiden wir die Strasse bis zur Breitenmatt, indem wir auf den Weg links des Flüsschens ausweichen. Durch den Ortsteil *Boden* gelangen wir schliesslich zur Station *Steg*.

Route 72
Hörnli – Grat   ͵ DOPPELTE "   VORSCHLÄGE

Ausgangs- und Endpunkt Fischingen
Kurzweilige Wanderung über die Höhen des Tannzapfenlandes zum aussichtsreichsten Berggipfel und zum höchsten Punkt des Thurgaus.

	Höhe	Wanderzeit
Fischingen	625	
Rotbüel	851	1 Std. 15 Min.
Allenwinden	914	1 Std. 45 Min.
Hörnli	1133	2 Std. 30 Min.
Allenwinden	914	3 Std.
Grat	995	3 Std. 30 Min.
Fischingen	625	4 Std. 30 Min.

Die Einheitsgemeinde *Fischingen* im thurgauischen Bezirk Münchwilen hat eine Fläche von 30,96 km² und umfasst seit 1972 die ehemaligen Ortsgemeinden Fischingen, Au, Oberwangen, Dussnang und Tannegg. 1980 zählte sie 2'237 Einwohner. Berühmtheit erlangte Fischingen durch sein Kloster³³. Von Wil und von Sirnach aus fährt ein Autobus nach Fischingen.

Bei der Post in *Fischingen* gehen wir etwa 100 m talauswärts, biegen vor dem schmuck renovierten Riegelbau über die Murgbrücke ab und steigen im Wald steil aufwärts. Beim Kiesgrüblein oberhalb einer Waldhütte geniessen wir einen prachtvollen Tiefblick auf das ehemalige Kloster im engen Murgtal. Wenn wir später auf Wegspuren dem Waldrand folgen, blicken wir in das Seitental des Flobaches und zum Höhenzug der Buechegg. Vor dem *Chrüzhof* weitet sich die Aussicht auf einmal: Gegen Osten und Süden erkennen wir die St. Iddaburg, den Grat und unser Ziel, das Hörnli, während sich bei klarem Wetter im Hintergrund der Alpstein zeigt. Ueber den Weiler *Rotbüel* und den Hof *Gäntenegg* zum «Kreuz» auf *Allenwinden* hat der Kanton Thurgau die Verbindungsstrasse von Fischingen ins Tösstal für den Automobilisten sehr grosszügig ausgebaut, mit welcher der Wanderer vorläufig vorliebnehmen muss. Es bleibt zu hoffen, dass unser nördlicher Nachbarkanton auf diesem Teilstück der vielbegangenen Route von Frauenfeld aufs Hörnli auch an die Wanderer denkt. Auf der breiten Asphaltstrasse bietet die Aussicht hinüber gegen Sternenberg, in die hintersten «Chrächen» des Steinenbachtales und ins Tannzapfenland nur einen halben Genuss. Beim Hof *Chaltenbrunnen* verlassen wir die Strasse deshalb gerne und steigen gegen den Wald und zum *Dreiländerstein,* P. 992, hinauf, wo sich die Kantone Thurgau, St. Gallen und Zürich treffen. Das letzte Stück, stellenweise auf Treppenstufen, aufs *Hörnli*[27] ist recht steil, doch entschädigen die einzigartige Rundsicht und ein kühler Trunk in der Bergwirtschaft für die Mühen.

Bis *Allenwinden* stimmen Auf- und Abstieg überein. Ein Feldweg zweigt dort gegen Osten zum Hof *Holenstein* ab. Nachdem wir ein Waldstück gequert haben, führt ein schmaler Pfad durch den Wald und später im Zickzack zum *Grat,* P. 995, hinauf, dem höchsten Punkt im Kanton Thurgau. Früher soll allerdings in Thurgauer Schulbüchern das Hörnli diese Ehre beansprucht haben, doch so leicht lassen wir Zürcher uns das Hörnli nicht stehlen! Nicht umsonst ist vor dem jähen Absturz ins hinterste Murgtal ein Draht gespannt. Wir blicken zur St. Iddaburg hinüber, ins Toggenburg, zum Säntis, in die Churfirsten und weit ins thurgauische Mittelland hinaus. Der schmale Weg schlängelt sich durch die Westflanke hinab und mündet in ein Waldsträsschen, das wir vor dem Waldaustritt auf einem Weg nach rechts verlassen. Vom Hof *Höll* zieht sich ein aussichtsreicher Weg zur *Ottenegg* hinüber, wo wir den übergrasten Weg dem Hang entlang wählen. Rechts abseits der Route eine Marienstatue. Gutunterhaltene Strässchen leiten am Hof *Neuschür* vorbei nach *Fischingen* hinab, wo die Besichtigung der Klosterkirche unsere Wanderung im Tannzapfenland aufs schönste abrundet.

Route 73
Schnebelhorn

Ausgangs- und Endpunkt Mosnang
Das Schnebelhorn bietet eine umfassende Rundsicht. Vor allem der Abstieg ist eine voralpine Höhenwanderung von seltener Schönheit.

	Höhe	Wanderzeit
Mosnang	726	
Wisen	772	1 Std.
P. 1125	1125	2 Std. 15 Min.
Schnebelhorn	1292	3 Std.
Vorder-Rachlis	1000	4 Std. 20 Min.
Mosnang	726	5 Std.

Die Gemeinde *Mosnang* (Mundart: Moslig) im Bezirk Alttoggenburg hat eine Fläche von 51,15 km^2 und umfasst neben dem Dorf Mosnang die Dörfchen Mühlrüti an der Hulfteggstrasse und Libingen sowie zahlreiche Weiler und Einzelhöfe. Sie grenzt im Westen und Südwesten ans thurgauische Fischingen und ans zürcherische Fischenthal. Einwohnerzahl 1980: 2'280. Das spätbarocke Schiff der katholischen Pfarrkirche St. Georg stammt von 1798 und erfreut uns mit einem Deckengemälde, den seitlichen Medaillons und den klassizistischen Stukkaturen. Der unverputzte romanische Chorflankenturm aus Tuffstein mit der später aufgesetzten barocken Zwiebelhaube gehörte zu einer Vorgängerkirche um 1200. Mosnang und sein lohnendes Wandergebiet sind mit dem Postauto von der Station Bütschwil an der SBB-Linie Wil – Wattwil aus erreichbar. Automobilisten aus dem Zürcher Oberland fahren am besten von Steg über die Hulftegg.

Vom Dorfplatz bei der Kirche von *Mosnang* wenden wir uns am «Bären» vorbei bergwärts und benützen meist Abkürzungswege zur Häusergruppe *Bild* und zum Hof *Haaggen* hinauf. Wenn wir auf den Strässchen gegen *Wolgensingen* wandern, blicken wir gegen den Grat, den höchsten Punkt im Thurgau, und gegen die St. Iddaburg. Ueber *Lenzlingen* steigen wir in die *Sägeten,* P. 717, am Gonzenbächli hinab. In *Wisen* fällt uns das «Schäfle» mit seiner Fassade und dem «Wetterglöcklein» auf, das die Wirtin läutet, wenn ein Gewitter im Anzug ist und wenn ein Bewohner dieses abgelegenen Seitentales am Fuss des Schnebelhorns auf seinem letzten Wege zum Friedhof in Mosnang unterwegs ist. Am Schulhäuschen vorbei senkt sich das

Strässchen nach *Bodmen.* Im *Ehratsrick* löst ein Weg das Talsträsschen ab und führt am Städeli vorbei sehr steil über Wiesen und zwischen Wäldchen hindurch aufwärts. Wir bleiben auf dem Grat und verlassen ihn erst vor der letzten Steigung auf einem deutlichen Weg halblinks dem Hang entlang. Bei *P. 1125* mündet er in den Wanderweg von der Hirzegg her. Wir wandern meist auf dem Grat zum grossen Weidstall und über die Weiden zum Grenzstein auf dem *Schnebelhorn* hinauf. Näheres über die Aussicht lesen wir bei Route 49 nach.

Die Wegweiser auf dem höchsten Punkt des Züribietes verheissen uns mannigfaltige Wandermöglichkeiten. Wir halten uns an den Wegweiser «Mosnang» und steigen sehr steil durch ein kurzes Waldstück ab. Die Höhenwanderung über die *Meiersalp* und den *Laubberg* führt teils pfadlos über den Weidegrat und an einzelnen Wettertannen vorbei. Sie weist zwar Gegensteigungen auf, doch vermögen diese unsere Wanderfreude nicht zu trüben. Wir blicken ins Libingertal, in den Thurgau, ins untere und mittlere Toggenburg, zum Säntis und zu den Churfirsten. Besonders eindrücklich wirkt von hier aus der mächtige Nagelfluhkessel im Nordostabfall der Schindelegg. Wo im *Oberstein* der Weg nach Libingen abzweigt, gehen wir steil den Wald hinab. Es empfiehlt sich, immer dem Grat zu folgen und nicht auf die neuerstellten Waldwege auszuweichen. Vom Hof *Hinter-Rachlis* zieht sich ein breiterer Weg zur Abzweigung vor *Vorder-Rachlis.* Hier stehen uns zwei Möglichkeiten offen: Entweder folgen wir dem gutunterhaltenen Strässchen, das sich über Evasberg und Berg ins *Aufeld* hinabschlängelt und nach *Mosnang* führt, oder wir behalten die nördliche Richtung auf der Höhe bei. Nach dem Hof Vorder-Rachlis leiten die Wegspuren längs des Osthanges der Schlosshöchi und münden bei zwei Schöpflein in einen breitern Weg, der sich über die *Buechrüti* und *Bild* ebenfalls *Mosnang* nähert.

Skiwanderungen

Im Winter locken vor allem die höher gelegenen und schneereichern Gebiete des Oberlandes und des Tösstales zu abwechslungsreichen Skiwanderungen. Der geübte Skiläufer zieht seine eigene Spur über die tief verschneiten Höhen, wobei ihm die gelbe Wanderwegmarkierung wertvolle Dienste leistet, und erlebt eine stille und verträumte Landschaft. Ihm seien neben andern Routen die Höhenwanderungen (Routen 63 – 73) empfohlen. Wer sich nicht in anspruchsvolles voralpines Gelände vorwagen will, findet an den sanfteren Hängen zahlreiche Möglichkeiten, diesen gesunden Sport auszuüben.

Abfahrten abseits der Piste
Pfannenstiel – Egg, Rosinli – Kempten, Hof Allmen – Hinwil, Bachtel – Hinwil, Bachtel – Wald, Stüssel – Gibswil, Waltsberghöchi – Matt, Baschlis-Gipfel – Fischenthal, Tännler – Bauma, Hörnli – Lipperschwändi, Scheidegg – Oberegg – Fischenthal und Gibswil, Schwarzenberg – Untere Boalp, Höchhand – Schwämi, Hinterer Rotstein – Hintere Altschwand.

Langlaufloipen (Stand Winter 1981/82)
Oetwil am See (3 – 10 km). Ausgangspunkt: Unterwerk EKZ an der Strasse Langholz – Männedorf.
  First (5 km). Ausgangspunkt: Restaurant «Frohe Aussicht», First.
  Stoffel-Loipe (3,5 und 9 km mit Varianten). Ausgangspunkte: Golfhaus Dürstelen und Parkplatz Stud (P. 712) an der Strasse Kempten – Hittnau.
  Wernetshausen (5 – 7 km) und Skiwanderweg Wernetshausen – Wappenswil – Wernetshausen (12 km). Ausgangspunkt: Schulhaus Wernetshausen.
  Maiwinkel (4,5 – 7 km). Ausgangspunkt: Wappenswil (P. 800).
  Panoramaloipe (10 – 14 km mit Varianten). Ausgangspunkte: Station Gibswil, Parkplatz Gibswil und Büel.
  Oberholz – Hittenberg (4 km). Ausgangspunkt: Oberholz.
  Hinter-Goldingen (3,5 km). Ausgangspunkt: Schutt.
  Rund um den Tämbrig (10 km). Ausgangspunkte: Schulhaus Schalchen und Grüter (P. 787) an der Strasse Wallikon – Hermatswil.
  Schauenberg (3 – 11 km). Ausgangspunkte: Girenbad und Unter-Schlatt.
  Schindlet (1 und 4 km). Ausgangspunkt: Schindlet an der Strasse Bauma – Sternenberg.
  Laufenbach bei Rüti (5 km). Ausgangspunkt: Restaurant Laufenbach an der Strasse Rüti – Wald.

Anhang

Heimatkundliche Anmerkungen

1 Geologisches

Im Tertiär bedeckte ein weites Binnenmeer das schweizerische Mittelland. Aus den Alpen, die sich damals erst bildeten, flossen riesige Urströme, der Urrhein und die Urlinth. Diese lagerten ihr Geschiebe in das Meer ab und füllten es allmählich auf. Unser Gebiet ist deshalb das Delta eines mächtigen Süsswassersees, dann eines Meeres, das aber später wieder abgeschnitten und daher ausgesüsst wurde. Die Ablagerungen dieser Urströme bezeichnet man als *Molasse,* wobei man nach ihrer Entstehungszeit die untere Süsswassermolasse, die Meeresmolasse und die obere Süsswassermolasse unterscheidet. Unsere Wanderungen bewegen sich vorwiegend im Bereich der oberen Süsswassermolasse. Nagelfluh, Sandstein und Mergel bilden zur Hauptsache diese obere Süsswassermolasse. Das grobe Geröll setzte sich im allgemeinen in Alpennähe, im Tössbergland, ab und verkittete zur *Nagelfluh,* während Sand und Schlamm weiter ins Tal des jetzigen Pfäffiker- und Greifensees flossen. Aus dem Sand wurde *Sandstein,* aus dem Schlamm entstand *Mergel.* Die Molasse hat in der Regel ein ganz leichtes Gefälle gegen Nordwesten.

Die eigentliche Modellierung unseres Gebietes erfolgte erst in der Eiszeit, im Diluvium. Bedingt durch Klimaschwankungen, stiessen aus den Alpen gewaltige Gletscher ins Mittelland vor. Dabei unterscheidet man vier Haupteiszeiten und dazwischenliegende wärmere Perioden. Die Gletscher, in unserer Gegend war es der Linthgletscher, flachten die weiten Talwannen aus. So entstanden das Zürichseetal und die breiten Talwannen des Pfäffiker- und Greifensees. Nur die obersten Gipfel des Tössberglandes blieben eisfrei. Bei ihrem Rückzug liessen die Gletscher Seiten- und Endmoränen zurück. In den Zwischeneiszeiten verfrachteten Schmelzwasserströme Geröll auf die Talböden und bildeten so die Schotterfelder.

2 Drumlins

Im oberen Glattal begegnen wir langgestreckten Hügeln, die der Geologe nach einem irischen Ausdruck Drumlin nennt. Es sind über 150 Erhebungen, die in der Regel 300 m lang, etwa 150 m breit und 30 m hoch sind. Charakteristisch ist ihre Lage: sie stimmen in ihrer Längsachse mit der Fliessrichtung des ehemaligen Gletschers überein. Ihre Entstehung hängt mit der letzten Vergletscherung zusammen. Die meisten Geologen nehmen heute an, dass die Drumlins während eines Ruhestadiums des Gletschers aufgebaut wurden. In Talböden mit sehr geringem Gefälle breitete sich der Gletscher fächerförmig aus. Durch die Längsspalten gelangte der Schutt auf den Grund, worauf das Gletschereis über das Gestein hinwegging und es zu den typischen Hügeln formte.

3 Giessen, Gubel und Höhlen

Im Tössbergland treffen wir häufig auf Wasserfälle, die vom Volk «Giessen» genannt werden. Diese Giessen entstehen dort, wo Nagelfluh[1] oberhalb von Sandstein[1] und Mergel[1] gelagert ist. Die härtere Nagelfluh bleibt meist als überhängende Wand, als «Gubel», bestehen, während die weicheren Sandstein- und Mergelschichten, vom Sickerwasser und vom herabstürzenden Wasser gelockert, nach und nach herauswittern. Dadurch entstehen die typischen Höhlen des Tössberglandes.

4 Flora

Die Wälder des Oberlandes gehören dem Buchen-Weisstannen-Gürtel an, wobei die Buchen die Sonnenhänge, die Weisstannen die schattigen Partien bevölkerten. Die Buche musste den künstlich angelegten Rottannenbeständen weichen. Stechpalmen und Eiben finden sich über das ganze Gebiet verstreut. Gegen den Schluss der letzten Eiszeit sind die höheren Berge im Tösstal von einer arktisch-alpinen Flora besiedelt worden. Diese wanderte von der Churfirsten-Speer-Gruppe über den Ricken in die Gegend der Tweralp, wo sie heute noch eine alpine Mattenflora bildet. Die Alpenpflanzen haben sich von hier in nordwestlicher Richtung gegen Schnebelhorn und Hörnli weiterverbreitet, nehmen aber, je mehr wir nach Westen kommen, an Arten und Zahl ab. Am Hörnli reicht die alpine Vegetation noch bis zu den Nagelfluhfelsen und Mergelbänken in der Westwand. Eher selten kann der Wanderer im Tössbergland heute Relikte dieser Alpenblumen bewundern; noch um die Jahrhundertwende traf man an wenig bekannten Stellen das Männertreu und sowohl die bewimperte wie die rostblättrige Alpenrose. Was heute an seltenen Pflanzen im Oberland heimisch ist, sei dem Schutze jedes Wanderers empfohlen.

5 Haustypen

Die Urform des Oberländerhauses, die weitgehend mit dem nordalpinen Viehzüchterhaus (Innerschweiz) identisch ist, fehlt heute fast ganz. Als Muster für ein Oberländerhaus kann am ehesten das Pilgerhaus «Zum roten Schwert» in Blattenbach dienen, das als Block-Ständerbau, das heisst mit liegenden Balken zwischen aufrechten Ständern, und einem flachen Dach erstellt wurde. Die Nadelwälder mit ihrem Holzreichtum und die Beschäftigung des Bauern mit Graswirtschaft begünstigten den Bau dieses Viehzüchterhauses, bei dem Wohnhaus und Stall meist getrennt waren. Die Grundform blieb auch im *Flarz* erhalten, dem wir im Oberland und Tösstal am häufigsten begegnen. In einem Flarz, den ursprünglich vor allem Heimarbeiter und Kleinbauern bewohnten, sind mehrere Häuser unter einem gemeinsamen, wenig geneigten Dach, einem «Tätschdach», zusammengefasst und durch einen Langgiebel vereinigt. Ihre Entstehung geht vermutlich auf die Weide- und Holzgerechtigkeiten zurück, die ans Haus gebunden waren und die nicht vermehrt werden durften. Indem man die Häuser unterteilte oder zusammenbaute, erhielt jedes Haus nur eine halbe, eine Drittels- oder Viertelsgerechtigkeit. Die niederen Stuben mit den langen Fensterreihen schauen meist nach Süden, während sich die Küche in der Regel auf der Nordseite befindet. Der erste Stock enthält die Kammern, der vordere Teil des Kellers wurde oft zu einem Webkeller ausgebaut. Häufig stockte man später den niederen Flarz auf und machte das Dach steiler, seltener drehte man den Giebel um 90 Grad, wodurch die Querflärze entstanden. Das Flarzhaus verleiht auch heute noch vielen Oberländer Dörfern und Weilern ein besonderes Gepräge.

Daneben erkennen wir auch fremde Haustypen, die mit ganzen Bauwerken oder einzelnen Bauelementen das Oberland beeinflussen. Im Berggebiet treffen wir ab und zu auf ein ursprüngliches *Appenzellerhaus,* einen Blockständerbau mit dem typischen Kreuzfirst. Aus dem Appenzellerland und dem Toggenburg stammen auch die auf der Unterseite verschalten Klebdächlein, während die unverschalten Klebdächer an die Innerschweiz erinnern. Vor allem im oberen Glattal stossen wir auf das *Weinbauernhaus* aus der Zürichseegegend mit seiner bereits herrschaftlich-städtisch anmutenden Art. Ein Tenn oder ein Stall fehlen oft in diesem Fachwerkbau; dafür ist der Keller um so besser ausgebaut.

6 Beschäftigung der Bewohner

Die Bewohner des Berggebietes waren ursprünglich Waldbauern. Im Sommer brannten sie Kohle und verfertigten im Winter Heugabeln und Körbe oder schnitzten Kellen und Wäscheklammern. Flurnamen wie Choltobel oder Cholwis weisen auf die sommerliche Beschäftigung hin, das «Chelleland» als Name für das Tössbergland erinnert an die Winterarbeit. Im 18. Jahrhundert brachte die Bearbeitung von Baumwolle neue Erwerbsmöglichkeiten. Fast in jedem Bauerngütchen beschäftigte man sich mit Spinnen und Weben. Zu Beginn des 19. Jahrhunderts erwuchs den Heimarbeitern eine gefährliche Konkurrenz in den Textilmaschinen, die bald in den Fabriken im Tale verwendet wurden. Der Verdienst der Handweber sank derart, dass sie im Jahre 1832 in Scharen nach Uster zogen und dort die erste mechanische Weberei anzündeten. Ähnliche Fabriken schossen längs den Wasserläufen wie Pilze aus dem Boden. Wohl blühten nachher noch für kurze Zeit die Seidenhandweberei und die Stickerei als Heimarbeit auf; jene musste aber bald der mechanischen Seidenweberei weichen. Ein Teil der Bevölkerung verliess die Bergheimwesen, fand Arbeit im Tal und wohnte in der Nähe der Fabrik.

7 Verkehr

Bereits 1856 – 1859 bauten die Vereinigten Schweizer Bahnen die Linie Wallisellen – Uster – Rapperswil, der 1876 die Nordostbahn mit der Strecke Effretikon – Hinwil folgte. Im gleichen Jahr wurde die Tösstalbahn Winterthur – Bauma über Wald nach Rüti verlängert. Das Dampfross verdrängte die Pferdepost immer mehr und verwies sie auf kürzere Verbindungsstrecken. Anfangs des 20. Jahrhunderts eröffneten drei Bahnunternehmen, die man heute vergeblich auf der Karte sucht, ihren Betrieb. 1901 war es die UeBB, die Uerikon – Bauma-Bahn, 1903 die elektrische Schmalspurbahn Wetzikon – Meilen und 1909 die Uster – Oetwil-Bahn. Ende der vierziger Jahre verschwanden diese drei Linien und wurden durch die Autobusse der Verkehrsbetriebe Zürcher Oberland (VZO) ersetzt. Einzig das Teilstück Hinwil – Bauma elektrifizierten und übernahmen die Bundesbahnen. Doch seit 1969 fahren statt der schwachbesetzten Züge Autobusse von Wetzikon nach Bauma. An einzelnen Sonntagen von Mai bis Oktober unterhält der Dampfbahnverein Zürcher Oberland auf der Strecke Bauma – Bäretswil – Hinwil eine Museumsbahn mit Dampflokomotiven und historischen Wagen.

8 Die Hochwachten

Die Hochwachten wurden im 17. Jahrhundert auf aussichtsreichen Höhen errichtet und dienten dem Nachrichtendienst. Am Tag gab man mit Rauch aus einer mit Pech und Harz versehenen Pfanne Signale, während man in der Nacht die Männer der Umgebung mit Feuer alarmierte. Glockensignale und Schüsse aus Mörsern unterstützten vor allem bei Nebel diese Maßnahmen. Im Jahre 1812 wurden die Hochwachten durch Regierungsbeschluss aufgehoben. Solche Hochwachten – sie dehnten sich über das ganze Kantonsgebiet aus – bestanden auf dem Pfannenstiel, dem Schwösterrain bei Hombrechtikon, bei Orn am Bachtel, auf dem vorderen und hinteren Tämbrig (Tannenberg) oberhalb Pfäffikon und auf dem Schauenberg.

9 Dichter und Musiker

Jakob Stutz wurde 1801 im Weiler Isikon am Tämbrig geboren. Früh verwaist, kam er als «Männbueb» in die Mühle Balchenstal bei Hittnau. Später verdiente er den Lebensunterhalt mit Spulen, Weben und Strümpfestricken bei seiner Schwester in Blitterswil bei Bauma. Als 26jähriger fand er eine Anstellung als Hilfslehrer an der Blindenanstalt in Zürich. Nachdem er im Appenzellerland als Hauslehrer gewirkt hatte, zog er sich in seine Klause, die Jakobszelle, auf der Matt bei Sternenberg zurück. Dort gründete er mit Freunden den «Veilchenbund» und empfing die Mitglieder der «Gesellschaft der Volksfreunde». Er versuchte das Volk glücklich zu machen und verpflichtete die Mitglieder der Vereinigung, dem Kartenspiel, dem Nachtschwärmen und den Trinkgelagen fernzubleiben. In Bettswil verbrachte Stutz seinen Lebensabend, und im Friedhof von Bäretswil fand er 1877 seine letzte Ruhestätte.

Seine ersten dichterischen Versuche erschienen unter dem Titel «Gemälde aus dem Volksleben», die sich zu einem siebenbändigen Werk ausweiteten. In seinem Werk «Der Brand von Uster» deckte er verschiedene Missstände jener Zeit auf. «Sieben mal sieben Jahre aus meinem Leben» ist wohl das heute noch bekannteste Buch. Stutz schilderte die sozialen und kulturellen Verhältnisse im Oberland und wäre mit einem besseren Schulsack gewiss ein bedeutender Dichter und Pädagoge geworden.

Jakob Senn, 1824 im Leiacher oberhalb Länzen (Gemeinde Fischenthal) geboren, gehörte zum «Veilchenbund», dem Freundeskreis von Jakob Stutz. Beziehungen zu einem Antiquar in Zürich verschafften dem jungen Dichter die heissersehnten Bücher. 1856 trat

Senn als Gehilfe in das Antiquariat ein. Später versuchte er sich erfolglos als selbständiger Verleger und wanderte nach Uruguay aus. 1879 suchte er den Freitod im Zürichsee.

1888 erschien sein einziges grösseres Werk als «schweizerisches Lebensbild» unter dem Titel «Ein Kind des Volkes». Darin schilderte Senn das armselige Leben der Tösstaler Kleinbauern und ihr unstillbares Verlangen nach Bildung. Richard Weiss, der verstorbene Volkskundler, stellte fest, das Werk habe bedeutenden dokumentarischen Wert für die Kulturgeschichte des Zürcher Oberlandes vor der Mitte des 19. Jahrhunderts.

Heinrich Leuthold ist wohl der im deutschen Sprachgebiet bekannteste Dichter des Oberlandes. 1827 erblickte er in Wetzikon das Licht der Welt. An den Hochschulen von Bern, Zürich und Basel studierte er Jurisprudenz, ohne aber mit einem Examen abzuschliessen. Später betätigte er sich als freier Schriftsteller am Genfersee, in Italien und in München. Krank an Leib und Seele, starb er 1879 in Zürich. Die Jugendeindrücke in der Oberländer Landschaft hatten sich tief in Leutholds Seele eingeprägt. Davon zeugen die formvollendeten Gedichte, die von Gottfried Keller herausgegeben wurden. Der Leuthold-Brunnen in der Nähe des Bahnhofes und die Gedenktafel am Leutholdhaus an der Morgenstrasse – es ist allerdings nicht sein Geburtshaus – erinnern an den grossen Lyriker.

Albin Zollinger (1895–1941), der grosse Lyriker und Erzähler, stammte aus Rüti. In seinen Romanen «Pfannenstiel» und «Bohnenbluest» tritt die Landschaft zwischen Pfannenstiel, Greifensee und Bachtel in dichterischer Verklärung hervor. Seine sprachlich vollendeten Gedichte gehen häufig von den Erinnerungen an diese Landschaft der Kindheit aus. Als Zeitgenosse steht Zollinger mit den deutschen Lyrikern des 20. Jahrhunderts in innerer Verbindung. Sein unmittelbarer Einfluss wirkte sich auf die Schweizer Schriftsteller aus, so auf den jungen Max Frisch.

Von Wetzikon stammen Männer, die sich im 18. und 19. Jahrhundert um die Hebung des Gesanges bemühten. *Johannes Schmidlin* (1722–1772), Pfarrer in Wetzikon, erneuerte den Kirchengesang durch zahlreiche Schriften und Liederbücher. *Hans Georg Nägeli* (1773–1836), der schon zu Lebzeiten als schweizerischer Sängervater geehrt wurde, wuchs im Pfarrhaus auf. Er komponierte Lieder und verfasste Lehrbücher, womit er der eigentliche Begründer des Gesangsunterrichtes in Schulen und des Chorsingens in Vereinen wurde. Der Sängervater *Johann Rudolf Weber* und sein Sohn *Gustav Weber* waren Komponisten, die sich würdig in diese Wetziker Tradition einfügten.

10 Der Greifensee

Der Greifensee, früher Glattsee geheissen, entstand während der letzten Eiszeit, als der Linthgletscher südöstlich von Dübendorf einen Wall von Endmoränen ablagerte. Er reichte ursprünglich von Mönchaltorf bis gegen Dübendorf, Verlandungen verkleinerten seine Fläche auf 8 km^2. Mehrere Glattkorrektionen senkten den Seespiegel um 80 cm. Die grösste Tiefe beträgt 33 m. Bei den Seeregulierungen stiess man auf zahlreiche Pfahlbauten. Das Ufer ist grösstenteils unverbaut und beherbergt in seinen Schilfbeständen und Riedwiesen eine mannigfaltige Vogelwelt. Bereits 1929 gründeten verantwortungsbewusste Bürger den «Verband zum Schutze des Greifensees», 1941 erliess der Regierungsrat die Verordnung zum Schutze des Greifensees. Darin wurden der Greifensee und seine Umgebung als geschütztes Gebiet erklärt und in fünf Zonen eingeteilt. In der ersten Zone, dem See- und Strandgebiet, darf man aus Gründen des Vogelschutzes die Schilfregion nicht betreten und befahren und keine Pflanzen beseitigen. Für die übrigen Zonen sieht die Verordnung unter anderem vor, dass alle Hochbauten, Freileitungen und Bodenverbesserungen durch den Kanton bewilligt werden müssen. In den letzten Jahren machte sich neben der starken Verschmutzung des Wassers und der Zunahme von Booten aller Art vor allem das wilde Campieren übel bemerkbar. 1965 griff der Regierungsrat durch und liess alle Wohnwagen und Zelte entfernen, die ausserhalb der bewilligten Plätze aufgestellt waren. Ein Erholungsplan schafft die Grundlagen, dass der Greifensee als Erholungslandschaft bestehen bleibt. So können auch die verschiedenen Interessen der Wanderer, Fischer, Ornithologen, Camping-, Bade- und Bootsfreunde berücksichtigt werden.

[11] Kleinjogg

In Wermatswil wurde 1716 Jakob Gujer geboren, der später im Volke unter dem Namen «Kleinjogg» bekannt war. Zuerst bewirtschaftete er musterhaft das väterliche Heimwesen. Durch seinen Freund aus Zürich, Dr. Hirzel, wurde die Regierung auf Gujer aufmerksam gemacht. Diese übertrug ihm den vernachlässigten Katzenrütihof bei Rümlang zur Bewirtschaftung. In kurzer Zeit brachte er den fünffachen Ertrag heraus. Das Geheimnis seines Erfolges bestand darin, dass er die Stallfütterung einführte, den Boden durch Düngmittel und Drainage verbesserte und Wechselwirtschaft auf den Feldern trieb. Den «philosophischen Bauern», so nannte man ihn auch, suchten Persönlichkeiten aus ganz Europa auf. Diese wollten den Musterbetrieb des landwirtschaftlichen Reformers kennenlernen. Goethe äusserte sich nach einem Besuch: «Ich ging ohne Ideen hin und kehrte reich und zufrieden zurück. Ich habe in Gujer eines der herrlichsten Geschöpfe, wie sie die Erde hervorbringt, kennengelernt.»

[12] Der Pfäffikersee

Der Pfäffikersee nimmt eine Fläche von $3\frac{1}{4}$ km^2 ein, also kaum die Hälfte des Greifensees; seine grösste Tiefe beträgt 36 m. Eine seichte Zone von 100 bis 200 m Breite, die nur wenige Meter tief ist, begleitet heute das Ufer. In dieser Zone entdeckte man bei Robenhausen und bei Irgenhausen zahlreiche Funde aus der Jungsteinzeit, sogenannte Pfahlbauten[14]. Der See liegt in einer weiten Talmulde, die vom Linthgletscher ausgeschürft worden ist. Westlich von Pfäffikon beobachten wir einen dreifachen Gürtel von Endmoränen, die das Wasser stauten und den See entstehen liessen. Diese Moränen verhinderten einen Abfluss talabwärts gegen Illnau. Die Aa im Süden ist der Abfluss der Pfäffikersees. Sie fliesst gegen Robenhausen, wendet sich nordwestwärts durch das Aatal und mündet bei Niederuster in den Greifensee.

Der Pfäffikersee mit seinen Ufern, vor allem dem Robenhuserriet, ist ein Gelände, das als wissenschaftliches Reservat, als schützenswerte Landschaft und als Erholungslandschaft eine hervorragende Bedeutung aufweist. Bereits 1948 hat deshalb der Regierungsrat des Kantons Zürich den See und das weitere Umgelände als Landschaftsschutzgebiet erklärt. Dieses hat auch im «Bundesinventar der Landschaften und Naturdenkmäler von nationaler Bedeutung» (BLN) Aufnahme gefunden. Seit 1962 besteht die Vereinigung «Pro Pfäffikersee», die sich vor allem auf Grund eines Landschaftspflegeplanes mit Erfolg bemüht, die verschiedenen Interessen am See unter einen Hut zu bringen. Sie schützt die Landschaft, die Pflanzen- und Tierwelt vor dem menschlichen Zugriff und versucht, das Gebiet für den Erholungssuchenden in geeignetem Masse zu erschliessen. Im Robenhuserriet soll ein totales Naturreservat geschaffen werden. Dort findet sich nämlich in den Verlandungs- und Sumpfbeständen ein seltener Reichtum an Lebewesen, der unbedingt erhalten bleiben muss. Dreieckförmige Signale mit der Aufschrift «Naturschutzgebiet» und Hinweistafeln rufen jedem Wanderer und Besucher ins Gedächtnis, wie er sich in diesem Gebiet zu verhalten hat.

13 Die Pfahlbauten von Robenhausen

Bei der Absenkung des Pfäffikersees und der Korrektion der Aa fand der Bauer Jakob Messikommer 1858 alte Pfähle. In der Umgebung kamen, ungefähr 1,5 m unter der Oberfläche, weitere Gegenstände zum Vorschein, so Steinbeile, Pfeilspitzen aus Feuerstein, Tonscherben, Stech- und Schabwerkzeuge aus Knochen, Stricke und Schnüre aus Flachs, Haufen von Tierknochen, Reste von Geweben, verkohlte Äpfel und Getreidekörner. Anhand dieser Funde konnte man auf eine Jungsteinzeitliche Siedlung schliessen, die um 2500 – 2000 v. Chr. bestanden haben muss und sich über eine gute Hektare ausdehnte. Die Wissenschaftler sind sich allerdings noch nicht einig, ob sich diese Pfahlbauten im oder am Wasser befanden. Auf jeden Fall wissen wir, dass die Pfahlbauer bereits den Hausbau kannten, Haustiere hielten, Getreide anbauten und das Spinnen und Weben verstanden. Die Brandschichten weisen darauf hin, dass die Siedlung zweimal abgebrannt ist. Die dritte Niederlassung scheint freiwillig verlassen worden zu sein. Jakob Messikommer forschte und bildete sich unermüdlich weiter, versuchte aber nicht, die Funde zu beschreiben, sondern übergab sie Spezialisten. Die Universität verlieh ihm den Ehrendoktor. Bei Fachgelehrten ist die Epoque robenhausienne ein Begriff. Als Messikommer im Jahre 1917 starb, belegte man das ganze Gebiet mit einem Grabungsverbot bis 1967.

14 Das Römerkastell Irgenhausen

Das Römerkastell Irgenhausen wurde zur Zeit des Kaisers Diokletian um das Jahr 294 n. Chr. erbaut. Es war nicht an einer römischen Hauptheeresstrasse gelegen, sondern diente als Sperrfort an der Verbindungsstrasse von Vitodurum (Oberwinterthur) nach Kempraten am

Zürichsee. Bereits um 400 wurde es geräumt und bei den Alemanneneinfällen zerstört. Es hat annähernd eine quadratische Form von gut 60 m Seitenlänge, wies acht viereckige Türme auf und besitzt etwa zwei Meter dicke Mauern, die mit ungehauenen Feldsteinen in Ährenmuster aufgebaut wurden. Der Hauptzugang erfolgte vermutlich von Süden her durch einen Torbau in der Mitte der Ostfront. Zwischen 1898 und 1908 liess die Antiquarische Gesellschaft Zürich die Ruinen ausgraben und konservieren, bevor Steine davon beim Bau einer Fabrik Verwendung finden sollten. Die Mauern von zwei Räumen im Innern mit halbrunden Apsiden gehörten wahrscheinlich zu einer frühen christlichen Kirche, der Benignus-Kirche von Pfäffikon.

15 Das Naturreservat Unterwetziker Wald – Hiwiler Riet

Zum «Bundesinventar der Landschaften und Naturdenkmäler von nationaler Bedeutung» (BLN) gehört auch die Drumlinlandschaft[2] und das Moorgebiet Unterwetziker Wald – Hiwiler Riet. Das Schutzgebiet ist knapp 2 km^2 gross und umfasst als markante Erhebungen die Drumlinhügel Schwändi, Spitzholz, Jungholz und Hatsberg und die zwischen diesen Hügeln eingebetteten Moore. Sowohl geologisch als auch pflanzengeographisch ist es im Kanton Zürich und gar in der Schweiz einzigartig. W. Höhn und K. Suter haben für die Naturforschende Gesellschaft ein Gutachten ausgearbeitet. Die Drumlins tragen auf ihren Kuppen und Flanken vorwiegend geschlossenen Fichtenwald, während die Südseiten oft mit Föhren bewachsen sind. Entsprechend unterschiedlich ist auch der Unterwuchs. In den dazwischen liegenden Mooren finden wir eine seltene Vegetation, wozu auch die letzten Bergföhren als Glazialrelikt im Hiwiler Riet zählen. Leider sind erst Teile dieses Gebietes unter Schutz gestellt. Die geplante Oberland-Autobahn bildet eine ernsthafte Bedrohung für dieses Gebiet.

16 Das Ritterhus Bubikon

Das Johanniterhaus Bubikon – im Volke «Ritterhus» genannt – wurde 1192 vom Freiherrn Diethelm von Toggenburg gestiftet und dem Johanniterorden übergeben. Dieser Orden war während der Kreuzzüge gegründet worden, nahm sich der erkrankten und armen Pilger an und führte den Kampf gegen die Ungläubigen. Zur Zeit der Reformation hob der Rat von Zürich 1525 das Johanniterhaus auf, gab es aber 1532 zurück unter der Bedingung, als Schaffner nur reformierte Zürcher Bürger einzusetzen. Johannes Stumpf, der spätere bedeutende Chronist der Eidgenossenschaft, war 1522 als Prior gewählt worden und wirkte von 1529 bis 1543 als reformierter Pfarrer der Gemeinde Bubikon. 1789 verkaufte der Orden die ganze Besitzung an einen Zürcher Junker. Während dieser alle Rechte und Grundzinse an die Stadt Zürich veräusserte, behielt er die Gebäude der Komturei. Anfangs des 19. Jahrhunderts richtete man sogar eine Baumwollspinnerei ein. Später wechselte die Komturei häufig den Besitzer, die Bauten litten immer mehr. 1936 gründete sich im Anschluss an die Kreuzritterspiele von Jakob Hauser die «Ritterhausgesellschaft Bubikon». Mit Unterstützung durch den Kanton und durch Freiwillige konnte sie die Anlage erwerben und in jahrelanger Arbeit die Bauten restaurieren. In den Räumen richtete sie ein Johannitermuseum ein, das die Geschichte des Ordens zeigt.

Der weite Hof wird gegen Norden durch das sogenannte Neuhaus und durch das alte Ordenshaus begrenzt, dem sich gegen Süden die Kapelle und in einer Flucht das Konventhaus, die Komturei und der Rittersaalflügel anschliessen. Von den Malereien in der Kapelle stammt das Stifterbild über dem zugemauerten Chorbogen, Christus als Weltenrichter darstellend, aus dem Anfang des 13. Jahrhunderts. In der Mitte des Schiffes stellte man einen Abguss der Grabplatte des Stifters auf. Der Komtursaal in der eigentlichen Komturei, die Wohn- und Empfangsstube des Komturs, weist Fenstersäulen aus der Gotik und der Renaissance auf. Johannes Stumpf ist eine besondere Stube gewidmet. Das Prunkstück ist zweifellos der Rittersaal mit seinen ornamentalen Wandmalereien von 1548. Gegen Süden findet der Hof seinen Abschluss im Sennhaus von 1570 und einem neueren Bauernhaus. Über die Geschichte und die Bauten orientiert eine handliche Schrift von Prof. Dr. Paul Kläui in umfassender Art.

Das Ritterhus ist vom 1. April bis 1. November – Montag, Ostersonntag, Pfingstsonntag und Bettag ausgenommen – täglich von 9 – 11 und von 14 – 18 Uhr bei bescheidener Eintrittsgebühr geöffnet.

17 Bachtel

Ein Ortslexikon von 1887 erwähnt den Bachtel, der «sowohl als Kurort wie seiner reizenden Aussicht wegen häufig besucht wird». Bis 1832 krönte eine dreistämmige Wettertanne den Gipfel. Später erstellte man einen hölzernen Turm, der in einer Sturmnacht im Januar 1890 zusammenstürzte und 1893 durch einen eisernen ersetzt wurde. Schon um die Mitte des letzten Jahrhunderts belebte sich der Bachtel an schönen Sonntagen mit viel fröhlichem Volk aus der Umgebung. In den fünfziger Jahren erbauten die Gebrüder Graf aus dem nahen Unterbach ein bescheidenes Berggasthaus mit einem kleinen Saal. Seit 1921 gehören das Gasthaus, der Aussichtsturm und ein landwirtschaftlicher Betrieb mit einer Fläche von ungefähr 9 ha der Genossenschaft Bachtelkulm, deren Mitglieder Angehörige der SAC-Sektion Bachtel sind. In den letzten Jahren drängte sich eine Erneuerung des Gasthauses auf. Statt durch den Verkauf von Land die Renovation zu finanzieren, belegte die Genossenschaft die Kuppe mit einem immerwährenden Bauverbot und stellte sie unter Naturschutz. Der Kanton Zürich honorierte das Bauverbot mit 185000 Franken, der Hälfte der Erneuerungskosten, während Gemeinden, Industrie und Private die andere Hälfte aufbrachten. Ausserdem kaufte der Kanton auch einige Grundstücke um den Gipfel. Damit bleibt der Bachtel als Erholungsgebiet und Wanderberg für alle Zeiten erhalten. Einzigartig ist der Ausblick, den man von der Terrasse vor dem gediegen erneuerten Gasthaus, vor allem aber vom 30 m hohen Turm aus geniesst. Das nahe Oberland mit seinen waldigen Höhen und den hellen Flächen des Pfäffiker- und Greifensees, der obere Teil des Zürichsees und die Linthebene dehnen sich zu unseren Füssen aus, die Voralpen steigen zum Hochgebirge an, das sich im Kranz vom Säntis bis zur Jungfrau zeigt. Der berühmte Dichter J. C. Heer, der als junger Lehrer in Oberdürnten am Fusse des Bachtel wirkte, hat dem Berg folgendes Gedicht gewidmet:

Mit der Kränze schönstem schmücken
Würd ich aber dir das Haupt,
Jauchzend, Bachtel, dir ihn drücken
Auf die Stirne schön umlaubt.
Wie in eine Form gegossen
Liegen Hügel, wellenblau,
Liegt vom Sonnenlicht umflossen
Dir zu Fuss der ganze Gau.

18 Das Girenbad am Bachtel

Das innere Girenbad an der Westflanke des Allmen wurde schon im 16. Jahrhundert fleissig besucht, war es doch seiner erdigen Schwefelquellen wegen bei allerlei Gebresten angezeigt. Eine Beschreibung aus dem Jahre 1662 empfiehlt das Bad gegen alle «Räuden, Kräzen, Grinde, Schäbigkeiten, Eiterfrass und das überflüssige Erbrechen». Sicher ist, dass das Wasser mit Erfolg bei rheumatischen Erkrankungen angewendet wird. Auch fördert es den Appetit, weshalb das Bad seinerzeit als «Fressbädli» bezeichnet wurde. In den waldigen Steilhängen gegen den Allmen erbauten die Girenbader in den fünfziger Jahren eine Schlittelbahn, auf der regelmässig Wettkämpfe ausgetragen wurden.

19 Die Täuferhöhle

Die Täuferhöhle am Allmen ist eine der typischen Höhlen[3] des Zürcher Oberlandes. In regenreicher Zeit bildet ein Bach davor einen Wasserfall. Hinter dem Wasserfall öffnet sich die etwa 20 m breite und anfänglich etwa 3 m hohe Höhle und lässt uns gute 10 m ins Berginnere vordringen.

Ihren Namen verdankt sie der Sekte der Wiedertäufer, die vor allem im Zürcher Oberland viele Anhänger hatte. Diese waren mit Zwinglis evangelischer Lehre nicht einverstanden. Sie wollten eine neue Kirche gründen, hielten die Taufe der Kinder für etwas Unchristliches und erliessen Schriften gegen die Reformation. Zwingli und seine Nachfolger brachten sie zeitweise zum Schweigen, die Regierung liess sie verfolgen. Die Anhänger flüchteten in die Wälder am Allmen. Sie machten die Höhle bewohnbar, bauten Nischen ein, um Hausgeräte und Bücher aufzubewahren, und vereinigten sich hier zu ihren Gottesdiensten. Aber die Verfolgten fanden auch da keine Ruhe. Sie mussten erneut fliehen und ihren Hausrat zurücklassen. Als man in späterer Zeit die Höhle ausräumte, fand man Messer, Gabeln, Ringe, Fingerhüte und andere Hausgeräte. Gottfried Keller erzählt in der Novelle «Ursula», allerdings mit grosser dichterischer Freiheit, von den Täufern am Bachtel. Im letzten Jahrhundert war die Täuferhöhle ein beliebtes Ziel für Spaziergänger; an Sonntagen soll man sogar darin gewirtet haben.

20 Volksbräuche in Wald

In Wald ziehen noch heute die *Silvesterchläuse* am letzten Tag des Jahres von Haus zu Haus, von Aussenwacht zu Aussenwacht. Zu ihrer Ausrüstung gehört ein buntes Wams und der mit Sprüchen und Figuren verzierte Lichthut. Sie tragen an einem starken Ring um die Hüften einen Kranz von schweren Kuhglocken, die sie beim Tanzen und Springen ertönen lassen. Den Bewohnern wünschen sie ein glückliches neues Jahr. Dafür erhalten sie eine kleine Gabe. Gewöhnlich wird der Chlaus vom «Gurri» oder Schnappesel begleitet, einem Mann, dessen Körper bis zu den Knien hinab mit einem weissen Tuch verhüllt ist und der über seinem Kopf eine Art Eselsgrind mit auf- und zuklappbarem Maul trägt. Er tanzt nach dem Geläute der Chlausglocken, schnappt nach Geld und Mützen und jagt den Kindern oft Angst und Schrecken ein. Die Heimatmuseumskommission Wald hat sich dieses Brauches angenommen, der früher in weiten Teilen des Oberlandes gepflegt wurde.

Ebenfalls in Wald ziehen an der *Fastnacht* Jünglinge zwischen 14 und 18 Jahren in Gruppen von 8 bis 12 Mann geordnet durch das Dorf und die Aussenwachten. Glänzend betresste Hosen, Röcke mit leuchtenden Epauletten, alte Käppi und papierene Soldatenhüte geben ihnen zusammen mit Vorderladerpistolen, Degen und Pulvertaschen ein militärisches Gepräge. An der Spitze der *«Umezüg»* marschiert der «Bielima» mit seiner charakteristischen weissen Schürze und dem Beil. Er soll als Sappeur die Hindernisse aus dem Wege räumen. Ihm folgen der Fähnrich, der Hauptmann mit dem Säbel, der Leutnant und die Schützen, die ihre Pistolen abfeuern. Der Säckelmeister zieht die Geldstücke ein, welche die Zuschauer gerne spenden.

Früher fand jedes dritte Jahr an der Fastnacht der Umzug der *«Schweizergarde»* statt. Dabei wurde in farbenfrohen Kostümen der Gründung der Eidgenossenschaft gedacht.

21 Der Pilgerweg

Einige Örtlichkeiten im Jonatal erinnern an den alten Pilgerweg, der während Jahrhunderten fleissig begangen wurde. Vor allem Pilger aus Süddeutschland zogen darauf nach Einsiedeln. Er kam von Konstanz durch den Thurgau nach Fischingen und über die Hulftegg nach Steg. Im dortigen Wirtshaus stärkten sich die Wallfahrer, ehe sie über Fischenthal, den Weiler Fischtel zum Gasthaus Kreuz in Riet und über Büel, Dieterswil und den Tänler zum Wirtshaus «Zum roten Schwert» in Blattenbach weiterwanderten. Der Weg führte darauf ins enge Jonatal hinunter, überschritt das Flüsschen beim Pilgersteg und leitete die Andächtigen über Fägswil, Rapperswil und den Etzel an den Wallfahrtsort im «Finsteren Walde».

22 Die Töss

Die Töss war bis gegen das Ende des letzten Jahrhunderts ein äusserst gefährlicher Fluss. Plötzliche Schneeschmelze und anhaltendes Regenwetter liessen sie oft mächtig anschwellen; die Wasser überschwemmten die niedrigen Ufer und verwüsteten das anstossende Land. Deshalb waren weite Gebiete im Talboden nicht bewohnbar. Allein zwischen 1850 und 1881 verursachten sechs Überschwemmungen schwere Schäden. Im Hochwasserjahr 1876 zerstörten die wilden Wasser die Geleise der Tösstalbahn an 13 Orten; der Bahnverkehr blieb während 59 Tagen unterbrochen.

Zwischen 1877 und 1895 verbaute der Kanton Zürich die Töss in ihrer gesamten bewohnten Länge: Man machte das Flussbett schmäler, legte Wuhre an und errichtete Uferdämme. Damit waren die Hochwasser noch nicht ganz gebannt. Erst die Korrektionen und vor allem die Aufforstungen am obersten Tösslauf, in den weitläufigen Staatswaldungen Wald-Fischenthal[23], schafften endgültige Abhilfe.

[23] Die Staatswaldungen Wald-Fischenthal

Der Wald am Oberlauf der Töss war früher, abgesehen von einem Staatsbesitz von 88 ha am Tössstock, fast ausschliesslich im Eigentum der Bauern und Heimarbeiter. Der Rückgang der Heimarbeit im 19. Jahrhundert[6] veranlasste viele Waldbesitzer, ihre finanzielle Notlage durch Rodungen zu lindern. Dieser übermässige Holzschlag war mit ein Grund für die häufigen Hochwasser der Töss. Nachdem der Kanton die Flusskorrektion im bewohnten Teil abgeschlossen hatte, mussten auch die Verhältnisse im Quellgebiet verbessert werden. Die notwendige Aufforstung überstieg die Mittel der kleinen Waldbesitzer. Deshalb erweiterte der Kanton Zürich seinen Besitz nach und nach auf 608 ha und führte grosszügige Verbesserungen durch. Zwischen 1898 und 1920 forstete er 122 ha steiles Kulturland mit 585 000 Pflanzen auf. Zusammen mit der Verbauung der Quellbäche verhinderte diese Aufforstung nach 1900 Hochwasserkatastrophen im Tösstal. Die neuen Bestände gediehen gut, obschon in den ersten Jahren die Pflege mangels Arbeitskräften und Erschliessung durch Strassen zu wünschen übrig liess. Heute durchziehen 12,6 km fahrbare Güterstrassen und 40 km Holzschlittwege die Tobel und Hänge des Staatswaldes. Anstelle der früheren gemischten Kulturen sind reine Rottannenbestände getreten, die nur in feuchten Partien von Ahornen und Eschen abgelöst werden.

[24] Das Wild- und Pflanzenschutzgebiet

In dem früher unwegsamen Gebiet um den Tössstock, das vor dem Bau der Straleggstrasse um 1880 nur wenige kartenkundige Touristen und Einheimische durchstreiften, waren etwa 20 bis 30 Gemsen heimisch. Da später infolge Wildfrevels der Tierbestand stark abnahm, beschloss der Regierungsrat des Kantons Zürich 1912, am Tössstock ein Schonrevier zu errichten. In das Jagdverbot wurden auch das Pflücken von Alpenrosen und das Ausgraben seltener Alpenpflanzen einbezogen. Die einheimische Bevölkerung lief Sturm gegen dieses Verbot, weil sie grossen Wildschaden befürchtete. Der Kantonsrat und später das Bundesgericht lehnten aber die Beschwerde ab. Das Schutzgebiet umfasste ursprünglich rund 21 km^2, wurde aber infolge beständiger Einsprachen der Gemeinde Fischenthal um etwa ein Drittel verkleinert. Unterhandlungen mit der St. Galler Regierung führten dazu, dass auch das fast unbewohnte sankt-gallische Grenzgebiet hinzukam. Heute gehören etwa 1340 ha in den zürcherischen Gemeinden Wald und Fischenthal und rund 600 ha im sankt-gallischen Goldingen und Mosnang zum Schutzgebiet. Der Wildbestand betrug 1981 etwa 100 Gemsen, 100 Rehe, 20 Hasen, 20 Füchse und 10 Dachse. Um den Bestand an Gemsen und Rehen gesund zu erhalten, sind jährliche Hegeabschüsse notwendig. Dabei werden alte, kränkliche und schwache junge Tiere abgeschossen. Glücklicherweise konnten sich das Auerwild und in abgelegenen Gebieten das scheue Haselwild halten. Das Wild- und Pflanzenschutzgebiet bedeckt einen Teil des Tössberglandes, das zur Aufnahme ins «Bundesinventar der Landschaften und Naturdenkmäler von nationaler Bedeutung» (BLN) vorgeschlagen ist.

Das Schutzrevier ist heute durch folgende Örtlichkeiten begrenzt: Steg, Orüti, Brüttental, Leutobel, Hirzegg, Schnebelhorn, Meiersalp, Laubberg, dann quer durch das oberste Libingertal gegen Vettigen, Hinter-Chreuel (am Gebirgskamm zwischen Schnebelhorn und Chrüzegg), Habrüti, Hand, Nordhänge der Höchhand, Schwämi, Untere Boalp, Wolfsgrueb, Scheidegg, Oberegg, Aurüti, Ghogg, Tannen, Hasenböl, Schwändi, Tössfluss, Steg.

25 Stralegg

Die Häuser der Stralegg sonnen sich auf einer schmalen Terrasse zwischen dem schluchtähnlichen obersten Tösstal und dem Schnebelhorn. Über die steilen Hänge «trolte» oder «strolte» man das geschlagene Holz hinunter, bevor in den Jahren 1876/77 die Bergstrasse von der Orüti herauf erbaut wurde. Die früheren Bergbauern sind zum Teil als Forstarbeiter in den Staatswaldungen[23] beschäftigt; auf der Hinter-Stralegg steht denn auch das Forsthaus. Seit dem Ende des letzten Jahrhunderts, dem Beginn der staatlichen Aufforstung, sind verschiedene Heimwesen verschwunden, so auf der Hübschegg und bei Niderhusers. Im Schulhäuschen, der Zürcher «Hochschule», wirkte in den zwanziger Jahren Otto Schaufelberger als Lehrer. In seinem Tagebuch «Menschen am Schnebelhorn» gibt er eine feine Schilderung des Lebens rund um die Schulwacht. Alle zwei Jahre treffen sich im Nachsommer die ehemaligen und jetzigen Stralegger zusammen mit den Freunden am Stralegger Tag.

26 Das Goldloch

Das Goldloch im östlichen Steilhang des Dägelsberges ist ein von Menschenhand geschaffener Schacht. Ein waagrechter Gang, etwa 1,2 m hoch und 1,8 m breit, führt ungefähr 20 m ins Berginnere, worauf ein senkrechter Schacht 12 m in die Tiefe steigt. Diesem schliesst sich ein 11,5 m langer horizontaler Stollen an, an dessen Ende es abermals 7 m senkrecht abfällt. Geschichtlich lässt sich nichts über diese Bergmannsarbeit nachweisen. Nach der Volkssage sollen zwei Venediger hier nach Gold gegraben haben, nachdem ein anderes Goldloch, bei Chamm im hintersten Goldingertal, durch den Bergsturz von 1757 verschüttet worden sei. Einige Walder Fabrikanten liessen um 1890 die Schächte ausräumen und Eisenleitern erstellen. Das Goldloch ist heute mit einer schweren Türe verschlossen, deren Schlüssel im Forsthaus auf Hinter-Stralegg erhältlich ist. Wer in das Dunkel der Höhle vordringen will, muss mit gutem Schuhwerk, Überkleidern und einer

Lampe ausgerüstet sein. Die Begehung ist nicht ungefährlich und erfolgt auf eigene Verantwortung.

[27] Hörnli

Der Hörnligipfel, welcher der schweizerischen Landesvermessung als trigonometrischer Punkt erster Ordnung dient, bietet eine umfassende Aussicht. Diese erstreckt sich auf eine Distanz von 190 km gegen Westen bis zum Chasseron im Waadtländer Jura und von 112 km gegen Osten bis zum Hochvogel im bayrischen Allgäu. Das Hörnli-Panorama, 1895 von Albert Bosshard geschaffen, 1931 von der Erziehungsdirektion des Kantons Zürich herausgegeben, nennt die Namen der unzähligen Gipfel in den Hochalpen, der Höhen und Siedlungen in den Voralpen und im Mittelland. 1929 kaufte der Kanton Zürich das Hörnli. Seither sömmert Vieh aus den kantonalen Anstalten auf den ausgedehnten Weiden, die mit dem Wald zusammen die 80 ha des Staatsbesitzes ausmachen. Der Staat liess zu gleicher Zeit das Bergwirtshaus neu erbauen, das mit einer Anzahl Betten und einem Massenlager Touristen Unterkunft bietet.

[28] Altlandenberg

Die Burg Altlandenberg dürfte schon vor 1200 von einer älteren Familie Landenberg bewohnt gewesen sein. Um 1200 machte sie Beringer von Landenberg zum Hauptsitz dieses Geschlechtes. Das Kloster St. Gallen – die Altlandenberger trugen seinen Besitz zu Lehen – verlieh die Burg und die damit verbundene niedere Gerichtsherrschaft verschiedenen Dienstleuten auf benachbarten Sitzen. 1549 erwarb die Stadt Zürich die Herrschaft. Damals war die Burg schon weitgehend zerfallen. 1651 verwendete man restliche Tuffsteinquader zum Bau der Kirche Bauma. Fabrikant J. Wolfensberger erwarb Ende der fünfziger Jahre den Burghügel und liess die Ruinen ausgraben und konservieren. Nach neuesten Forschungen war die Burg in drei Etappen erbaut worden. In der zweiten Etappe entstand vermutlich die heutige Anlage mit einer Länge 59 Metern und einer grössten Breite von 22 Metern. Anstelle des üblichen Bergfrieds müssen wir uns auf der östlichen Seite ein Wohngebäude vorstellen, das stellenweise bis 3,5 m breite Mauern aufwies.

[29] Guyer-Zeller-Wege

Von Bauma und Neuthal strahlen verschiedene, abwechslungsreiche Wanderrouten aus, die unter dem Namen Guyer-Zeller-Wege bekannt geworden sind. Ihr Ersteller war der Grossindustrielle Adolf Guyer-Zeller (1839–1899), der Initiant und Hauptförderer der Jungfraubahn und der Erbauer der Uerikon–Bauma-Bahn. In Neuthal wurde er geboren, verbrachte dort seine Jugendzeit und kehrte in spätern Jahren zur Sommerszeit in sein Landhaus zurück. Er selbst war ein rüstiger Berggänger, dem kein Weg und Steg, keine Höhle und keine Anhöhe um Bauma, Bäretswil, Hittnau und Sternenberg unbekannt war. Als Naturfreund liess er diese Weganlagen erstellen, um der einheimischen Fabrikbevölkerung die Schönheiten der engern Heimat besser zu erschliessen. Seine letzte Ruhestätte fand er im Friedhof Bauma. Nach seinem Tode traf man leider keine Vorsorge für den spätern Unterhalt der Wege. Im Laufe der Jahrzehnte zerfielen vor allem die Treppen und Brücken, so dass die Wege nicht mehr ohne Gefahr begehbar waren. Die Verkehrsvereine konnten sie mit ihren spärlichen Mitteln nicht mehr ausbessern. So drohte die ganze Anlage zu verfallen und in Vergessenheit zu geraten. 1948 nahm sich die Zürcherische Arbeitsgemeinschaft für Wanderwege unter der Leitung ihres Planungschefs J. J. Ess der Sache an. Mit Hilfe der öffentlichen Hand, der liquidierten Uerikon–Bauma-Bahn und vor allem des «Schoggitalers» für Heimat- und Naturschutz gelang es, eine Summe von über 10000 Franken zusammenzubringen. Damit konnte man die Wege wieder instandsetzen. 1977 erfolgten auf Initiative von Kurt Domeisen, Bauma, erneut umfassende Instandstellungsarbeiten, die dank grosszügiger Unterstützung von Kanton, Gemeinden, Institutionen, Firmen und Privaten durchgeführt werden konnten. Ständig sind auch heute die Helfer der lokalen Verkehrsvereine bemüht, die einzigartigen Wege in einem Zustand zu erhalten, der dem Wanderer eine gefahrlose Begehung erlaubt. Die Guyer-Zeller-Wege führen auf die Hohenegg, den Stoffel, das Känzeli und durch das Luppmentobel nach Pfäffikon. Rechtsseitig der Töss wandern wir darauf zur Ruine Altlandenberg, zu den Nagelfluhwänden des Chämmerli und zum Burghügel von Hochlandenberg.

30 Sitzberg

Das Kirchlein von Sitzberg besitzt eine der wenigen Barockorgeln des Kantons Zürich. Die Bewohner der einsamen Höfe – politisch zu Turbenthal gehörig – hatten angesichts des mehr als zweistündigen Weges zur Pfarrkirche in Turbenthal schon immer ein eigenes Gotteshaus gewünscht. 1789 erteilte die Obrigkeit die Bewilligung zum Bau; bedingt durch die unruhigen Jahre, konnte aber der Grundstein erst 1837 gelegt werden. Im Herbst 1838 weihten die Sitzberger ihr Kirchlein ein. 1897 war die erste Orgel unbrauchbar geworden. Die arme Gemeinde kaufte eine «Occasion» bei der Kirchgemeinde Stein am Rhein. Die damalige Bemalung, eine dunkelbraune Eichenimitation, wurde 1938 mit gelber Farbe überdeckt. Auch die vergoldeten Schnitzereien entfernte man damals. Die Sigristin, Fräulein Berta Kägi, bewahrte sie jedoch sorgfältig im Dachboden auf. 1958 entdeckte ein Musikstudent aus Zürich, Friedrich Jakob, die Bedeutung der Orgel. Er konnte ermitteln, dass die Orgel 1741 bis 1743 für die St. Albans-Kirche in Laichingen (Schwäbische Alb) gebaut worden war, 1851 dort ersetzt wurde und über eine Orgelbaufirma in Heilbronn den Weg in die St. Georgen-Kirche von Stein am Rhein fand. Unter der Leitung von Dr. Jakob versetzten eine Orgelbaufirma und ein Restaurator die Orgel in ihren früheren Zustand. Die ursprüngliche Bemalung kam in gut erhaltenen Resten zum Vorschein und wurde stilgemäss erneuert und ergänzt. Die schmucke Barockorgel – die Cymbelsterne, das Glockenspiel, die hängenden Prospektpfeifen und die Vergoldung der Pfeifenlabien sind einzigartig in der Schweiz – steht seit 1961 unter eidgenössischem Denkmalschutz.

31 Das Girenbad oberhalb Turbenthal

Das äussere Girenbad – so genannt zum Unterschied vom innern am Bachtel – war schon anfangs des 16. Jahrhunderts als Kurort bekannt. Zwei Quellen, wovon die eine 10-15 Minutenliter bei einer beständigen Temperatur von ungefähr 10 Grad liefert, entspringen oberhalb des Badhauses aus lehmigem Boden. Das Wasser wird in grossen Kesseln erwärmt. Die Badesaison wurde jeweils am Auffahrtstage eröffnet. Viele Besucher verbanden damit den Aufstieg zum Sonnenaufgang auf den Schauenberg. Nach jahrelangem Unterbruch führte 1932 der damalige Besitzer die «Baderletzi» wieder ein. Am Sonntag nach dem Bettag trifft sich das Volk aus der Umgebung zu diesem fröhlichen Fest, welches das Ende der Badezeit bedeutet.

32 Der Bichelsee

Der Bichelsee liegt in einem Tal, das während der letzten Eiszeit die Schmelzwasser des Rhein- und Bodenseegletschers und des Thurgletschers durchflossen. Nach dem Rückzug des Gletschers blieb das Bichelsee- oder Selmattertal ohne entsprechendes Einzugsgebiet und wurde ein Trockental.

33 Das Kloster Fischingen

Die ehemalige Benediktinerabtei Fischingen wird erstmals 1138 erwähnt. Erste Schirmvögte waren die Grafen von Toggenburg, deren Stammsitz sich auf der Alt-Toggenburg, heute Iddaburg genannt, befand. Die durch die Legende bekannte heilige Idda genoss hier grosse Verehrung. 1848 beschloss der Grosse Rat des Kantons Thurgau, das Kloster aufzuheben. Die heutige Klosterkirche ist ein Barockbau aus dem Jahre 1685. 1753 begann man mit der Verlängerung der Kirche, wobei man ein oberes Chor im Rokokostil schuf. Zwischen 1795 und 1815 wurde der Arkadenumgang eingebaut. An der Nordseite des Schiffes erfolgte 1704–1708 der Anbau der Iddakapelle. Die Renovationen in den letzten Jahren kehrten zur Ursprünglichkeit und damit zur Stilehrlichkeit zurück. Vor allem die kunstvollen schmiedeisernen Gitter am Chor und an der Iddakapelle von 1745 und die berühmte Barockorgel erfreuen jeden Kunstfreund. Ein «Schweizerischer Kunstführer» vermittelt viel Wissenswertes.

Literaturverzeichnis

a) Allgemeines

Ammann H.: Aus der Heimatkunde des Zürcher Oberlandes.
Bär G. und Spiess W.: Auf Wanderwegen zwischen Glattal und Zürichsee.
Bauhofer A.: Berge, Wälder, Grenzen und Siedlungen im Zürcher Oberland.
Bernhard H.: Zur Wirtschafts- und Siedlungsgeographie des Tösstales.
Binder G./Heer A.: Unsere Heimat.
Bracher G.: Von frohen Wandertagen im Tösstal.

Braun R.: Sozialer und kultureller Wandel in einem ländlichen Industriegebiet (Zürcher Oberland) unter Einwirkung des Maschinen- und Fabrikwesens im 19. und 20. Jahrhundert.
Brockmann H.: Schweizer Volksleben.
Brunner A. und Oberholzer W.: Das Tösstal. Oberer Teil.
Chronik der Bezirke Uster, Pfäffikon, Hinwil, Winterthur.
Die Gemeinden des Kantons Zürich.
Dübendorfer A.: Im Auto zum Wanderweg. 24 Rundwanderungen im Kanton Zürich.
Eggmann O. und Zollinger J.: Zürcher Oberland. Ein Fotoband.
Egli E.: Bau und Bild des Zürcherlandes.
Egli E.: Das Zürcher Oberland.
Erb E.: Auf Wanderwegen rund um Zürich.
Eschmann E.: Der schöne Kanton Zürich.
Etter A.: Thurgauer Wanderbuch.
Fietz H.: Die Kunstdenkmäler des Kantons Zürich, Band II.
Flachsmann E. und Oberholzer W.: Das Tösstal zwischen Saland und Winterthur.
Früh J.: Geographie der Schweiz.
Geographisches Lexikon der Schweiz.
Geologische Exkursionen in der Umgebung von Zürich.
Glaettli K. W.: Zürcher Sagen.
Gubler H. M.: Die Kunstdenkmäler des Kantons Zürich, Band III.
Gubler H. M.: Reformierte Kirchen von Uster, Gossau, Bäretswil (Schweizerische Kunstführer).
Hasler E. und Zollinger J.: Zürcher Oberländer Riegelhäuser.
Hauswirth F.: Burgen und Schlösser der Schweiz. Band 4 Zürich/Schauffhausen.
Heer A.: Über die Forch.
Hegi G. und F.: Tösstal und Tösstalbahn.
Hegi G.: Die Alpenpflanzen im Kanton Zürich.
Historisch-Biographisches Lexikon der Schweiz.
Hofmann W. und Heer R.: Höhlen im Tösstal.
Jenny J.: Kunstführer der Schweiz.
Kägi R.: De Flarzbueb.
Keller C.: Chelleländer Ard und Brüüch.
Kläui P./Imhof E.: Atlas zur Geschichte des Kantons Zürich.
Kunstführer durch die Schweiz, Band 1.
Künzi H. und Hauser J.: Am Pfäffikersee.
Künzi H. und Landert W.: Am Aabach.
Künzi H. und Schaufelberger O.: Am Greifensee.
Künzi H. und Wildermuth H.: Kleinseen und Riedlandschaften im Zürcher Oberland.
Meili D.: Anno dazumal im Zürcher Oberland.
Meili D.: Zürcher Oberländer Volkskunst.
Messikommer H.: Aus alter Zeit. Sitten und Gebräuche.
Naturschutz im Kanton Zürich. Kantonaler Lehrerverein.
Neuhaus W.: Aus den Annalen der Uerikon–Bauma-Bahn.
Neuhaus W.: Aus den Annalen der Wetzikon–Meilen-Bahn.
Neuhaus W.: Aus den Annalen der Uster–Oetwil-Bahn.

Neuhaus W.: Aus den Annalen der Forchbahn.
Peterhans G.: Vom Rheinfall zum Schnebelhorn.
Peterhans G.: Ins Zürcher Oberland.
Rüd E.: Heimatkundliches aus dem Zürcher Oberland.
Rüd E.: Heimatkundliches aus den Gemeinden des Bezirkes Pfäffikon, aus Turbenthal, Uster und Greifensee.
Ruegg R.: Geschichte einer entvölkerten Berggegend.
St. Galler Wanderbücher. Band 2: Toggenburg.
St. Galler Wanderbücher. Band 3: St. Galler Oberland.
Schaad Th.: Heimatkunde des Kantons Zürich. Mehrere Bändchen.
Schaufelberger O.: Das Zürcher Oberland. (2 Schweizer Heimatbücher).
Schaufelberger O.: Der Greifensee (Schweizer Heimatbuch).
Schaufelberger O.: Der Pfäffikersee (Schweizer Heimatbuch).
Schaufelberger O.: Menschen am Schnebelhorn.
Schoch K.: Führer durch das Zürcher Oberland.
Schoch O.: Auf Wanderwegen rund um Winterthur.
Schmid W.: Zürich Stadt und Land.
Schwyzer J.: Wanderungen im Zürichgau. 4 Bändchen.
Senn J.: Ein Kind des Volkes. Ein Lebensbild.
Siedler F. A.: Heimatkundliche Wanderungen.
Siedlungs- und Baudenkmäler im Kanton Zürich.
Strickler G.: Das Zürcher Oberland.
Stutz J.: Gemälde aus dem Volksleben und andere Werke.
Suter H./Hantke R.: Geologie des Kantons Zürich.
Tuggener J./Egli. E.: Zürcher Oberland. Ein Photobuch.
Wälti H.: Die Schweiz in Lebensbildern. Band V, Zürich.
Wanderatlanten im Conzett & Huber-Verlag, Zürich
    a) Furrer E.: Winterthur-Süd.
    b) Hedinger H.: Zürich-Ost.
Wildermuth H.: Naturschutz im Zürcher Oberland.
Wildermuth H.: Der Pfäffikersee.
Zollinger J.: Zürcher Oberländer Dorfbilder.
Zollinger J.: Auf den Spuren von Jakob Stutz.
Zollinger J.: Zürcher Oberländer Flarzhäuser.
Zürcher-Chronik. Zeitschrift für zürcherische Geschichte, Heimatkunde und bildende Kunst.
Zürcherische Naturschutzobjekte von nationaler wissenschaftlicher Bedeutung. Sonderdruck aus «Vierteljahresschrift der Naturforschenden Gesellschaft in Zürich».

b) Ortsliteratur

Bauma: 100 Jahre Tösstalbahn 1875–1975.
Bäretswil: Studer J.: Geschichte der Kirchgemeinde Bäretswil.
Bubikon: Jahreshefte der Ritterhausgesellschaft.
Dürnten: Strickler G.: Geschichte der Gemeinde Dürnten.
Egg: Wälli J.: Geschichte der Gemeinde Egg.
Fehraltorf: Brüngger H.: Fehraltorf im Wandel der Zeiten.
Fischenthal: Mötteli J.: Aus Vergangenheit und Gegenwart.
    Lüssi H.: Chronik der Gemeinde Fischenthal.

Gossau: Heer A.: Kirche und Gemeindeleben.
  Zollinger J.: Gossau – Deine Heimat (4 Bändchen).
Grüningen: Ringger H.: Grüningen (Schweizer Heimatbuch).
  Strickler G.: Geschichte der Herrschaft Grüningen.
  Strickler G.: Das Schloss Grüningen.
  Drack W.: Grüningen (Schweizerische Kunstführer).
Hinwil: Näf A.: Geschichte der Kirchgemeinde Hinwil.
  Glaettli K. W.: Aus der Frühzeit der Gemeinde Hinwil.
  Honegger W.: Die wirtschaftliche Entwicklung der Landgemeinde Hinwil.
  Jahreshefte der Antiquarischen Gesellschaft.
Hittnau: Heer A.: Heimatkunde von Hittnau.
Nänikon: Bühler H.: Geschichte der Gemeinde Nänikon.
Pfäffikon: Moser E.: Führer über Pfäffikon und Umgebung.
  Meyer E.: Das römische Kastell Irgenhausen.
  Heimatbuch der Gemeinde Pfäffikon.
Rüti: Hasler E. und Wüst E.: Rüti.
  Wüst E.: So war es damals in Rüti.
Rüti-Tann: Jahreshefte des Verkehrsvereins.
Turbenthal: Mötteli J.: Bilder aus Turbenthals Vergangenheit.
  Kläui H.: Geschichte der Herrschaft und Gemeinde Turbenthal.
Uster: Blätter zur Heimatkunde und Geschichte von Uster.
  Bosshart L.: Chronik der Gemeinde Uster.
  Farner U.: Führer für Uster und Umgebung.
  Kläui P.: Geschichte der Gemeinde Uster.
Wald: Brändli H. und Itel A.: Wald im Zürcher Oberland.
  Hess H.: Aus vergangenen Zeiten. Beitrag zur Lokalgeschichte von Wald.
  Krebser H.: Wald im Zürcher Oberland.
  Keller K.: Dr Amigs uf em Fyroobigbänkli. Erinnerige a Wald im Züri Oberland.
Weisslingen: Brüngger H.: Geschichte der Gemeinde Weisslingen.
Wetzikon: Fuchs K.: Wetzikon und der Pfäffikersee.
  Meier F.: Geschichte der Gemeinde Wetzikon.
  Wildermuth H.: Kemptnertobel.
Wila: Lüssi H.: Chronik der Gemeinde Wila.
  Kirche Wila (Festschrift 1980).
Wildberg: Aeppli A.: Chronik der Gemeinde Wildberg.

Kartenverzeichnis

Landeskarte der Schweiz 1:25 000. Blätter 1072 Winterthur, 1073 Wil, 1092 Uster, 1093 Hörnli, 1112 Stäfa, 1113 Ricken.
Landeskarte der Schweiz 1:50 000. Blätter 216 Frauenfeld, 226 Rapperswil.
Wanderkarte des Kantons Zürich 1:50 000 auf einem Blatt. Orell Füssli, Zürich.
Wanderkarte des Kantons Zürich 1:50 000. Blatt Nord (Limmattal, Zürcher Unterland, Weinland, Tösstal). Orell Füssli, Zürich.
Wanderkarte des Kantons Zürich 1:50 000. Blatt Süd (Tösstal, Zürcher Oberland, Pfannenstiel, Zürichsee, Sihltal, Albis, Knonaueramt). Orell Füssli, Zürich.

Wanderkarte Tösstal–Zürcher Oberland 1:25000. Orell Füssli, Zürich.
Wanderkarte Bodensee–Walensee 1:50000. Kantonal-sankt-gallische Wanderwege, St. Gallen.
Wanderkarte Mittleres Toggenburg–Gasterland 1:25000. Kantonal-sankt-gallische Wanderwege, St. Gallen.
Wanderkarte Mitteltoggenburg und Goldingertal 1:25000. We-We-Verlag, St. Gallen.
Exkursionskarte Wetzikon 1:12500.
Exkursionskarte Rüti und Dürnten 1:10000.
Karte der Gemeinde Wald 1:10000.

Ortsverzeichnis

Die Zahlen geben die Seiten an. Bei den fettgedruckten Zahlen ist der Ort näher beschrieben.

Aathal 58
Adetswil 55, 106
Agasul 48
Allmen 67, 110, 165
Altlandenberg 132, **193**
Atzmännig 103
Auslikon 56
Aurüti 119, 120

Bachtel 70, 72, 74, 84, 89, 117, 166, **188**
Bank 118, 165
Bäretswil **104**
Bärloch 126
Bauma **127**, 159, 164, 165
Bertschikon 21
Bettswil 108
Bichelsee 150, **195**
Bliggenswil 130, 159
Breitenlandenberg 159
Bubikon **74**
Büel (Wald) 116
Büel (Turbenthal) 162

Chäfer 145
Chämtnertobel 55
Chrinnen 103
Chrüzegg 101, 170

Dägelsberg 126
Dürnten **84**
Dürstelen 50

Egelsee 78
Egg **25**

Egg (Gutenswil) 18, 40
Egg (Hinwil) 67, 72, 117
Ettenhausen 57

Fägswil 85
Fälmis (Bauma) 158
Farner 173
Fehraltorf **40**
Fischenthal **111**, 118
Fischingen 175, **195**
Freudwil 18, 20, 40

Gfell 136, 141
Gibswil **116**
Girenbad am Bachtel 67, 72, **189**
Girenbad bei Turbenthal 148, **195**
Ghöch 108, 111, 118, 165
Ghöchweid 108, 118, 121, 137, 165
Gossau **31**
Grat 178
Greifenberg 107
Greifensee 16, **185**
Greifensee (Gemeinde) **17**
Grifenberg 107
Grossweier 86
Grüningen **25,** 66
Grüt 57
Gündisau 42, 152
Gutenswil 19

Hadlikon 71
Hagheerenloch 134
Hasenstrick 71
Hermatswil 42, 155, 158
Hinwil **64**

Hinter-Goldingen 100
Hittnau 43, **49**
Höchhand 174
Hochlandenberg 133, 144, 163
Hohenegg 108, 138
Hombrechtikon 33
Hörnli 123, 136, 162, 164, 167, 176 **193**
Hulftegg 167
Hüttchopf 120, 172

Isikon 42, 155

Juckern 133

Känzeli 106, 111, 130
Kempten 55
Kollbrunn 154

Laupen 96
Lendikon 47
Lützelsee 32, 82

Madetswil 152
Maur 16
Mönchaltorf **22**
Mosnang 177

Neschwil 152
Neuthal 107, 110, 130, 141

Oberegg 92, 119
Oberholz 98
Ober-Luegeten 147, 152, 155, 158
Ober-Orn 70, 73, 84
Oetwil am See **33**
Ottenhusen 61

Pfäffikersee 44, 54, 61, **186**
Pfäffikon **35,** 155
Pfannenstiel 24

Rikon 151
Ringwil 57
Ritterhus 82, **188**
Robenhausen 54, 186
Römerbrünneli 20, 40, 61
Römerkastell Irgenhausen 44, **187**
Rosinli 44, 50, 106
Rumlikon 48

Russikon 41, **45**
Rüti **78**

Sagenraintobel 93, 172
Schalchen 152
Schauenberg 148
Scheidegg 92, 172
Schindelberg 99, 169
Schnebelhorn 99, 124, 168, 169, 178
Schutt 102
Schwarzenberg 94, 174
Seegräben 45, **58**
Seewadel 22, 58
Sitzberg 145, 162, **194**
Steg **120,** 162, 168, 171, 175
Steinenbach 145
Sternenberg **135,** 164
Stoffel 150
Stralegg 125, **192**
Sulzbach 21

Tämbrig-Tablat 146
Tannertobel 87
Täuferhöhle 109, **189**
Tierhag 99, 124, 125, 168
Tössscheidi 98, 170, 174
Tössstock 100
Tüfels-Chilen 154
Turbenthal **146,** 155
Türli 34
Tweralpspitz 103

Uster **14**
Ütziker Riet 34

Wald **87,** 166, 172, 173, **190**
Wappenswil 109
Weisslingen **48**
Wellenau 122
Wermatswil 20, 40
Wernetshausen 67, 70
Wetzikon **50**
Wila **141,** 147
Wildbachtobel 67
Wildberg **153**
Winikon 18
Wolfsgrueb 94, 98

Zell **151**